党东耀 著

新媒体公共传播

Media Convergence
Journalism

媒体融合新闻学

社会科学文献出版社
SOCIAL SCIENCES ACADEMIC PRESS (CHINA)

内容摘要

　　媒体融合改变了当今新闻传播业的生态环境和发展路径，是当今新闻传播学的一个前沿课题，也是新闻传播实践必须面对的主要问题。融合新闻是媒体融合在新闻报道上的体现，为新闻报道带来了变革。媒体融合新闻学是在媒体融合生态下对新闻传播重塑和发展的认识，力图揭示媒体融合新闻的融合本质、表现形式、业务特征、经济属性和规制要求等，致力于构建媒体融合新闻研究的理论体系，优化融合媒体的报道手段和运营方式，促进传统媒体新闻业务的转型，满足当代社会对融合新闻的需求。

　　相对于报纸、广播、电视乃至网络等单一媒体新闻学，媒体融合新闻学是在传媒技术、信息社会和传媒产业的发展中产生的，具有融合性、一体性等特征。它对新闻报道、传播理论、平台打造和经营管理都有新的发展和延伸，总体上说，它是一场互联网逻辑下的媒介革命，是对媒介的再造。

　　媒体融合是传统媒体和新媒体的融合，新媒体在新闻传播中占据了重要的地位。媒体融合促进了传者和受者的融合，受者参与信息传播的积极性大大增强，这对新闻信息的传播过程和传播效果、对新闻传播的人才培养模式等各方面都形成了挑战。媒体融合需要在业务、平台、组织和规制上进行再造，融合机制的核心要素是系统机制、创新机制、合作机制和协调机制。媒体融合引致的融合新闻在写作、语言、广告、营销和品牌推广上都有自己新的特点和要求。媒体融合要求新闻传播人才具有融合素质，要求专业的新闻教育和媒介素养教育相结合，打造一体化融合教育模式。媒介实验室成为媒体融合新闻学重要的研究平台。传统媒体和新媒体在媒体融合的过程中博弈，这要求国家在产业领域、业务领域和管理领域实施多种形式的规制和监管。

目　录

第一章　媒体融合的研究和实践

第一节　媒体融合概念的提出

媒介泛指能使人与人、人与事物或事物与事物之间产生联系或产生关系的物质。在新闻传播学意义上，媒介亦称"传播媒介""传媒"，一般指介于传播者与受传者之间的用以负载、传递、延伸特定符号和信息的物质介质，如报纸、期刊、书籍、广播、电视、互联网等；亦指在信息传递过程中负载、传递、延伸特定符号和信息的实体工具或平台，如报社、期刊社、出版社、广播电台、电视台、互联网站等。媒介常与"媒体"一词混用。[①]

英语中的 medium（media）一词来源于拉丁语"Medius"，大约在 20世纪 20 年代开始应用，意为"两者之间"，其主要含义也是使事物之间发生关系的中介体、手段、工具等。实际上，英文 medium（media）在汉语中可以译为"媒介"、"媒体"与"传媒"，表明了它灵活而又丰富的含义。

20 世纪 60 年代，加拿大学者马歇尔·麦克卢汉（Marshall Mcluhan）在《理解媒介：论人的延伸》中提出了"媒介即讯息"和"媒介是人的延伸"两条理论推断，揭示了技术的巨大影响力，也为媒体融合理论提供了逻辑起点。麦克卢汉提出"媒介即讯息"（The medium is the message），

---

① 　胡慧林等：《大辞海·文化、新闻出版卷》，上海辞书出版社，2013，第 65 页。

昭示了技术的巨大影响力。在麦克卢汉看来，媒介带给人类社会的信息量体现在媒介在人类事务中引入的规模、速度和模式的变化。"媒介是人的延伸"体现了他的泛媒介观。他把人类任何技术进步、任何工具的发展都看作人体的延伸，提出自己的"媒介定律"假设：一切人造物、语言、法律、思想和假设、工具、衣服和计算机，所有这一切都是人的延伸。[①] 按照他的观点，衣服是皮肤的延伸，石斧是手的延伸，车轮是脚的延伸，电话是声音和耳朵的延伸，印刷品是眼睛的延伸，广播是耳朵的延伸，电视是耳朵和眼睛的延伸，电子技术则是人类整个中枢系统的延伸……。他所考察的媒介有：口语词、书面词、道路与纸路、数字、服装、住宅、货币、时钟、印刷品、滑稽漫画、印刷词、轮子、自行车和飞机、照片、报纸、汽车、广告、游戏、电报、打字机、电话、唱机、电影、广播电台、电视、武器、自动化。[②] 总之，他把具有意义（信息）载体作用的事物都称为媒介。"根据他隐而不现的媒介观念，可以推导出一个最为宽泛、无所不包的定义：媒介是人的一切外化、延伸和产出，形成外在于人的媒介环境。一句话，媒介是人的一切技术和文化的产物。"[③] 由此，麦克卢汉融合观强调的是基于泛媒介的人的感官体外化的融合，与现在的媒体融合思想有根本的不同，现在的媒体融合思想讨论的是作为人的延伸的媒介彼此之间的融合，暗含媒介"融而为一"之意。

　　20世纪70、80年代，美国麻省理工学院媒体实验室主任尼葛洛庞帝（Nicholas Negroponte）等敏锐地捕捉到了计算机等新技术对信息传播的作用和影响，从技术融合的角度奠定了"媒体融合"的初步概念。一般认为，媒体融合思想萌芽于尼葛洛庞帝在1978年提出的观点：计算机工业、印刷出版业和广播电视业将在数字化浪潮下呈现交叠重合的发展趋势。他用三个重叠的圆圈来描述计算机工业、印刷出版业和广播电视业三者的技

---

① 〔加〕马歇尔·麦克卢汉、特伦斯·戈登：《余韵无穷的麦克卢汉》，何道宽译，机械工业出版社，2016，第205页。

② 〔加〕马歇尔·麦克卢汉、特伦斯·戈登：《余韵无穷的麦克卢汉》，何道宽译，机械工业出版社，2016，第242页。

③ 〔加〕马歇尔·麦克卢汉、特伦斯·戈登：《余韵无穷的麦克卢汉》，何道宽译，机械工业出版社，2016，第243页。

术边界，认为三个圆圈的交叉处将成为成长最快、创新最多的领域，并且这三个圆圈呈现出叠加和重合的发展趋势。

20 世纪 90 年代，随着研究的深入，美国南加州大学安利伯格传播学院教授拉里·普赖尔（Larry Pryor）认为："融合新闻发生在新闻编辑部中，新闻从业人员一起工作，为多种媒体的平台生产多样化的新闻产品，并以互动性的内容服务大众。"① 美国新闻学会媒介研究中心的主任安德鲁·纳奇森（Andrew Nachison）将"融合媒介"定义为"印刷的、音频的、视频的媒介组织在战略和文化上的一种联盟"②，他所说的"媒体融合"指的是各种不相同的媒介组织之间的一种合作③。

2003 年美国西北大学教授戈登（Gordon）归纳了美国当时存在的五种"媒体融合"（新闻业融合）类型。所有权融合（Ownership Convergence）即大型的传媒集团拥有不同类型的媒介，因此能够实施这些媒介之间内容的推销和资源的共享，如美国佛罗尼达坦帕市的媒介综合集团（the Media General Company）、美国俄亥俄州的新闻电讯集团（Dispatch Media Group）都是将各自在同一地区所拥有的报纸、广播电台、电视台和网站进行了融合。策略性融合（Tactical Convergence），指所有权不同的媒介之间在内容上共享，如分属不同媒介集团的报社与电视台之间进行合作，相互推介内容与共享一些新闻资源。结构性融合（Structural Convergence）与新闻采集与分配方式有关，如美国《奥兰多哨兵报》雇用一个团队做多媒体的新闻产品，将报纸新闻加工打包后出售给电视台。在这种合作模式中，报纸的编辑和记者可以作为专家到合作方电视台去做节目，对新闻进行深入报道与解释。信息采集融合（Information-gathering Convergence）主要指在新闻报道层面上一部分新闻从业者以多媒体融合的新闻技能完成新闻信息采集。新闻表达融合（Storytelling or Presentation Convergence）主要指记者和编辑需要综合运用多媒体的、与公众互动的工具完成对新闻事实的表达。

---

① 蔡雯：《从超级记者到超级团队：西方媒体的融合新闻》，《中国记者》2007 年第 1 期。
② 许日华、郭嘉：《密苏里大学新闻学院副院长人民大学谈媒体融合》，人大新闻网，https://news.ruc.edu.cn/archives/7509。
③ 蔡雯：《新闻传播的变化融合了什么——从美国新闻传播的变化谈起》，《中国记者》2005 年第 9 期。

显然，在这五种类型中，前三种是依据媒介组织行为划分的，后两种是根据从业人员的类型划分的。可见，对于媒体融合有狭义和广义两种概念，"狭义的概念是指将不同的媒介形态'融合'在一起，产生'质变'，形成一种新的媒介形态，如电子杂志、博客新闻等。而广义的'媒体融合'则范围广阔，包括一切媒介及其有关要素的结合、汇聚甚至融合，不仅包括媒介形态的融合，还包括媒介功能、传播手段、所有权、组织结构等要素的融合"[①]。随着媒介技术的发展，媒介组织逐步走向联合，"媒体融合"已经成为一个无处不在、影响巨大的现象。

第二节　媒体融合的研究态势

媒体融合的提出标志着传媒业从物质和精神两个层面上面临着一次前所未有的变革，一方面促使传媒业重新界定自身的内涵与外延，另一方面也再一次提升了传媒业的社会地位和社会影响力。[②]

"媒体融合"已成为当今新闻传播学一个前沿课题。"媒体融合"的研究经历了技术融合角度、新闻采编技能融合角度、媒介组织结构融合角度、媒介文化融合角度、媒介产业与所有权融合角度等研究阶段，同时各阶段之间相互连接又相互渗透。当前，"媒体融合"国内外的研究现状如下。

1. 在国外的研究中，"媒体融合"体现在信息与传播技术（ICT）大环境下的融合。20世纪70年代随着计算机、网络和数字技术的发展，信息与传播技术的融合受到学者们的关注。如今，研究议题已经超越了技术本身，主要聚焦在"编辑部融合"，以及在融媒体环境中记者和受众角色的融合。

2. 在国内的研究中，"媒体融合"经历了从单纯学术研究到应用研究的拓展。"媒体融合"的概念在2005年引入国内，新闻传播学者对其进行了学理性的探讨。2014年，随着媒体融合正式上升至国家战略层面，学术

---

① 邢仔芹：《媒体融合的现状及对传媒业的影响》，硕士学位论文，山东大学，2009。

② 杨海军：《媒体融合：缘起与终极目标》，《传媒》2009年第4期。

研究在深度和广度上都得到了巨大发展。

一 国外相关研究的学术史梳理

(一)媒体融合的概念界定研究

媒体融合是大众传播业的一个渐进的发展过程,它整合或利用处于单一所有权或混合所有权之下的报纸、广播电视媒体,以增加新闻和信息平台的数量,并使稀缺的媒体资源得到最优配置。在规模经济和范围经济的作用下,这些融合的媒介形式以被重新包装的媒介内容提供给受众更大的信息量,从而使传媒企业实现领先竞争对手、获得利润、提供优质新闻的目的,并最终在数字时代的媒体竞争中保持优势地位。

(二)媒体融合的内涵和外延研究

享利·詹金斯(Henry Jenkins)将媒体融合分为技术、经济、社会或组织、文化和全球融合。[1] 戈登归纳了媒体融合可以分为所有权、策略性、结构性、信息采集、新闻表达等五种融合类型。[2] 纳奇森认为媒体融合体现在各个媒介之间战略的、操作的、文化的合作与联盟。[3]

(三)媒体融合新闻生产研究

斯蒂芬·奎因(Stephen Quinn)等指出:新闻从业者和新闻学者们主要关注多媒介平台的内容生产,以及在工作惯例、技术和编辑部文化中的相关变化。他们还研究了在融合环境下编辑如何撰写新闻稿等。[4] 劳瑞(Laurie)指出:需要更加清晰地理解正在进行中的媒体融合如何在结构层面影响新闻行业。[5]

(四)媒体融合产业研究

凯文·曼尼(Kevin Maney)提出了"大媒体"(Mega-media)的概

[1] Henry Jenkins, *Convergence Culture*: *Where old and new media collide*, NYU Press, 2006.

[2] R. Gordon, "The meanings and implication of convergence", in K. Kawomoto ed., *Digital Journalism*: *Emerging media and the changing horizons of journalism*, Rowman & Littlefield Publishers, 2003.

[3] Andrew Nachison, "Good business or good journalism? Lessons from the bleeding edge", A presentation to the World Editors' Forum, Hong Kong, June 5, 2001.

[4] 〔澳〕Stephen Quinn、〔美〕Vincent F. Filak:《媒介融合:跨媒体的写作和制作》,任锦鸾译,人民邮电出版社,2009。

[5] 蔡雯:《试论"融合新闻"的特点与运作》,《新闻战线》2007 年第 1 期。

念，指出传统大众传媒业、电信业、信息（网络）业都将统合到一种新产业之下，传媒业不分领域全面竞争。① 托马斯·鲍德温（Thomas Baldwin）等提出：电信、有线电视、广播和计算机业此前各自为政，美国联邦政府于 1996 年颁布新的电信法案，开创了一个数字化时代，继而引发了行业的大汇流。②

（五）媒体融合规制研究

尼劳佛·塞尔瓦多莱（Niloufer Selvadurai）等分析了未来的立法和政策措施，以加强电信监管、平衡公共利益和个人隐私之间的关系。③ 布劳迪·安那贝（Brody Annabe）重点关注媒体传播技术的发展与新闻评议会的关系，探讨了新闻评议会当前的角色、所持的标准以及针对投诉的解决办法。④ 艾伦·麦肯纳（Alan McKenna）提出如果大型跨国公司最终控制融合产业，而各国政府无所作为的话，其影响将是深远的。⑤

二 国内相关研究的学术史梳理

（一）媒体融合的概念研究

蔡雯指出："伴随着数字技术和网络传播的迅猛发展，传媒形态的推陈出新与传媒产业的整合重组已是当今全球性的话题。在这一变局中，新闻传播也正应势而动，从规则、流程到渠道、方式都在发生巨变。突破传统的载体藩篱，以'融合新闻'赢得竞争，成为新闻传播发展的必然走向。"⑥ 李良荣、周宽玮认为："媒体融合是指各种媒介形态的边界逐渐消

---

① 林琳：《大媒体时代——当今世界媒体新潮》，《新闻大学》1998 年秋季号。

② 〔美〕托马斯·鲍德温、史蒂文森·麦克沃伊、查尔斯·斯坦菲尔德：《大汇流——整合媒介信息与传播》，华夏出版社，2000。

③ Niloufer Selvadurai, Nazzal Kisswanib and Yaser Khalaileh, "The proportionality principle in telecommunications interception and access law in an environment of heightened security and technological convergence", *Information & Communications Technology Law*, 25. 3（2016）.

④ Brody Annabe, "Pressing times ahead: the evolution of press councils in an age of media convergence", www.researchgate.net.

⑤ Alan McKenna, "Emerging issues surrounding the convergence of the telecommunications, broadcasting and information technology sectors", *Information & Communications Technology Law*, 9. 2（2000）.

⑥ 蔡雯：《媒体融合前景下的新闻传播发展——试论"融合新闻"及其挑战》，《国际新闻界》2006 年第 5 期。

融，多功能复合型媒体逐渐占据优势的过程和趋势。"① 它既包括异质的媒介形态融合在一起而生成新的媒介形态，也包括媒介系统内部各要素、大系统与子系统，以及不同媒介系统的要素与要素之间的融通与整合。

（二）媒体融合的演进研究

彭兰认为媒体融合主要表现在业务形态融合、市场融合、载体融合和机构融合等方面。② 许颖指出"媒体融合"存在三个层次：互动、整合、大融合。③ 胡正荣提出媒体融合经历了门户媒体、社交媒体、场景媒体三个时代。④ 张成良等认为：融媒体传播存在智慧传收、关系偏向、形态多元化和技术驱动等特征。⑤

（三）媒体融合的生产机制研究

蔡雯探讨了媒体融合对新闻传播产生的影响，进而提出了"融合新闻"的概念。⑥ 陈哨认为融合新闻需要为信息找到最佳呈现方式。⑦ 喻国明等认为：伴随着互联网的升级换代，媒体融合迭代的时代正在扑面而来。⑧ 赵芃指出：融媒体时代给我国的意识形态安全带来严峻挑战。⑨ 阮滢指出：融媒体时代传统媒体转型要以内容建设、产品服务、大数据支撑为入口。⑩ 戴元光提出了在融媒体时代媒体价值及制度重构的必要性。⑪

（四）媒体融合的产业研究

王菲对融合过程中产业链的变化进行了分析。⑫ 傅玉辉指出中国大媒体产业发展要推动技术融合、推动制度融合、推动市场融合以及推动产业

---

① 李良荣、周宽玮：《媒体融合：老套路和新探索》，《新闻记者》2014 年第 8 期。
② 彭兰：《从新一代电子报刊看媒介融合走向》，《国际新闻界》2006 年第 7 期。
③ 许颖：《互动·整合·大融合——媒体融合的三个层次》，《国际新闻界》2006 年第 7 期。
④ 胡正荣：《传统媒体与新兴媒体融合的关键与路径》，《新闻与写作》2015 年第 5 期。
⑤ 张成良、甘险峰：《论融媒体形态演进与智慧时代的开启》，《中州学刊》2017 年第 9 期。
⑥ 蔡雯：《试论"融合新闻"的特点与运作》，《新闻战线》2007 年第 1 期。
⑦ 陈哨：《今天我们如何做新闻——融合新闻如何征服受众》，《西部学刊》2015 年第 13 期。
⑧ 喻国明：《互联网是一种"高维"媒介——兼论"平台型媒体"是未来媒介发展的主流模式》，《新闻与写作》2015 年第 2 期。
⑨ 赵芃：《融媒体时代意识形态安全面临的挑战与对策》，《中国报业》2016 年第 16 期。
⑩ 阮滢：《融媒体时代传统媒体转型路在何方》，《新闻研究导刊》2016 年第 7 期。
⑪ 戴元光：《融媒体时代的价值重构与制度重建》，《南方电视学刊》2015 年第 6 期。
⑫ 王菲：《媒介大融合：数字新媒体时代下的媒介融合论》，南方日报出版社，2007。

重组。[①] 黄升民认为三网融合是以媒介思维为主导的"媒·信产业"。[②] 蔡雯指出：媒体融合主体涉及传媒、电信、IT 以及电子产业，最终形成"大媒体业"。[③]

(五) 媒体融合的政策研究

陈映指出：我国的分业监管且纵横交错的传媒政策体系以及"画地为牢"的规制机制，是影响我国媒体融合发展的最主要因素。[④] 陆地等指出：融媒体时代媒体行业的管理体制和理念与方式仍然停留在传统媒体时代。[⑤]

从国内外的研究现状来看，媒体融合是当今"媒介变化的新范式"已成为共识。随着国内外学术交流的加强，国内外对媒体融合的研究基本同步，进入了一个多元交织的状态，从而推动媒体融合向全域发展。媒体融合所带来的传媒变革已经极大地改变了媒介的生态，也改变着媒介的发展战略，在内容生产、资源配置、行业监管上建立与之相适应的体制和机制更具有研究的重要性和必要性。

国内学者也进入了一个从多元化多角度探索在新媒体时代如何应对"媒体融合"的时期。2007 年，黄选容、罗紫初编著《数字时代出版产业发展研究》一书，选取了"首届数字时代出版产业发展与人才培养国际学术研讨会"上的论文集结成册。其中以《数字时代媒体融合战略分析》《编辑与网络融合正当时》《产业融合环境下的出版业发展模式》《媒介产业融合中的出版业发展趋势》为代表的部分论文，对媒体融合下的出版业进行了探讨。2008 年范以锦、董天策主编的《数字化时代的传媒产业》对数字化时代新闻传播业发展的趋势、新媒体与传统媒体的互动创新、传媒业的体制和运行模式等都有所涉及，认为报纸为传统媒体与新兴媒体互动整合提供更好的平台。2009 年吴信训主编的《世界传媒产业评论（第 4 辑）》，汇集了来自美国、英国、德国、印度、韩国、俄罗斯、澳大利亚、

---

① 傅玉辉：《大媒体产业：从媒介融合到产业融合》，中国广播影视出版社，2008。
② 黄升民：《三网融合：构建中国式"媒·信产业"新业态》，《现代传播》2010 年第 4 期。
③ 蔡雯：《媒体融合：面对国家战略布局的机遇及问题》，《当代传播》2014 年第 6 期。
④ 陈映：《规制变革：媒介融合研究的新定向——基于文献回顾与探讨》，《新闻界》2009 年第 3 期。
⑤ 陆地、李然：《融媒体时代媒体管理的"封建主义"特征和变革》，《新闻爱好者》2016 年第 6 期。

中国的一流学者和业界专家的文章，他们围绕"新媒体产业发展的现状与趋势""新媒体产业发展的政策与策略""新媒体与人类和社会的发展""传统媒体与新媒体的互动"等主题分析了新媒体产业发展的前沿。2009年，童兵主编《技术、制度与媒介变迁——中国传媒改革开放30年论集》集纳了《数字化——中国广播电视现代化的必由之路》《媒体融合趋势下新闻教育基础元素的构建》《新媒体与传媒改革：1978—2008》《新媒体环境下电视新闻增值方式的探索》《电视产业如何迎接跨媒体时代的到来?》等论文。

技术融合的研究属于信息技术的范畴。数字技术打破媒介壁垒，将各种形态的信息——文字、图像、影像、声音等表示成统一的数字信息，传媒的各种产品形式可以低成本地重新包装、相互转化，因此，当前媒体融合在技术融合层面仍然重视的是各个媒介形式的数字化以及相对应的媒介数字化标准的制定。

同时，在媒体融合的研究上，国内外面临着同样的问题，需要应对同样的挑战。首先，"媒体融合"的基本概念依然需要厘清。"媒体融合"本身还未在学术上形成一个清晰明确的定义，不断加入的新兴媒介形式将可研究个案的范围边界无限扩展。其次，由于这个概念过于宽泛，各种媒体融合阶段或形式的划分标准也无法一致，或是从"媒介组织行为"进行划分，或是以从业人员的角度进行划分。当前的研究需要从总体上对媒体融合的概念、形式以及未来的发展方向进行综合性的研究，构建既具有理论性的又具有实践性的学术体系。

首先，"媒体融合"是当今新闻传播学的一个前沿课题。业界需要在对国内外媒体融合的案例、媒体融合的驱动因素、媒体融合中的问题、媒体融合实践经验研究的基础上，厘清概念，把握实质，在学理上达成共识。

其次，"媒体融合"意味着新闻传播业务要有新标准。新闻产品的生产、新闻人才的培养、新闻产业的发展、新闻组织的重组都需要适应和满足这个标准。业界需要研究融合媒体面临的经营管理新问题，以及各种媒体形式对新闻生产、新闻传播的不同要求，从而增强融合媒体的公共属性，满足社会转型和社会整合的需要。

"媒体融合与融合新闻既有联系又有区别，媒体融合是一个大概念，融合新闻是一个小概念，媒体融合包含着融合新闻。媒体融合涉及传媒体制、传媒所有权、媒体运营与管理、媒介组织机构、新闻业务等各方面的融合，几乎包括了大传媒业的各个方面的融合变革。融合新闻则是从应用新闻学的角度对媒体融合问题展开的研究，主要涉及新闻采集与叙述呈现的融合。融合新闻是媒体融合的有机组成部分，是媒体融合在新闻传播层面的具体落实。"[①] "融合新闻"实际上也是"媒体融合"在中观研究层面上的课题之一，是从应用新闻学的角度对媒体融合发展的研究。但相对于众说纷纭的"媒体融合"，"融合新闻"的实践探索与理论研究脉络更为清晰，成果也比较集中。[②]

第三节　媒体融合的探索与实践

传媒集团在媒体融合多个层面进行了探索和实践：业务形态融合表现为多媒体日益兴起；市场融合表现为产品相互嵌入、多元组合；载体融合体现出发行渠道的"合"与接收终端的"分"；机构融合属于更高层次的再分工。其发展历程可分为以下阶段。

第一阶段是组织融合。组织的融合是最初的"媒体融合"，这种融合往往是依靠外部的力量（如行政力量）使媒体结合成一个共同体，实现不同媒体或媒体形式"合署"办公或同地办公。

第二阶段是资本融合。在市场"看不见的手"的作用下，有实力的媒介集团在资本市场上完成对其他媒介集团的收购，或者两个媒介组织通过资本市场进行合并，实现"资本融合"。

第三个阶段是技术融合。技术融合引致传播手段融合。数字技术的应用为画面和声音的传递提供了新的方式，电信网络和广播电视网络广泛采用光纤技术促进传播基础设施融合，使传播呈现多媒体化和多渠道化的格局。

---

① 刘冰：《融合新闻》，清华大学出版社，2017，第1页。
② 蔡雯：《媒体融合与融合新闻》，人民出版社，2012，第47页。

第四阶段是内容融合。大型的传媒集团对旗下不同媒介的内容实施资源共享；用一套班子，由"多媒体编辑"统筹策划，将新闻内容用于集团旗下的各个媒体。

第五阶段是平台融合。不同媒介的传播手段在一个大平台上进行整合，这是"媒体融合"的最高阶段，几种甚至全部媒体可以实现融合。

当下，面对新媒体的冲击和挑战，传统媒体面临生存的危机，但同时也处于一个重塑的机遇期。"媒体融合"成为新闻界实现变革的途径。

一　西方传媒业的媒体融合探索

融合新闻的理念最早由位于芝加哥的论坛公司（the Tribune Company）和位于坦帕的媒介综合集团（the Media General Company）两家媒体公司率先进行实践，这两家媒体为融合新闻的发展探索出了不同的发展模式。

论坛公司于 1847 年创建，经过 100 多年的发展，已经成为美国顶尖的媒体公司之一。旗下媒体包括纸媒、广播、有线电视和互联网等。论坛公司在芝加哥的融合实验并没有打破各个媒介的相对独立性，它建立了"协商模式"（negotiation model）。

1993 年，论坛公司建立了一个融合的新闻工作室，其核心理念就是在媒介间实现内容共享。为了实现和姊妹台 CLTV 的新闻资源共享，它将旗下一家地方报纸和有线电视台的办公室搬到一起。报纸记者与有线电视的记者在新闻报道采写、现场访谈等方面进行合作。

1997 年，论坛公司建立共享新闻服务机制，由一个小团队负责全公司网站的内容分享。在一天中的任何时候，不同的媒介都有机会通过其他媒介来延伸自己的内容。如旗下的 WGN 电视台的都市记者既可以为《芝加哥论坛报》准备气象报道，还可在报纸开设专栏，回答受众提出的问题。报纸评论员也可以通过广播和报纸的互动来丰富自己的内容，可以把录像、音乐会内容和评论整合，通过论坛公司所属的广播播出。受众在任何时段都可以获得最新的动态内容。报纸、WGN 电视台、WGN 电台、CLTV 和芝加哥论坛网站能分享彼此的内容。

作为媒体融合的先锋，论坛公司很早就加强了对网络的关注，在芝加哥搭建了多媒体融合平台，实现了新闻的跨平台覆盖和传播，而网络正是实现跨平台融合的导水渠。① 其中，论坛互动（Tribune Interactive）负责公司所有网址的整合。2000 年中期，论坛互动即开始着手用统一的内容管理系统来取代 11 个不同媒体的内容发布系统。一个基于网站建立的数据库使在线人员可以得到文字、图表、音频和视频文件等。统一发布系统既服务于每天的常规新闻报道，也服务于专门的新闻事件报道。通过跨媒介的共享和促进，报道效果都有极好的提升。

媒介综合集团在佛罗里达的实验被称为"合作操作模式"。2000 年，媒介综合集团设立"多媒体新闻总编辑"，统管三类媒体的新闻报道。它的内部管理突出体现在集中办公、资源共享、整合营销和融合生产四个方面。

1. 集中办公。2000 年，媒介综合集团在佛罗里达坦帕市建立坦帕新闻中心（Tampa's News Center），将旗下的《坦帕论坛报》及其网站、WFLA电视台以及集团网站的总编辑们集中办公。传媒大厦一楼是 WFLA 电视台的两大制作室，二楼是 WFLA 电视台和 TMO. COM 的新闻室，三楼是《坦帕论坛报》的新闻室和 TMO. COM 的总编室，四楼则是 WFLA 电视台的总编室。位于二楼的"多媒体新闻编辑室"中央安放了一张圆形的"超级办公桌"，以便各类媒体的编辑们一起办公，便于公司通过各种媒介平台生产和发布新闻。正是通过这种合作，报纸的深度报道、电视的及时播出和网站的互动交流融合在了一起。

2. 资源共享。媒介综合集团资源共享主要体现在两个方面。一是新闻资源共享。媒介综合集团的报纸、电视、网站的编辑和记者通过日常性的互动分享彼此的新闻线索、思想与创意。二是设备资源共享。集团内各媒介共同使用新闻中心的制作场地和机器设备，避免重复建设。这种资源共享大大降低了生产成本，体现了跨媒介集团化运作的巨大优势。

3. 整合营销。媒介综合集团的整合营销主要体现在两个方面。一是报纸把合作电视台或者网站的标识放在其版面上，电视台在新闻节目中向观众提供其合作报纸或者网站对某一新闻事件的有关报道。通过这些方式，

---

① 刘国良：《从共享到融合——来自美国论坛公司的案例》，《中国记者》2007 年第 9 期，第 86 页。

不同媒介通过一定的语言与视觉元素相互推广对方的新闻产品。二是积极与广告代理公司合作，以优质服务、套餐策划、大宗优惠等手段将广告吸引到集团在各地的报纸、广播电视和网络公司中。代理公司足不出户就可以将某一广告通过媒介集团刊登在其旗下的报纸、广播电视和网站等多种媒体上，达到在该地区密集覆盖的目的，同时可获得折扣优惠。

4. 融合生产。坦帕新闻中心将旗下不同媒介的记者、编辑和其他从事策划、摄影、摄像的新闻工作人员重新组合成一个新的新闻团队，共同策划、采写、制作新闻，制成的新闻产品在合作媒体以不同的形式进行发布。这样做的目的是充分整合不同新闻媒介的自身优势以达到最佳的传播效果。①

新媒体的冲击与传统媒体的衰退推动以美国为主的西方传统媒体生产和传播机制的创新变革，在这样的媒介环境中，任何媒体组织要想争夺到足够维持其生存和发展的注意力，不能仅仅依靠某一媒介，"媒体融合"正是其中最重要的路径。在形态上，美国各类传统媒体都在不同程度上加快了数字化转型，新闻报道越来越打破既有的媒介界限，竭力将新闻信息以不同形态在不同媒介中及时充分地传播出去，以弥补报纸等传统新闻时效性的不足，提高内容的竞争力，更好地吸引受众。总体上，美国媒体公司的"媒体融合"实践有以下几个方面。

1. 调整组织架构。以《华盛顿邮报》为例，执行总编辑同时考虑报纸和网站内容，两个副总编辑分管网络和纸媒。每天早晨10点选题会，网络和报纸采编各相关负责人同时参加。网站负责人首先介绍网上新闻热点和读者反馈情况，让编辑部了解什么是读者爱看的，什么是市场喜欢的，同步考虑报网的采访方向和版面内容。网络版头条新闻每30分钟更新一次，重点上报的稿件则提前一天选取片段在网上预热，吸引更多的人去阅读第二天的报纸。

2. 重组采编流程。《今日美国》设有精写组，该精写组从早到晚随时精写各路记者通过手机、电子邮件或者其他方式发来的重要新闻内容，发

---

① 李红祥：《跨媒介经营：媒体融合下的传媒管理创新——以美国媒介综合集团管理经验为借鉴》，《新闻界》2009年第3期。

布在不同的媒介上，大大提高了快速反应和报网互动的能力。记者要同时为报纸和网站供稿，常常是先在网上发布部分内容，随后不断更新，使原本 24 小时的发稿周期大大缩短。记者不仅要写稿，还要采集音频乃至视频素材，以便在报道时不仅能发文字稿，也能向电视、广播、网站提供照片和音视频。

3. 再造新闻编辑室。《纽约时报》、《今日美国》、《华盛顿邮报》、美联社等媒体，在编辑部工作区域内特别设立了简易开放的小型演播区，配置摄像机、话筒、灯光、导播台、监控器等专业设备，记者和编辑在此经常需要出镜报道并制作网络视频，或与 CNN、NBC、FOX 的电视新闻节目进行连线评论。《华盛顿邮报》2010 年将原本分开的网站和纸媒部门员工整合在一起办公，建设"不间断新闻平台"。通过工作间的电视大屏幕，他们可以跟进 CNN、FOX 等主要电视台和通讯社的突发新闻，通过电脑屏幕随时监控各大新闻网站，编辑们通过实时监控突发新闻，随时沟通采访和报道，大大提升了报网互动的效率。

二 我国传媒业的媒体融合实践

（一）媒体融合初期的探索

相比"媒体融合"概念，中国新闻界讲得更多的是"全媒体化"。目前，学界普遍认为，2008 年中国新闻传媒行业有意识、规模化地出现了"全媒体"的尝试，众多媒体决策者不约而同喊出了"全媒体战略"或"全媒体定位"的口号。

1996 年 1 月 15 日，第一家报业集团——广州日报报业集团成立。此后，全国各地如雨后春笋般纷纷成立了报业集团。同时，报业集团还通过建设网站、开设手机报等手段拥有了报纸之外的媒介，从而使报业集团转化为传媒集团。其中，比较著名的有南方报业传媒集团、京报传媒集团、成都传媒集团、烟台日报传媒集团等。

2006 年 1 月，解放日报报业集团推出了著名的 4I 战略：手机报（i-news）、网络数码杂志（i-mook）、电子报（i-paper）、公共新闻视屏（i-street）。集团把 4I 战略当作丰富集团新媒体架构的一个方式，注重新媒体和传统媒体之间新的内容流程构造。

烟台日报传媒集团在我国报业中较早开始"媒体融合"的探索。2006年，国家新闻出版总署启动"数字报业实验室计划"；2007年，新闻出版总署又启动了全媒体数字采编发布系统工程建设，确定了南方报业传媒集团、烟台日报传媒集团等进行数字复合出版的研发和试点，为烟台日报传媒集团进行媒体融合的探索提供了机遇。

烟台日报传媒集团拥有《烟台日报》《烟台晚报》《今晨6点》《华夏酒报》《阅读文摘》《新闻人物》和水母网站七个媒体。2007年，烟台日报传媒集团启动"全媒体数字采编发布系统"的研发，通过优化原有的产品生产流程，推动集团从报纸生产商向内容供应商转型。2008年组建全媒体新闻中心。2008年8月，北京奥运会闭幕之际，烟台日报传媒集团创建的"全媒体数字采编发布系统"通过了国家新闻出版总署的专家验收，被认为是"纸媒转型过程中的标志性事件"。

"全媒体"主要依据传播途径和传播介质而言，是媒体形态的一种复合，它包括报纸、广播、电视、网络、手机、户外视屏、电子纸移动报等多种媒体形态。全媒体具有融合性、系统性和开放性的特征，强调不同媒介形态之间的"复合"。在内容制作上，全媒体强调生产流程的再造，打造内容产业化链条，最大限度地发掘新闻信息的内涵，以多种形式表达满足市场"小众化"趋向的需求。

烟台日报传媒集团全媒体中心从产品结构、组织架构和运作流程三个方面展开建设。在产品结构方面，为满足转型需要，烟台日报传媒集团对产业架构做了调整，建立起包括平面报纸、手机报、多媒体数字报、电子纸移动报、户外视屏等多种形态的媒介产品结构。主要产品种类有《烟台日报》《烟台晚报》《今晨6点》三张日报，这是集团的核心主营业务。打造新媒体产品群"六网三报一码一社"：第一新闻网、中国酒业新闻网、黄海数字出版网、水母网、烟台人购物网、光速资讯网（六网），手机报、多媒体数字报、电子纸移动报（三报），二维码（一码），黄海数字出版社（一社）。通过以上产品组合推动报纸、手机和网络三者联动整合。在组织架构方面，烟台日报传媒集团围绕全媒体中心设置了新的结构层级，总编室负责指挥中心新闻生产，协调子媒体之间的关系；采访部门负责日常采访；数据加工部门负责稿件标引、背景资料搜集、针对大事件的前期资料整理以及音视频素材的编辑整理等工作。在运作流程方面，烟台日报传媒集团"全媒体数字采编发布系统"建有不同的数据库，通过对每个数据库进行功能差别定位，实现资源的加工、共享。记者将初步制作的产品放入中心数据库，由各子媒体根据自身需要选取不同类型的产品，进行深度再加工，在不同形态媒体上展示。这样既避免了产品同质化现象，也最大限度地利用了新闻信息资源，满足了不同受众群体的需求，最大限度地实现了市场覆盖。整个新闻中心如同集团内部的通讯社，而各子媒体就是一个个独立的编辑部门，由中心总编室协调管理。整个中心的运作流程是，记者归全媒体新闻中心管理，采访同一事件，以不同展现方式报道。

另外，为满足全媒体中心新闻报道和制作的需求，烟台日报传媒集团向每位记者发放包括笔记本电脑、智能手机、照相机、摄像机等硬件装备，以适应中心全天候信息滚动播报的要求，最大限度追求信息的及时播发。在这一全媒体数字平台中，集团记者采集的包含文字、图片、音频和视频等素材的同一个内容进入全媒体数据库，经过二次加工和二次编辑，然后由各媒体各取所需，再深加工生产出各种形态的终端新闻产品，通过不同的传播渠道发布，实现了一次采集、动态整合、多个渠道、多次发布的数字化传播。

烟台日报传媒集团全媒体中心数字平台的搭建不仅改变了传统报纸运作的观念，使传媒企业由报纸营销向内容供应商的角色转变，也再造了全新的更符合市场需求的新闻产品制作流程，实现了产品的深加工和多形态展示。在历次重大新闻事件中，新闻的报道也展现出全媒体中心的巨大优势。

烟台日报传媒集团对2008年"胶济铁路火车相撞事故"的报道就展现了全媒体新闻平台运作的巨大优势。事件初发时，记者在现场通过手机报发布事件现场信息，并将"火车站可全额退票"等信息及时传递给用户。随后，水母网滚动播报现场动态，并采用视频节目连续报道，同时电子纸移动报同步发布。第二天，集团三家主打报纸《烟台日报》《烟台晚报》《今晨6点》进行深度报道。烟台日报传媒集团通过使用手机报、电子移动报、视频、网站和报纸深度报道的形式，全景式深度展现事件始末，整个运作过程实现了集团从"第一时间采写"向"第一时间发布、波纹信息传播"转变的目标。

作为我国"数字报业实验室计划"首批成员的宁波日报报业集团，于2006 年 8 月在集团所属"中国宁波网"上推出"宁波播报"，这是国内首次出现的互动和多媒体数字报纸。同年 10 月，集团又推出《宁波播报》电子报纸，向着数字化方向又迈出了一大步。2007 年，宁波日报报业集团开发集内容生产、业务处理、决策管理、客户服务以及网络支撑五个平台合而为一的多媒体数字化运营平台，形成了多媒体新闻体系。这一年，集团在宁波市建设 100 块 LED 显示屏，由中国宁波网不间断推送视频内容。这一系列举动让宁波日报报业集团数字化转型备受关注。这是集团贯彻《宁波日报报业集团数字报业发展规划（2007—2010）》和《宁波日报报业集团数字技术平台建设规划》，实践集团关于数字化发展战略的重大举措。

为应对新媒体发展带来的重大竞争压力，宁波日报报业集团率先在全国报纸行业中提出"数字化"转型的发展战略，在把握市场的同时，寻求应变的举措。为此，宁波日报报业集团在中国宁波网的基础上，重点打造四个新媒体，分别是互动多媒体报《宁波播报》、手机报、电子纸报纸和户外电子屏。在这些产品结构的基础上，宁波日报报业集团着力打造全媒体数字技术平台，以满足集团全方位的新闻产品需要。这个数字技术平台包括"两网、三库、五平台"，其中"两网"是内网和外网，内网用于集团内部连接，外网用于集团接入外部网络系统；"三库"即多媒体内容库、业务运营库和管理库；"五平台"即内容生产平台、业务运营平台、客户服务平台、决策管理平台和网络支撑平台。集团的日常业务要在五个平台展开。其中，网络支撑平台是其余四个平台的技术支撑，新闻产品的生产在内容生产平台上实现，在这个平台上进行新闻的采访、编辑、制作、发布和管理，实现信息的多种表现形式的加工，在传统媒体和新媒体之间实现信息共享，融采编部门于一体，同时实现与受众的无障碍沟通，扩大集团影响力。业务运营平台主要负责广告发行和网络营销；客户服务平台则是针对受众群体收集资料数据，为受众提供体贴的"客户服务"；决策管理平台主要负责监控集团的业务运行，提供决策分析，也进行人力资源和财务方面的管理。

此外，宁波日报报业集团为推动手机报的发展，于 2007 年 7 月 1 日正式推出"宁报动码"手机二维码项目，这是由《宁波日报》《宁波晚报》《东南商报》三家报纸联合开发的，其 WAP 网站由中国宁波网编辑发布，在动码剪报、视频下载、实时新闻、新闻互动、商家促销认证等新业务上有较大突破。2009 年 1 月，宁波日报报业集团成立了全媒体新闻部，向全体记者发放摄像机、数码相机、笔记本电脑、录音笔等设备，实现全天候滚动式全媒体播报。同年 5 月，集团成立 3G 事业部，负责手机电视和手机报业务，实现及时、多媒体互动的新闻播报。6 月，集团建设的全媒体数字技术平台接受国家相关部门验收通过。

从烟台日报传媒集团、宁波日报报业集团等的探索开始，大中型的报业集团、广电集团都开始大张旗鼓地进军全媒体化，走媒体融合的道路。浙江日报报业集团在 2011 年全面正式启动了全媒体战略，实施集团的全媒体转型，力图打造国内媒体领域"传媒梦工场"。浙江日报报业集团的全媒体战略包括启动党报内容的创新转型、启动社会化媒体的融合转型等。

在广电集团方面，深圳广电集团也全力实施全媒体化战略，力求建立一个全媒体的内容提供商，初步构建一个覆盖广播、电视、平面、户外、网络新媒体、移动终端的一站式全媒体整合营销平台，成为一个全媒体资源提供商。同时，深圳广电集团还注重营销主体的统一性，建立了广告管理中心。深圳广电集团一方面是将所经营的资源由单一媒体转为全媒体平台，另一方面将面对客户的产品从单一媒体品种转化为跨媒体组合品种。通过一站式全媒体的整合营销平台，深圳广电集团旨在解决媒体碎片化时代客户多样的需求。

随着三网融合大幕的拉开，各地广电集团也纷纷谋划互动内容产业布局，实现内容领域"三网融合"式的"媒体融合"。上海东方传媒集团有限公司积极在新媒体领域进行布局，旗下通过有线网络内容集成平台的文广互动，通过电信网络提供 IPTV 内容服务集成平台的百视通等，开拓掌握内容、占领渠道的"媒体融合"之路。

（二）媒体融合深化期的探索

"互联网+"时代，党和国家领导人准确地把握了互联网给新闻宣传带来的巨大影响，高度重视传统媒体和新媒体的媒体融合。

2013 年 8 月 19 日，习近平总书记在全国宣传思想工作会议上发表重要讲话。他指出，宣传思想工作要适应社会信息化持续推进的新情况，加快传统媒体和新兴媒体融合发展，充分运用新技术新应用创新媒体传播方式，占领信息传播制高点。①

2014 年 8 月 18 日，习近平总书记主持召开中央全面深化改革领导小组第四次会议并发表重要讲话。他强调，推动传统媒体和新兴媒体融合发展，要遵循新闻传播规律和新兴媒体发展规律，强化互联网思维，坚持传统媒体和新兴媒体优势互补、一体发展，坚持先进技术为支撑、内容建设为根本，推动传统媒体和新兴媒体在内容、渠道、平台、经营、管理等方面的深度融合，着力打造一批形态多样、手段先进、具有竞争力的新型主流媒体，建成几家拥有强大实力和传播力、公信力、影响力的新型媒体集团，形成立体多样、融合发展的现代传播体系。要一手抓融合，一手抓管理，确保融合发展沿着正确方向推进。②

2016 年 2 月 19 日，习近平总书记到人民日报社、新华社、中央电视台调研。在人民日报社，他来到新媒体中心，调研微博、微信、客户端等新媒体运营情况，并亲手点击键盘，在人民日报社"两微一端"发布了问候语音。在新华社，他观看了新华社客户端"现场新闻"业务，并按动"为全国新闻工作者点赞"页面。

2014 年被称为"中国媒体融合元年"。在习近平总书记讲话的指导下，各级主流媒体都加大了媒体融合的步伐，加快了从组织体制到新闻生产的改革，取得了一系列的成果。

《人民日报》从传统意义上的一张报纸，已扩展到了报、网、微博、微信、二维码、电子阅报栏、手机报、手机网、移动客户端、网络电视等10 种载体。其报道周期也从报纸按"天"计算、报道"昨天"的事，到电视按"小时"计算、聚焦"今天"的事，再到微博、微信、客户端，按分秒计算、随时记录"此刻"的事。新华社新媒体中心跨出三大步。第一

---

① 《着力做好媒体融合发展这篇大文章》，新华网，http：//www.xinhuanet.com/politics/2015-09/01/c_128186457.htm。
② 《习近平：推动传统媒体和新兴媒体融合发展》，人民网，http：//media.people.com.cn/n/2014/0818/c120837-25489622.html。

步，创办新华社新媒体专线，实现通讯社核心职能新媒体化和向新媒体领域拓展延伸。第二步，着力打造新闻信息集成服务，实现在新媒体、全媒体时代的传播引领。第三步，打造国内最大的党政客户端集群"新华社发布"，抢占移动互联网和 4G 时代媒体融合制高点。在产品融合、终端融合、渠道融合、平台融合等方面实现了跨越式发展，逐步摸索出了一条具有通讯社特色的媒体融合发展之路。中央电视台全力推进新兴媒体与传统媒体优势互补、一体化发展，初步实现内容、渠道、平台、经营、管理等方面的深度融合，努力将央视建设成为以视频内容为核心，媒体形态丰富、手段先进，具有强大传播力、竞争力和完备产业链的国际一流新型主流媒体。①

主流媒体发挥自身优势，形成了包括内容型、服务型、渠道型、生态型等多种类型的融合平台。其中，内容型的平台有人民日报社的"中央厨房"、新华社的"现场云""中国媒体融合云"、央视移动新闻网等；服务型平台包括浙报集团旗下的"浙江政务服务网"、东方网旗下的"媒体综合服务平台"等；渠道型平台有湖北广电网络、安徽广电融媒体平台等。由于在内容资源上占有独特优势，国家级的主流媒体侧重打造内容型媒体平台。而那些资源汇聚能力较强的省级媒体则更倾向于打造服务型媒体平台。从行业细分来看，广电类的主流媒体善于利用自身在渠道方面的优势，打造以渠道型为主的媒体平台。客观上，在建设自主可控的媒体平台过程中，发挥各主流媒体自身优势，既能节约成本又能充分调动人员积极性，同时也能提升平台建设效率及持久性。②

---

① 马利、慎海雄、胡占凡、王求：《中国媒体，走在融合路上》，《人民日报》2014 年 7 月 18 日，第 16 版。
② 郭慧：《主流媒体平台融合的发展实践与挑战》，人民网，http://media.people.com.cn/ n1/2019/0117/c424555-30562445.html。

第二章　媒体融合的媒体形式

　　一般意义上，媒体融合指的是传统媒体和新媒体的融合。传统媒体主要是指大众媒体，包含报纸、广播、电视等，新媒体则指随着信息技术的快速发展不断出现的媒体形式。

　　信息技术主要体现在互联网的使用上。对于互联网，安德鲁·查德威克认为可以从两个角度来认识。一个是技术意义的角度。互联网是基于网络通用技术标准和协议而组建的一个实体集合，是相对去中心化的网络。①另一个是比较意义的角度。将互联网与其他类型的传播媒介进行比较，我们可以发现互联网具有多媒体性，它在很大程度上从已存媒介中借用了内容组织形式、视觉风格以及使用方法。②

第一节　媒介发展演进与传统大众媒体

一　媒介发展过程演进

　　人类的传播活动有着悠久的历史。人类传播的发展史是人类从自然赋予的传播能力出发，在生产劳动和社会实践的推动下不断改造已有媒介和发现新的传播媒介、不断使社会信息系统走向完善的历史。美国传播学家哈特把历史上依次出现的媒介系统分为三类：示现的媒介系统、再现的媒

---

① 〔英〕安德鲁·查德威克：《互联网政治学：国家、公民与新传播技术》，任孟山译，华夏出版社，2010，第 5 页。

② 〔英〕安德鲁·查德威克：《互联网政治学：国家、公民与新传播技术》，任孟山译，华夏出版社，2010，第 5 页。

介系统和机器媒介系统。从不使用任何机器手段的"示现媒介"到部分使用机器的"再现媒介",再到完全使用机器的"机器媒介",这是一个人类传播的媒介手段日趋丰富的过程,也是人类信息功能日益向外扩展、体外化媒介系统逐渐获得相对独立性的过程。

香农的信息论把传播与信息密切联系起来。信息的功能是减少事物的不确定性,可以反映事物的内部属性、事物的状态和结构、事物之间的相互联系以及事物与外部环境的互动关系。传播是人们通过符号来传递、接收与反馈信息的活动,是在人自身、人与人之间、人在群体中、人在组织乃至整个社会中展开的知识、思想、观念等社会信息的交流和沟通。

传者传送信息,受者接收信息,都必须经由一定的渠道,这种作为中介物的渠道或工具就是媒介。

这表明信息是通过媒介表述、传输、保存和处理的,信息的传输就是一个将信息符号化,然后符号化的信息在媒介系统间进行处理和传递,最终真实地还原并到达受众的过程。

可以看出,没有媒介,传播就无法实现。作为传播信息的渠道,作为联结传者与受者的桥梁和纽带,媒介既是传者争取传播效果的必要手段,又是受者获取必要信息的唯一途径。媒介技术是社会发展的重要动力,媒介技术的发展对现代大众传媒事业的发展发挥了关键性的促进作用。随着媒介技术的发展,媒介的形态也在不断演进,每一种媒介的产生都开创了人类交往和社会生活的新方式。

1. 语言文字——远古人类的信息技术革命

语言和文字都是符号系统,它们的发明是远古人类社会两次意义重大的信息技术革命。口头语言附属于声音,声音无法同发声的个体分离。记载文字必须有相应的工具(如早期用小刀作为刻字的工具)和承载物(如石头、兽骨、竹片、木片等都曾作为文字的承载物)。记载文字的工具和承载物的改进孕育着新的信息技术革命。

2. 印刷术——推动人类历史进入现代化阶段的信息技术革命

中国东汉蔡伦发明造纸新技术,隋代出现雕版印刷技术,北宋时期毕昇发明泥活字印刷技术。印刷技术通过阿拉伯人传到欧洲。15世纪中叶,欧洲人进而发明金属活字印刷技术和金属活字印刷机,被称为"谷腾堡革命"。"谷腾堡革命"是推动人类历史进入现代化阶段的信息技术革命，以文艺复兴、宗教改革为代表的新兴资产阶级文化冲破中世纪教会神学文化的藩篱，借助印刷媒介，深入影响一般民众，引致启蒙运动和资产阶级革命，使西方社会乃至整个世界随之发生空前的历史剧变。

3. 电子媒介——19~20世纪的信息技术革命

电子媒介的诞生是新的信息技术革命的标志。1844年，美国人莫尔斯（S. Morse）发明电报，揭开电信时代的序幕。1876年，美国人贝尔（A. G. Bell）发明电话。1895年，法国的卢米埃兄弟发明电影摄像机，标志着电影时代的到来。1901年，马可尼成功进行横跨大西洋的远距离无线电信号传递。1920年世界上第一家广播电台在匹兹堡试播成功，作为大众传媒的广播诞生。1925年电视画面的播送和接收成功实现。1936年，英国广播公司（BBC）在伦敦市郊建立了世界第一家电视台，正式进行电视广播，作为大众传媒的电视诞生了。

4. 数字网络媒介——20~21世纪的信息技术革命

全球互联网络——因特网（Internet）是人类传播史上新的里程碑。20世纪末21世纪初，数字网络媒体以数字技术方式，在全球性的电脑网络上高速传输和处理文本、图形、图像和声音复合的多媒体信息。20世纪90年代以来，因特网作为"第四媒体"迅速扩张，在各个领域挑战传统大众媒体。

从媒体发生和发展的过程当中，我们可以看到新媒体是不断变化的。广播相对报纸是新媒体，电视相对广播是新媒体，网络相对电视是新媒体。每一次新媒体的诞生，都是一个质的飞跃，它使原有的信息传播方式发生了巨大的变化，并对人类的生活方式和信息接收方式产生了深远的影响。目前，人们所指的新媒体也是一个相对的概念，是在报刊、广播、电视等传统媒体之后发展起来的新的媒体形态，通常是指在计算机信息处理技术基础之上出现的媒体形态，包括网络媒体、手机媒体等。

二　传统大众媒体

所谓大众传播就是专业化的媒介组织运用先进的传播技术和产业化手段,以社会上一般大众为对象而进行的大规模的信息生产和传播活动。现代社会的信息传播,范围之广、数量之多、速度之快,前所未有,因此,承担这一重任的媒介,其地位也空前凸显。传统大众媒体主要是指报纸、广播、电视等。

(一) 报纸

报纸是以刊登新闻为主、定期连续向大众发行的印刷品;通常有固定名称,散页印刷,不装订,没有封面。报纸一般日出一次或数次,也有每周出版一次或数次的。①

报纸的特点是读者可随时阅读,不受时间限制;平面排版,可以非线性阅读,不受信息发布前后顺序的制约;可互相传阅,读者人数可以是印数的几倍;易于保存,可以作为资料或者史料进行存储。报纸的不足表现在:时效性不如广播和电视;在传播符号方面,相比电视的声音和画面兼备,报纸只有文字,比较单一。

(二) 广播

广播是指通过无线电波或导线传送声音的新闻传播工具。通过无线电波传送节目的称无线广播,通过导线传送节目的称有线广播。

广播优势表现在以下方面。首先是速度快捷,覆盖面广。对重大事件、重要新闻,广播往往在第一时间发布,还可以现场直播,听众可以从中实时了解新闻事件的进展情况。受众无论年龄大小、文化程度高低,都适合收听广播。其次是经济。无论是广播自身的运行成本还是受众的接收成本都较低。再次是可移动性和便携性。人们可以随时、随地很方便地从广播中了解最新的信息。最后是诉诸听觉信息,感染力强。广播是靠声音来传播的。主持人主持节目的风格、对节目的把握能大大增强节目的吸引力。他们对稿件的再创造、再提高,能对听众认识、理解、接受信息产生很大的影响。相比之下,广播的劣势主要是稍纵即逝,过耳不留,信息的

---

① 程曼丽、乔云霞主编《新闻传播学辞典》,新华出版社,2013,第53~54页。

储存性差，难以查询和记录。传播方式是线性的，即广播内容按时间顺序依次排列，听众受节目顺序限制，只能被动接受既定的内容。广播只有声音，没有文字和图像，听众对广播信息的注意力容易分散。

（三）电视

电视指使用电子技术传送活动的图像画面和音频信号的设备，通过无线电波传送节目的称无线电视，通过导线传送节目的称有线电视或电缆电视。

电视的优势主要有以下几点。视听兼备、传达效果好。它同时用画面和声音表达思想，这比报纸只靠文字符号和广播只靠声音来表达要丰富得多。纪实性强、有现场感。电视能让观众直接感受事物的场景，能使观众产生亲临其境的现场感和参与感。传播迅速、影响面大。电视与广播一样，用电波传送信号，向四面八方发射，把信号直接送到观众家里。信息报道及时，收视观众多，影响面大。多种功能、娱乐性强。电视直接用图像和声音来传播信息，因此观众不受文化程度的限制。电视传播的弱点和广播一样，传播内容稍纵即逝，信息的储存性差。电视同样受时间顺序的限制，信息的传送和接收都不如报刊那样具有灵活性。此外，电视节目的制作、传送、接收和保存的成本较高（见表 2-1）。

表 2-1　传统大众媒体特性

媒体	语言要素	语法体系	媒体风格	媒体特性
报纸	文字 图片 颜色 线条	文章语法 版面编排	静止的 抽象的 深度的	1. 报纸是视觉媒介，是阅读媒介 2. 报纸的时效性较差 3. 报纸的保存性强 4. 读者拥有较大的选择权 5. 报纸适合传达深度信息
广播	语言 音乐 音响	声音剪辑	流动的 单一的 内省的	1. 广播是听觉媒介 2. 广播的时效性较强 3. 广播的保存性和选择性较弱 4. 广播的影响面广

续表

媒体	语言要素	语法体系	媒体风格	媒体特性
电视	运动图像 静止画面 声音 字幕 动画 特效	声音剪辑 画面剪辑	动态的 多元的 开放的	1. 电视是视听合一的媒介 2. 电视时效性强 3. 电视保存性和选择性较弱 4. 电视具有较强的形象感、现场感和过程感

在旧媒体当中，报纸的表达元素主要是文字和图片；广播的表达元素主要是音频；电视运用文字、图片、音频、视频等来传达信息。公正地讲，在上述传统媒体中，电视在多种媒介元素的运用方面已经表现出了很强的融合特征。电视新闻报道在容纳影像、声音、文字、图片的时候非常容易操作，具有黏合多种媒介元素的技术优势。但即便如此，传统意义上的电视新闻仍然不能归属于融合新闻报道的范畴，其原因主要在于电视虽然能够综合运用音频、视频、文字、图片等多种媒介元素呈现新闻信息，但它欠缺互动设置这一关键性媒介元素。这里的互动设置是指在线互动设置，它是数字新媒体与旧媒体的关键区别，它让用户可以随时随地参与内容生产和传播。

第二节　信息技术变革与新媒介形式

一　媒体融合的技术变革

新媒体的产生与信息技术的发展紧密相关。在从传统社会向信息社会的转型中，信息的传输方式发生了从量到质的变化。"技术是实现媒体融合的先决条件，也是必要的推动因素，它渗入到媒体融合的多个层面。"①"融合新闻与旧媒体新闻区别的根源在于媒介技术，融合新闻得以实现的技术前提是网络媒介技术的发展，没有网络媒介技术，就没有融合新

---

① 付晓光：《互联网思维下的媒体融合》，中国传媒大学出版社，2017，第27页。

闻。"[1] "实践融合新闻需要理解媒介技术景观，并足够灵活地操作这些技术以便让新闻受众获益，与此同时又完美地坚守了新闻的准则。"[2]

数字化、网络化是新媒体产生的基础，也是媒体融合形成的基础。这些技术变革具体表现为以下几点。

（一）信息的传输方式由模拟信号到数字信号

信号是信息的物理体现，是运载信息的工具，是信息的载体。信号所含的信息可以用变化的波形来表示（见图2-1）。

图 2-1 语言信号波形图

信号从表现形式上可归结为两类：模拟信号和数字信号。数字化就是将信号由模拟信号转换为数字信号。模拟信号是指在一段连续的时间内所代表的信息特征量可以在任意瞬间呈现为任意数值的信号，即信息特征是在给定时间范围内表现为连续变化的数值；数字信号是其所代表的信息特征量在幅度取值上是不连续的，而且在时间上是离散的，幅值被限制在有限个数值之内的信号（见图2-2）。

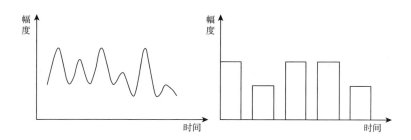

图 2-2 模拟信号和数字信号

① 刘冰：《融合新闻》，清华大学出版社，2017。
② 〔美〕珍妮特·柯罗茨：《融合新闻学实务》，嵇美云译，清华大学出版社，2018。

实际上，从自然界中获得的信号大部分都是模拟信号。广播电视系统原来使用的是模拟技术，通过摄像机把图像信号、通过传声器把声音信号转化为电信号时，相应的电信号即视频信号和音频信号在幅度和时间上都是连续变化的。模拟信号受环境影响较大，难以做到高精度。随着数字信号处理技术的成熟和完善，数字信号处理技术已逐渐取代了模拟信号处理技术。数字信号精度高、灵活性强、可靠性强、易于采用数字计算机进行处理。

（二）信息的传输单元由电子到比特

数字信号是人为抽样出来的在幅度取值上不连续的信号。将模拟信号转换成数字信号需要三个步骤：抽样、量化和编码。抽样是指用每隔一定时间的信号样值序列来代替原来在时间上连续的信号，也就是在时间上将模拟信号离散化。量化是用有限个近似原来连续变化的幅度值，把模拟信号的连续幅度变为有限数量的有一定间隔的离散值。理论和实验都证明，只要抽样的频率高于模拟信号最高频率的两倍，这种数字信号就可以被恢复成与原来完全相同的信号（见图2-3）。

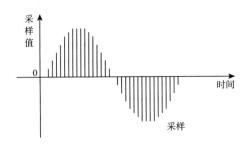

图2-3　采样的样值序列

编码则是按照一定的规律，把量化后的值用二进制数字表示。具体来说，在二进制编码的体系中，数字信号可以用有限个"0"和"1"的代码来表示，一段完整的信息可以用多个代码组合，即比特流来表示。至此，信号的传输由电子形式转化为了数字比特形式。

（三）信息的传输格式由制式到协议

信息需要通过媒介系统才能由传者传输到受者那里，而这就需要制定出媒介系统的标准，该标准的作用在于定义整个信息传输系统的具体实现细节，实现标准化，进而实现产业化。在电视系统中，标准体现在制式上；而在网络系统中，标准则体现在协议上。

制式是一种标准，也就是一种技术规范。无论是早期的模拟电视还是当代的数字电视都有具体的标准来支持声音和图像信号在电视系统中的传输。在彩色电视中，不同的国家制定了三种电视制式：N 制、PAL 制和 SECAM 制。这三种制式是不能互相兼容的，例如在 PAL 制式的电视上播放 NTSC 的视频，影像画面将不能正常显示。数字电视按传输方式分为地面、卫星和有线三种。1995 年，欧洲成立了数字视频广播（DVB）联盟，该联盟拥有近 200 个成员。1997 年，DVB 联盟发布了数字广播技术规范，包括卫星数字电视传输标准 DVB-S、有线电视传输系统标准 DVB-C 和地面传输标准 DVB-T，为卫星、有线和地面电视频道传送高速数据铺平了道路。

计算机网络是由多个互联的节点组成的网络，节点之间需要不断地交换数据，而要做到有条不紊地交换数据，每个节点都必须遵守一些事先约定好的规则。网络协议便是为网络数据交换而制定的规则与标准。协议（Protocol）就是一种通信规约。一个协议就是一组控制数据通信的规则，这些规则明确地规定了所交换数据的格式和时序（见图 2-4）。

国际计算机互联网使用的是 TCP/IP 协议，其中，IP（Internet Protocol）是基本的通信协议，TCP（Transmission Control Protocol）是帮助 IP 实现可靠传输的协议，这两个协议相互配合完成互联网的连接。WAP（Wireless Application Protocol）也是一项全球性的网络通信协议，它作为无线应用协议使移动互联网有了一个通行的标准，其目标是将互联网的丰富信息及先进的业务引入移动电话等无线终端。它是在手机、因特网、个人数字助理机（PDA）、计算机应用之间进行通信的开放性全球标准。

（四）信息传输的空间从固网到移动

互联网正在经历由固定网络向移动网络的变革。随着智能终端的普及和服务模式的创新，世界已经进入移动互联网时代。通过 WAP 手机，一个人无论在何地、需要何种信息，都可以享受到无穷无尽的网上信息或者网上资源。

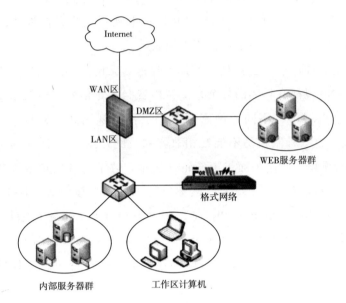

图 2-4　网络协议系统

WAP 能够运行于各种无线移动网络（如 GSM、GPRS 或者 CDMA 网络等）之上，将无线移动网络和互联网便捷地联系起来，同时又保证了 WAP 的使用和所连接的网络、运营商以及终端设备的相对独立性。它使无线设备可以便利地、实时地交流信息。通过 WAP 接入网络后用户就可以便捷地获取所需要的信息，如新闻、天气预报、股市动态、实时汇率等，还可以实现电子商务、网上银行等功能。

（五）信息的传输媒介由单一到多元

传统的报纸、广播和电视之间有着严格的界限。报纸是文字和图片媒体，广播是声音媒体，而电视是声音和视频媒体，三者之间差异非常明显。

新媒体基于多媒体符号，依赖于计算机的多媒体技术。多媒体技术是当今信息技术领域发展最快、最活跃的技术，计算机使用交互式综合技术和数字通信网络技术处理多种媒体信息——文本、图形、图像、视频和声音信息，使多种信息建立逻辑连接，集成为一个交互式系统。多媒体技术融文本、图像、声音、动画、视频等多种功能于一体，借助互联网，人们可实现计算机的全球联网和信息资源共享。

（六）信息传输的方向从单向到双向

网络系统是整个信息运行环境的物质基础之一。计算机网络是指处于不同地理位置的多台具有独立功能的计算机系统，通过通信设备和通信介质互连，并以功能完善的网络软件进行管理来实现网络资源共享和信息传递的系统。网络的功能就是将不同地理位置的计算机联结起来，从而传输经过处理的信息（见图 2-5）。

图 2-5 网络系统

传统信息交流媒体只能单向地、被动地传播信息，而新媒体信息是依靠网络联结、通过网络传输的，从而使信息无论是在平台上还是在内容上实现了双向的传输，建立了以"申请"和"反应"为模式的"协议"式双向互动。一个人可以利用自己的计算机和分散在世界各地的同行一起商讨问题，也可以在任何时间向远方的朋友发出集声像图文于一体的"电子函件"，更能够通过论坛和社交媒体发表自己的看法。

二 媒体融合的传输平台

媒体融合主要建立在互联网平台之上，互联网技术在快速发展中已经突破了带宽的限制，目前形成了以宽带互联网和移动互联网为主的网络形式。

（一）融合媒体的宽带互联网平台

互联网即因特网（Internet），特指依据 TCP/IP 等通信协议建立起来的计算机网。万维网（World Wide Web）或 3W（WWW）是世界性的互联网络，它是一个覆盖五大洲 150 多个国家的开放型全球计算机网络系统，拥有许多服务商，存储着海量的文档。

因特网是在军用计算机网络"阿帕网"（ARPANET）的基础上发展起

来的。它是一个由美国国防部的研究人员和一些大学的科研人员于 20 世纪 60 年代末共同开发的实验性网络。阿帕网在 1982 年接受了 TCP/IP 协议来构建主要的计算机通信系统，并把其他的军用计算机网络都转换到 TCP/IP 协议之上。20 世纪 80 年代中期，美国国家科学基金会（NSF）利用阿帕网的技术建立美国国家科学基金会网。1984 至 1989 年，美国国家科学基金会网经历了一个迅速发展的时期后，开始向商业和更广阔的领域扩展，并陆续与其他一些国家和地区联网，至 1992 年因特网协会成立。因特网从军用通信网络起步，通过美国国家科学基金会网进而发展成为全国性的学术研究和教育网络，并开始向更广阔的领域和更广大的区域扩展。1995 年 10 月 24 日，联邦网络委员会（FNC）通过了一项决议，对因特网做出了界定："因特网"是全球性的信息系统，在逻辑上由计算机以全球唯一的空间地址连接起来，能够支持以传输控制协议和国际互联协议（TCP/IP）及其延伸协议为基础的通信。

互联网是由无数台计算机互相连接而成的计算机系统。在互联网上连接的所有计算机，从大型机到微型机都以独立的身份出现，被称为主机。为了实现各主机间的通信，每台主机都必须有唯一的全球网络地址，就好像每一个住宅都有唯一的门牌号一样，这样才不至于在传输资料时出现混乱。为此，协议定义了两种形式来表示计算机在因特网上的地址。一种是机器可识别的用数字表示的地址，通常称为网际协议地址，简称为 IP 地址。IP 网络协议地址是指连入互联网的计算机的地址编号，用二进制数字表示。在互联网中，网络协议地址唯一地标识一台计算机。另一种是比较容易看懂的用字母表示的地址，称为域名地址。域名（Domain Name）是互联网上计算机或计算机组的名称，由一串用点分隔的字母组成，用于在传输数据时标识计算机的地址。两者之间依靠域名解析系统联系起来，将域名地址映射为 IP 地址被称为域名解析。

互联网承载数字信号的传输，不同的符号，如文字、声音和图像都以数字化的形式存在，因而在信号形态上没有差别，这在技术原理上实现了不同符号形式的融合，也奠定了媒体融合的基础。

（二）融合媒体的无线平台

移动媒体没有一个确切的定义，主要是指利用各种信息传输技术以满足流动人群需求的新型或新兴媒体。移动媒体大致包括三类。第一类是作为传统媒体延伸的移动媒体，即基于无线电信号传输的车载广播、车载电视等。第二类是基于手机增值业务的手机媒体。短信改变了手机仅仅作为通信工具的单一角色，使之成为人际传播与大众传播结合的新媒体，尔后陆续出现手机报、手机广播和手机电视等新型媒体。第三类是基于移动互联网的各种移动终端服务及设备，包括手机、笔记本电脑、平板电脑、电子阅读器、GPS 设备和娱乐设备。其中第三类是具有媒体融合特征的新媒体形式，而移动互联网也是当前的媒体融合无线平台。

手机是最重要的移动媒体。手机又称移动电话，是可以拿在手中的移动电话机，也是可以在较广范围内使用的便携式电话终端。早期的手机也是基于无线电传输来发送信息的。广播和电视在信号发送过程中使用的是一个频率，而手机需要使用两个以上的频率，一个频率用于发送信息，一个频率用于接收信息，这被称为双工制通信，手机本身是一部双工制的收发信机。

人们将移动通信的演进分为几个阶段，每一个阶段用"代"（G，Generation）来标识。所谓 1G、2G、3G、4G、5G 网络分别指第一、二、三、四、五代移动通信系统。从 1G 到 5G，手机见证人类移动通信的快速发展。

1. 1G

1G 也就是第一代移动通信技术，诞生于 20 世纪 70 年代末至 80 年代，是以模拟技术为基础的蜂窝无线电话系统，采用了模拟调制和频分多址（FDMA）等技术，支持话音通信。1G 无线系统在设计上只能传输语音，并受到网络容量的限制。该系统存在明显缺陷，声音通过未加密的无线电波传播，任何人都可以使用现成的设备收听对话，很容易出现串号、盗号的现象，因此在 1999 年被正式关闭。

2. 2G

2G 网络建于 20 世纪 90 年代，是 1G 的升级版，它以数字语音传输技术为核心。1G 和 2G 最明显的区别在于调制方式的不同，1G 采用模拟调制方式而 2G 采用数字调制方式，数字调制方式取代了模拟调制方式是一个很大的进步。2G 网络不仅能够对呼叫加密，还能更有效地利用无线频谱，并提供与拨号互联网或早期 DSL 服务类似的数据传输。

20 世纪 80 年代中期，欧洲首先推出了泛欧数字移动通信网 GSM（Global System for Mobile Communications，即全球移动通信系统）。随后，美国和日本也制定了各自的数字移动通信体制，到 90 年代初 GSM 网络在欧洲正式投入了商用。GSM 最大的特点就是它是一种全球统一的移动电话网络标准，支持全球漫游，让用户使用一部手机就能行遍全球各地，而不会受到网络和地域的限制。2G 手机除采用 GSM 制外，还可采用时分多址 TDMA 方式及码分多址 CDMA 方式，使其具有稳定的通话质量、合适的待机时间和高度的保密性等特征。

3. 3G

3G 即第三代移动通信系统。第一批 3G 网络建于 21 世纪初。国际上 3G 手机有 3 种制式标准：欧洲的 WCDMA 标准、美国的 CDMA2000 标准和中国的 TD-SCDMA 标准。

1G 模拟系统和 2G 数字系统之间有着泾渭分明的差异，而 2G 系统向 3G 系统的演进中，在技术上的改变并不是重点，重点是信号传输的速率以及网络服务的特性。

一般地讲，3G 手机是指将无线通信与国际互联网等多媒体通信结合的新一代移动通信系统。它能够处理图像、音乐、视频流等多种媒体形式，提供包括网页浏览、电话会议、电子商务等多种信息服务。3G 与 1G、2G 的主要区别也是在传输速度上。与 2G 相比，3G 带来了更高的数据速率以提供更丰富多彩的应用，极大地扩展了手机这一平台的应用范围，使手机成为第五媒体。

4. 4G

4G 也就是第四代无线蜂窝电话通信协议，从 2013 年开始进入人们的视野。4G 通信技术以之前的 2G、3G 通信技术为基础，在其中添加了一些新型技术，使得无线通信的信号更加稳定，还提高了数据的传输速率，而且兼容性也更好，通信质量也更高。

进入 4G 时代后，全球移动通信标准呈现进一步融合的趋势。从影响力上来看，4G 可以说是专门为移动互联网设计的通信技术，从网速、容量和稳定性上来看，4G 相较于上一代 3G 技术都有了明显的提升。也正是在 4G 技术的支持之下，移动互联网开启了一股新的浪潮，运营商的拓展和网络升级带来了巨大的就业机会和创新的增长，新兴产业和应用得到了快速的发展。

5. 5G

随着科技的不断发展，消费者对于网络的传输速率也有了更高的要求。无论是无人驾驶汽车，还是更高清的影视资源下载，4G 网络的传输速率在飞速发展的需求面前还是显得不足，更高传输速率的 5G 网络应运而生。从传输速率来看，5G 可以达到 10Gps，是 4G 传输速率的 100 倍，基于这样的速率人们能够在瞬间完成一部高清电影的下载，流畅地观看 8K 视频；5G 的传输容量可以达到 4G 的 1000 倍，这些都很贴合物联网和智慧家庭的应用，可以使更多物联网设备同时实现连接。

从应用上来看，5G 已经突破了人与人之间的通信，进而走向人与物、物与物之间的通信。它带来的改变正在渗进生活的方方面面，AR、VR 场景都将成为现实。5G 促进大数据和人工智能的发展，随着物联网的加快建设，连接到网络的设备越多，用户就能获取越多的数据。

移动通信终端的媒体化转型是传播规律作用下的必然结果。以传统的传播模式为指引，人类社会的各类传播活动时刻都在构建着社会的信息空间，手机传播也不例外。这种新兴媒体形式不仅带给人们更加方便快捷的沟通方式，更延伸了个人的信息空间，使得媒体的传播对象也发生了改变。

三 新媒介概念与分类

（一）新媒介概念

新媒介（New Media）也称新媒体，是在信息技术快速发展的生态下迅猛发展起来的。最初的概念是 1967 年由美国哥伦比亚广播电视网（CBS）技术研究所所长戈尔德马克（P. Goldmark）率先提出的。他发表了一份关于开发 EVR（Electronic Video Recording，电子录像）商品的计划，其中首次提出了"新媒介"（New Media）一词。1969 年，美国传播政策总统特别委员会主席 E. 罗斯托（E. Rostow）在向尼克松总统提交的报告书（简称"罗斯托报告"）中，也多处使用 New Media 一词及有关概念。自此"新媒介"用语在美国社会迅速流行，并传至其他西方国家。20世纪 70 年代末至 80 年代，"新媒介"成为西方发达国家新闻界、学术界和科技界热门的话题之一。

在当下的新闻传播学研究领域，"新媒体"已变成一个人们耳熟能详的词语。然而，作为一个内涵丰富的聚合概念，新媒体的多样性和研究的复杂性使得对于新媒介的界定在新闻传播学领域至今没有定论。国外的定义大致可以区分为两类：一类定义基于"技术形成观"，聚焦于新媒体的媒体形态和技术特性。普尔将新传播技术定义为当时的"大约 25 种传播设备的简称"；让·莱斯（Ron Rice）强调计算机和电信技术的双向传播能力，将新媒体定义为"包含计算能力，能够允许或促进用户之间或用户和信息之间的互动"的这样一些传播技术。另一类定义则受技术研究中的"社会形成观"的影响，认为对新媒体的理解要超越对媒体技术形态的关注。斯蒂夫·琼斯（Steve Jones）在《新媒体百科全书》导言中写道："对于新媒体的唯一完美的定义无疑来自对历史、技术和社会的综合理解。"安德鲁·杜德尼（Andrew Dewdney）和彼得·莱德（Peter Ride）在《新媒体手册》（*Handbook of New Media*）第一版序言中提出一个理解新媒体的框架，认为新媒体意味着传播技术及其相关的社会情景，包括以下几个层面：延伸我们传播能力的设备装置，使用这些设备进行的传播活动和实践，围绕上述设备与实践形成的社会组织与惯例。这两类定义是新媒体研究不同时期的产物，二者互为补充。第一类定义力图描述新媒体的技术特性，是理解新媒体的丰富内涵的基础，同时也明确了某一时期新媒体研究的具体媒体对象；第二类定义在此基础上给出理解此媒体的社会意义和社会影响的大致方向和框架。[①]

国内的学者和专家也从三个不同的角度给出了对新媒体的理解。首先是从技术特征的角度认为新媒体是一个不断变化的概念。清华大学的熊澄宇教授认为新媒体主要是指在计算机信息处理技术基础之上产生的媒体形态，包括在线的网络媒体和离线的其他数字媒体。对于新媒体的理解要重

---

① 毕晓梅：《国外新媒体研究溯源》，《国外社会科学》2011 年第 3 期。

视两个概念：一是以前没有出现的新媒体；二是受计算机信息技术影响而产生变化的新媒体，目前更需要关注的是数字媒体之后的新媒体形态。[①]其次是从媒体特征的角度认为新媒体是媒体形式的演进。中国人民大学匡文波教授认为："新媒体是一个相对的概念，是报刊、广播、电视等传统媒体以后发展起来的新的媒体形态，包括网络媒体、手机媒体、数字电视等。"[②] 最后是从传播特征的角度揭示了新媒体的特征。中国传媒大学黄升民教授认为："构成新媒体的基本要素是基于网络和数字技术所构筑的三个无限，即需求无限、传输无限和生产无限。"[③] 因此，新媒体是在数字技术和网络技术基础之上延伸出来的各种媒体形式。这也可以作为从社会关系层面理解的新媒体概念。

可以肯定的是，相对性、比较性是新媒体的时代特征，数字化、网络化则是新媒体的基础特征。新媒体是一个相对的概念，是相对于传统媒体而言的。这个"新"字包含了两重含义，第一是时间上的"新"，新媒体是报刊、广播、电视等传统媒体以后发展起来的新的媒体形态。第二是技术上的"新"，即从物质和技术形态上而言，新媒体是在计算机技术、网络技术和移动通信等技术基础上发展起来的媒介。新媒体涵盖了所有数字化的媒体形式，是新的技术支撑体系下出现的媒体形态。

（二）新媒体的分类

由于概念的不确定性以及形态的多样性，新媒体按照不同的视角形成了不同的分类标准。这些分类也会发生交叉，充分说明了新媒体发展中的融合现象。

媒体的生成方式取决于技术的发展以及信息表达的方式。按照媒体的生成方式，新媒体可以分为以下几类。

1. 内生性新媒体

这一类新媒体是由新技术或新技术平台促生的新的媒体形式。新媒体

---

① 高丽华、赵妍妍、王国胜：《新媒体广告》，清华大学出版社 & 北京交通大学出版社，2011。

② 高丽华、赵妍妍、王国胜：《新媒体广告》，清华大学出版社 & 北京交通大学出版社，2011。

③ 董向东：《新媒体探究》，《软件导刊·教育技术》2013 年第 2 期。

立足于新信息技术，和传统媒体在传输方式、传输机理等方面有着很大的不同。此类新媒体突出表现为网络媒体和手机媒体等。

（1）网络媒体

"网络媒体"又称"互联网媒体"，就是借助国际互联网，以电脑等设备为终端，以文字、声音、图像等形式来传播新闻信息的一种数字化、多媒体的传播媒介。互联网媒体相对于早已诞生的报纸、广播、电视等媒体而言是"第四媒体"。

从严格意义上说，互联网媒体不仅是国际互联网被人们利用进行新闻信息传播的工具，还是人们相互交流、相互沟通的互动平台。依托互联网，网站、电子邮件等网络媒体的具体形式衍生出来。

网站（Website）是指在因特网上，根据一定的规则，使用 HTML 等工具制作的用于展示特定内容的相关网页的集合。通常包括主页和其他具有超链接文件的页面，大量包含文字、视频、音频和图片信息的网页都存贮在网站服务器上，供客户端的受众进行访问。网站提供者可以通过网站来发布自己想要公开的资讯，或者提供相关的网络服务。人们可以通过网页浏览器来访问网站，获取自己需要的资讯或者享受网络服务。

门户网站是指提供某类综合性互联网信息资源，并提供有关信息服务的应用系统。新闻网站指以经营新闻业务为主要生存手段的网站。一方面，作为一种广义的、宽泛的、公开的、对大多数人有效的传媒，互联网真正发挥了大众传媒的作用；另一方面，作为一种狭义的、小范围的传媒，互联网是私人之间通信的极好工具。

（2）手机媒体

手机媒体，是以手机为终端、以无线网络为平台的个性化信息传播载体；也是以分众为传播目标群体，基于定向和互动传播的大众传播媒体。[①]手机媒体被公认为继报刊、广播、电视、互联网之后的"第五媒体"。

从广义上说，手机媒体有其独特的移动性特征，可以划入移动媒体的范畴，属于移动媒体的一个分支。智能手机（Smartphone）具有独立的操

① 童晓渝、蔡佑、张磊：《第五媒体原理》，人民邮电出版社，2006。

作系统，可以由用户自行安装软件，很多增值业务可以就此展开：从最初提供彩铃、短信、彩信服务，到现在可以提供 3G、4G、5G 网络服务；从提供网站访问和社会化媒体应用，到提供视音频点播等服务。

2. 融合性新媒体

在传统媒体的基础上引进互联网新技术后，形式相同但机理完全不同的媒体形式，如 IPTV、Web TV、手机报纸、手机电视、电子杂志、电子报纸等产生了。

（1）IPTV

IPTV 即交互式网络电视，是一种利用宽带网络，集互联网、多媒体、通信等技术于一体，向家庭用户提供包括数字电视在内的多种交互式服务的技术。用户终端可以是 IP 机顶盒+电视机，也可以是 PC 电脑。

IPTV 既不同于传统的模拟有线电视，也不同于经典的数字电视。IPTV 可以非常灵活地实现电子菜单，节目预约，实时快进、快退，计费管理，节目编排等多种功能。IPTV 可以非常容易地将电视服务和互联网浏览、电子邮件，以及多种在线信息咨询、娱乐、教育及商务功能结合在一起；基于互联网的其他内容业务，如网络游戏、电子邮件、网上理财等也可以展开。

（2）Web TV

Web TV 是基于互联网平台的网络电视，是一种具有 World Wide Web（WWW）访问功能的高性能新型电视机。电视机通过网络电视机顶盒接入互联网，用户既可以收看电视，又可以访问互联网，获得自己所需的服务和信息。而网络电视机顶盒的功能已从一个多频率的调谐器和解码器跃升为观众观看新闻和娱乐信息等联机数据库的一个控制终端。

（3）手机报

手机报（Mobile Newspaper）是依托手机媒介，由报社、移动通信商和网络运营商联手搭建的信息传播平台。报社利用自身的信息采访、编辑优势为手机报提供快速原创的新闻信息。而通信公司作为技术掌控方，掌握手机技术平台及上亿人的手机客户。

（4）手机电视

手机电视利用通信技术或者移动互联网技术实现手机播放视频节目的功能。从传播功能上看，目前国内手机电视的技术实现方式可以分为基于地面多媒体数字广播、基于卫星广播和基于移动通信网络等三类。采用基于地面多媒体数字广播的技术，移动终端应用需要安装微波数字电视接收模块，利用地面数字广播网络直接获得数字电视信号。基于卫星广播的技术是利用数字广播电视技术，通过地面或卫星广播电视覆盖网（如地面的 T-DMB、DVB-H、MediaFLO 网，卫星的 S-DMB 网等）向手持终端提供电视信号。用户使用基于该技术的接收机模块能够同时接收地面卫星电视广播和无线电视广播信号，并获取高质量的视频图像。基于移动通信网络的技术是通过无线通信网（如 3G、4G、5G 网等）向手机提供点对点多媒体服务，服务器上的流媒体电视节目通过移动网络向用户手持终端进行连续的传送。

手机电视体积小，携带方便，不受时间和地点的限制，人们可以将一些碎片化时间充分利用起来，比如等公交车、乘坐公交车和地铁时都可以拿出手机观看新闻、电视剧、娱乐视频等节目。这真正把人们从客厅中解放出来，同时也延长了传统电视的黄金收视时间。

3. 衍生性新媒体

当前，WAP 技术的实施使互联网实现了从固网桌面系统的 IP 协议向移动互联网 WAP 协议的延伸，将互联网的大量信息及各种各样的业务引入移动电话等无线终端，使手机成为移动互联网的重要载体。网站、电子邮件、即时通信、微博等新的媒体形式从固网走向了移动网，成为网络媒体和手机媒体的衍生媒体具体形式，也为融合性新媒体提供了新的传输机理和传输途径。

第三节　自媒体与社会化媒体的兴起

在传统媒体中，信息的发布者就是组织化的报社、广播电台和电视台等大众传播媒介。而新媒体打破了这种传播和接收截然分开的局面。按照信息发布者的规模，也即按照受众参与度，新媒体可以区分为自媒体和社会化媒体，但是内容的生产和分享是紧密相关的，两者呈现出融合的特征。

一　自媒体

自媒体又称为"个人媒体"，是为个体提供信息生产、积累、共享、传播功能的信息传播平台，也是私人化、平民化、普泛化、自主化的传播者，是以现代化、电子化的手段向不特定的大多数或者特定的单个人传递规范性及非规范性信息的新媒体的总称。自媒体兼具私密性和公开性。2003 年 7 月，谢因波曼与克里斯威利斯联合发布了"We Media"（自媒体）研究报告，指出："'We Media'是普通大众经由数字科技强化与全球知识体系相连之后，一种开始理解普通大众如何提供与分享他们自身的事实、新闻的途径。"①

　　简言之，自媒体即公民用以发布自己亲眼所见、亲耳所闻事件的载体。自媒体包括但不限于个人主页、论坛/电子布告栏系统、博客、微博、日志、微信、播客、手机群发等网络社区。其中最有代表性的托管平台是美国的 Facebook 和 Twitter，中国的 QQ、微信和微博。

　　自媒体有别于由专业媒体机构主导的信息传播，它是由普通大众主导的信息传播活动，它由传统的"点到面"的传播转化为"点到点"的对等传播。自媒体平台的特点是：传播内容平民化、个性化；低门槛，易操作；交互性强，传播速度快（见图 2-6）。

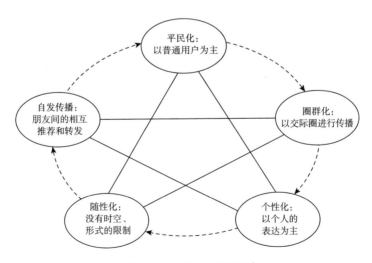

图 2-6　自媒体平台的特点

① 邓蔚、张菊兰：《从博客转型微博看自媒体的发展》，《大陆桥视野》2016 年第 6 期。

二　社会化媒体

社会化媒体（Social Media），又叫社会媒体、社会性媒体、社交媒体等，指互联网上基于用户关系的内容生产和交换平台，这个平台允许人们撰写、分享、评价、讨论内容，相互沟通。社会化媒体改变以往媒体一对多的传播方式为多对多的"对话"，是一种给用户提供极大参与空间的新型在线媒体，可以激发感兴趣的人主动地贡献信息和意见，鼓励人们评论、反馈和分享信息。在社会化媒体中，人们可以很快形成一个社区，并以共同感兴趣的内容为话题进行充分的交流。

主要的社会化媒体有以下几种。

（一）博客

博客是 Blog 的音译，是 Weblog 的缩写，也叫网络日志、网志、部落格或部落阁等，是一种通常由个人管理、不定期张贴新的文章的网站。它是由免费的网络应用软件 Blogger 生成的在线日记，通常是由个体的博客使用者所书写的简短且经常更新的帖子（Post）所构成。

许多博客专注在特定的话题上提供评论或新闻，其他一些则是比较个人化的日记。一个典型的博客结合了文字、图像、其他博客或网站的链接及其他与主题相关的内容。能够让读者以互动的方式留下意见是许多博客的重要追求。大部分的博客内容以文字为主，一些博客则专注艺术、摄影、视频、音乐等各种主题。博客改变着人们的交流方式及情感体验和表达形态，改变着人们聚散的方式。

（二）微博

微博，即微型博客（Micro-blog），是基于有线和无线互联网终端发布精短信息供网友共享的即时信息网络，由于用户每次用于更新的信息通常限定于 140 个字符以内，因此称其为"微"。简单地说，所谓微博，就是一种节点共享的即时信息网络。

作为 Web2.0 的产物，微博属于博客的一种形式，但单篇的文本内容通常限制在一定范围内，用户能够通过微博融合的多种渠道发布文字、图片、视频、音频等形式的信息。微博又是一个基于用户关系的信息分享、传播以及获取平台，用户可以通过 Web、WAP 以及各种客户端组建个人社区，以实现即时分享。

微博是一种互动及传播极快的非正式的迷你型博客，它可以使用户通过手机、IM 软件（GTalk、MSN、QQ、Skype）和外部 API 接口等来即时更新自己的信息并发布片段式的消息。同时，微博也是一种通过关注机制分享简短实时信息的广播式的社交网络平台，是基于社交关系的传播。关注、评论、转发的功能成为博主与粉丝之间交流沟通的利器：你可以主动关注别人，也可能被别人关注；你还可以设置权限，选择你关注哪些人、被哪些人关注，在关注与被关注之间，信息快速流动。微博通过所提供@功能、转发功能等给用户创造了一种开放的社交关系。

（三）微信

微信是一个为智能手机提供即时通信服务的免费应用程序，支持跨平台发送语音短信、视频、图片和文字。微信用户可以通过摇一摇、搜索号码、扫二维码方式添加好友和关注公众平台，同时也可以将精彩内容分享给好友或微信朋友圈。微信公众平台主要有实时交流、消息发送和素材管理等功能。用户对自己的粉丝分组管理、实时交流都可以在这个界面完成。

（四）二维码

二维码和二维条形码是同义词。它是用某种特定的几何图形按一定规律在平面分布的黑白相间的图形上记录数据符号信息的，在代码编制上巧妙地利用构成计算机内部逻辑基础的"0""1"比特流的概念，使用若干个与二进制相对应的几何形体来表示文字数值信息，通过图像输入设备或光电扫描设备自动识读以实现信息自动处理。它具有条码技术的一些共性：每种码制有其特定的字符集；每个字符占有一定的宽度；具有一定的校验功能等。

二维码可以印刷在报纸、杂志、广告、图书、包装以及个人名片上，用户通过手机拍照功能对二维码进行扫描，能快速获取到二维码中存储的信息，从而进行上网、发送短信、拨号、资料交换、自动文字输入等操作。

（五）客户端

客户端（Client）或称为用户端，是指与服务器相对应，为客户提供本地服务的程序。除了一些只在本地运行的应用程序之外，客户端一般安装在普通的客户机上，需要与服务端互相配合运行。因特网兴起以后，较常用的客户端包括万维网使用的网页浏览器、收寄电子邮件的电子邮件客户端，以及即时通信的客户端软件等。对于这一类应用程序，网络中需要有相应的服务器和服务程序来提供相应的服务，如数据库服务、电子邮件服务等，这样，在客户端和服务器端需要建立特定的通信连接来保证应用程序的正常运行。

新闻客户端主要有两大块内容：一是新闻，二是订阅内容。新闻的内容主要来源于各大门户网站，而订阅内容主要来自其他网站。手机客户端就是可以在手机终端运行的软件。

新媒体以数字技术、网络技术为基础，以交互式传播为特征，集合多种媒体形态。新媒体萌芽于桌面系统的网络媒体，在一段时期内，网络媒体成了新媒体的代名词，并被认为是继报纸、广播、电视媒体之后的第四大传播媒体。随着移动媒体的逐步网络化，互联网由桌面系统向无线系统转化，奠定了手机作为第五媒体的基础。新媒体群则是桌面和移动两种互联网的结合体，是在这些平台上产生的延伸性新媒体群，并由此形成了一种全新的媒体应用。

第三章　新媒体的生态与特征

第一节　新媒体产生的生态背景

新媒体是随着信息社会的到来而产生并迅猛发展起来的，它有着特定的社会背景、技术背景、文化背景和产业背景。

一　新媒体的社会背景

1963年，日本学者梅棹忠夫在《信息产业论》一文中描绘了"信息革命"和"信息化社会"的前景，预见到信息科学技术的发展和应用将会引起一场全面的社会变革，并将人类社会推入"信息化社会"。1967年，日本政府的一个科学、技术、经济研究小组在研究经济发展问题时，依照"工业化"概念，正式提出了"信息化"概念，并从经济学角度为之下了一个定义："信息化是向信息产业高度发达且在产业结构中占优势地位的社会——信息社会前进的动态过程，它反映了由可触摸的物质产品起主导作用向难以捉摸的信息产品起主导作用的根本性转变。"[1] 1997年4月，全国信息化工作会议在深圳召开，会议要求积极推进国家信息化建设，为国民经济持续、快速、健康发展和社会全面进步服务。这充分表明信息化在我国经济全局中的战略地位已经空前提高，推进信息化已成为我国经济和社会发展过程中的一项重要任务。

---

[1]　陈功编著《信息分析的核心》，新星出版社，2010。

20世纪80年代，世界进入了一个信息化快速发展的时代。信息化是充分利用信息技术、开发利用信息资源、促进信息交流和知识共享、提高经济增长质量、推动经济社会发展转型的历史进程。信息化推动从有形的物质产品创造价值的社会向无形的信息创造价值的社会转化，也就是从以物质生产和物质消费为主的社会向以精神生产和精神消费为主的社会转变。

以互联网的全球化为重要标志的信息技术（IT）的发展被视为第四次工业革命。信息革命导致了资讯革命，从20世纪80年代个人电脑普及开始，人们有了一种更快捷的通信方式，信息的传递变得越来越简便快捷。互联网的发展催生了网络软件，电子邮件和即时通信软件令分隔两地的人可以实现通信，完全打破了地域、距离的限制，使人们能接触到各种思想和文化。

信息化社会即信息社会，指以信息技术为基础，以信息产业为支柱，以信息价值的生产为中心，以信息产品为标志的社会。在农业社会和工业社会中，物质和能源是主要资源，人们所从事的是大规模的物质生产。而在信息社会中，信息成为比物质和能源更为重要的资源，以开发和利用信息资源为目的的信息经济活动迅速扩大，逐渐取代工业生产活动而成为国民经济活动的主要内容。信息经济在国民经济中占据主导地位，并构成社会信息化的物质基础。以计算机、微电子和通信技术为主的信息技术革命是社会信息化的动力源泉。信息技术在生产、科研、教育、医疗保健、企业和政府管理以及家庭中的广泛应用对经济和社会发展产生了巨大而深刻的影响，从根本上改变了人们的生活方式、行为方式和价值观念。

在20世纪80年代，"信息社会"体现为"3C"即通信化、计算机化和自动控制化的社会，以及"3A"即工厂自动化、办公室自动化、家庭自动化的社会。进入20世纪90年代，多媒体技术和信息高速公路网络普遍应用于信息社会。在信息社会，信息和知识是推动社会发展的重要动力，知识的生产成为主要的生产形式，知识以"加速度"方式积累。这个过程在21世纪以更快的加速度在推进之中，并且始终和新媒体的发展交织在一起。

二 新媒体的技术背景

1993 年 9 月，美国政府宣布实施一项新的高科技计划——"国家信息基础设施"（National Information Infrastructure，简称 NII）计划，旨在以因特网为雏形，兴建信息时代的高速公路——"信息高速公路"，使所有的美国人能方便地共享海量的信息资源。

建设国家信息基础设施（NII）有赖于全球信息技术的微电子、光电子、声像、计算机、通信等相关领域的突破。信息技术领域的关键技术包括：通信网技术、光纤通信网（SDH）及异步转移模式交换技术、信息通用接入网技术、数据库和信息处理技术、移动通信及卫星通信技术、数字微波技术、高性能并行计算机系统和接口技术、图像库和高清晰度电视技术和多媒体技术等。它由四个基本要素组成。1. 信息高速通道。这是一个能覆盖全国的以光纤通信网络为主，辅以微波和卫星通信的数字化、大容量、高速率的通信网。2. 信息资源。把众多公用、未用数据、图像库连接起来，通过通信网络为用户提供影视、书籍、报刊等信息服务。3. 信息处理与控制。主要是指通信网络上的高性能计算机和服务器、高性能个人计算机和工作站对信息在输入/输出、传输、存储、交换过程中的处理和控制。4. 信息服务对象。各种应用系统的用户进行通信，可以通过通信终端享受丰富的信息资源，满足各自的需求并形成多媒体经济和智能经济。

当时美国的有线电视网、电信网、计算机网已具规模，家庭电视机使用率达 98%、电话普及率达 93%、计算机联网率达 50%，在此基础上，美国构想以光纤干线为主并辅以微波和同轴电缆分配系统组建高速、宽带综合信息网络，最终过渡到光纤直接到户。由于网络具有双向传输能力，因而全网络运行的广播、电视、电话、传真、数据等信息都具备开发交互式业务的功能。该构想的主要目标是通过信息高速公路的建设，带动信息产业的发展，形成巨大的经济效应，提高综合国力。

"信息高速公路"的提出在全球引起了强烈反响。为迎接 21 世纪的挑战，争夺高新技术发展优势，除美国外，欧共体、日本等都雄心勃勃地规划适应信息时代的全国性信息网络。1995 年 2 月，西方七国成立了全球信息基础设施委员会，通过了在信息领域进行国际合作的八项原则。1997 年

10月，欧洲经济委员会主办了全球信息社会标准大会，大会的主题为"面向21世纪构筑全球信息社会，创造新的应用和商务机会，发展有序的标准与法规"。这些举措表明美国的倡议得到了世界各国的广泛支持和普遍关注。2006年3月举行的第60届联合国大会通过第252号决议，确定自2006年开始，每年5月17日为"世界信息社会日"，这标志着信息化对人类社会的影响进入了一个新的阶段。

在我国，2006年5月，中共中央办公厅、国务院办公厅印发了《2006—2020年国家信息化发展战略》，对信息化发展做出了全面部署。"战略"指出，大力推进信息化，是覆盖中国现代化建设全局的战略举措，是贯彻落实科学发展观、全面建设小康社会、构建社会主义和谐社会和建设创新型国家的迫切需要和必然选择。

三　新媒体的文化背景

人类的行为常常由信息引发，人类的实践活动始终伴随着信息的传递和交流。信息文化是人们在社会生活中利用信息资源、信息技术，开展信息活动中创造的物质和精神财富之和。在信息技术和新媒体不断成长的过程中，信息文化产生。信息文化是在原有文化传统的基础之上，伴随着社会信息化过程逐渐产生和发展起来的有别于传统工业社会文化的符号系统和实物形态。[①]

从人类文化发展的历史进程来看，信息的获取、处理与利用在文化发展中一直扮演着重要角色。计算机技术、通信技术、网络技术等的融合改变了人们获取信息的方式和习惯，改变了人们的通信方式、交流方式、生活方式和工作方式，进而也影响了人们的思维方式、价值观念等。信息技术的发展推动了社会信息化程度日益加深，信息文化逐渐以信息技术为依托发展起来。信息文化可定义为以现代信息技术的广泛应用为基础，以信息产业和知识产业为支柱，以信息和知识的生产、分配、传播、交流、使用为人们普遍的活动内容，通过社会信息化过程引起人类生存方式全面变革而形成的信息时代的文化形态。广义的信息文化是指信息社会或信息时

---

① 熊澄宇：《信息社会4.0：中国社会建构新对策》，湖南人民出版社，2002，第91页。

代的文化；狭义的信息文化是围绕现代计算机技术、通信技术、网络技术等新技术形成的新型文化形态的总称。① 通常，人们是从广义上来理解信息文化的。信息文化是人们在利用信息资源、信息技术进行的信息活动中创造的不同于自然界的物质和精神财富的总和，是信息社会中人们的生活样式。②

信息文化是文化的一种形态，是人们利用信息技术在一定文化环境中形成的一种社会文化，它体现了文化的基本特征和自身特点。信息文化具有技术性，它以信息技术为特征，随信息技术的进步而发展；信息文化具有时代性，它是信息社会和信息时代的文化；信息文化具有社会性，它是处于社会关系中的人参与社会实践活动所创造的财富之和；信息文化具有全球性，它是跨越语言和地域的文化。信息文化可分为四个子系统，即信息文化的物质文化子系统、信息文化的精神形态子系统、信息文化的制度规范子系统、信息文化的行为方式子系统。③ 也就是说，信息文化可以从物质、制度、行为、精神四个层面进行分析。信息文化的物质层次指社会信息资源系统和信息技术体系，这是信息文化的重要基础；信息文化的制度层次指形成和调控人类信息活动的道德准则和法理制度，它是维系社会信息活动的强制性和非强制性力量；信息文化的行为层次指人们在信息社会新的交往环境中形成的特定行为模式；信息文化的精神层次指个人和群体在日常生活和整个社会不断信息化的过程中形成的新价值观念系统。④

"当今文化也使'信息'具有某种重要的拜物教意义。"⑤ 信息文化除具有文化的一般特征外，还有一些独有特性：以新信息技术为支撑的新信息文化建构了自然空间和虚拟空间两个文化平台；构建了新文化时空，

---

① 魏钢、代金平、陈纯柱：《信息文化涵义探析》，《自然辩证法研究》2007 年第 1 期。

② 董焱：《深化对信息社会主流文化的研究——信息文化与信息文化学初探》，《中国图书馆学报》2001 年第 4 期。

③ 董焱：《深化对信息社会主流文化的研究——信息文化与信息文化学初探》，《中国图书馆学报》2001 年第 4 期。

④ 熊澄宇：《信息社会 4.0：中国社会建构新对策》，湖南人民出版社，2002。

⑤ 〔美〕马克·波斯特：《信息方式：后结构主义与社会语境》，范静晔译，商务印书馆，2014。

"无时间之时间"与"流动空间"成为其表征；它整合了传统媒介并促成新媒介文化。①

在信息科学日益发达的今天，信息文化对社会乃至整个人类都产生了重大的影响。新媒体的广泛运用拓宽了人们的视野和信息渠道，丰富了人们的精神文化生活。可以说，信息文化构成了人类历史上第三次重大的文化腾飞。

四　新媒体的产业背景

信息革命是在科技一体化和科技非线性发展新形势下掀起的一种高科技革命，它既是科技革命，又是产业革命。信息化是指信息技术和信息产业在经济和社会发展中的作用日益加强，并发挥主导作用的动态发展过程。它以信息产业在国民经济中的比重、信息技术在传统产业中的应用程度和信息基础设施建设水平为主要标志。从内容上看，信息化可分为信息的生产、应用和保障三大方面。信息生产，即信息产业化，要求发展一系列信息技术及产业，涉及信息和数据的采集、处理、存储技术，包括通信设备、计算机、软件和消费类电子产品制造等领域。信息应用，即产业和社会领域的信息化，主要表现在利用信息技术改造和提升农业、制造业、服务业等传统产业，大大提高各种物质和能量资源的利用效率，促使产业结构的调整、转换和升级，促进人类生活方式、社会体系和社会文化发生深刻变革。信息保障指保障信息传输的基础设施和安全机制。信息保障旨在使人类能够可持续地提升获取信息的能力。

美国企业家保罗·霍肯在《未来的经济》一书中以相对"物质经济"的概念提出"信息经济"的概念。概括地说，信息经济就是以信息资源为基础，以信息技术为手段，通过生产知识密集型的信息产品和信息服务来把握经济增长、社会产出和劳动就业的一种最新的经济结构，它被认为是继农业经济和工业经济之后最现代化的经济形态。霍肯认为，每件产品、每次劳务，都包含物质和信息两种成分。在传统的"物质经济"中，就整个社会而言，物质成分大于信息成分的产品和劳务占主导地位。而在"信

---

① 陆秀红：《新信息文化主体的理性解读》，《学术论坛》2004 年第 5 期。

息经济"中，信息成分大于物质成分的产品和劳务将占主导地位。未来的趋势将是物质经济向信息经济过渡，产品中物质同信息的比例正在进一步变化，未来经济的繁荣将取决于这种变化。

与信息经济直接关联的是"知识经济"。美国学者马克卢普（F. Mahchlup）在《美国的知识生产与分配》中首次提出了"知识产业"概念，指出知识产业包括教育、科学研究与开发、通信媒介、信息设施和信息活动等五个方面。联合国研究机构在 1990 年最早提出来"知识经济"概念。1996 年，经济合作与发展组织在国际组织文件中首次正式使用了"以知识为基础的经济"这个概念，其内涵为：知识经济是以现代科学技术为基础，建立在知识和信息的生产、存储、使用和消费之上的经济。知识经济是一种基于最新科技和人类知识精华的经济形态。它是在工业经济和信息经济基础上发展起来的，是以知识的生产、传播、转让和使用为其主要活动的。知识经济时代的最典型和最基本的特征是知识作为生产要素的地位空前提高，并广泛地渗透到一切经济部门中，而且知识本身也成为一种更加市场化的产品。信息经济与知识经济二者是紧密相连、不可分割的。信息经济的发展和壮大是知识经济产生与发展的前提条件，知识经济的建立和发展离不开以它为基础的信息经济。

加快信息化发展、使信息化向纵深推进、推动信息社会建设已经成为世界各国的共同选择，各国纷纷出台了相应的计划和战略。美国政府相继发布《21 世纪信息技术计划》、《网络与信息技术研究开发计划》和《网络空间安全国家战略》。在欧盟实施的《欧盟研究与技术开发框架计划》中，信息技术被明确列为七个研究优先领域之一。日本政府制定了《Focus 21 计划》，通过国家预算对电子信息技术领域中的下一代半导体芯片、高可靠软件系统、下一代平面显示技术、下一代全球定位系统等进行重点投入。韩国政府推出《IT 839 战略》，确定了 9 项具有增长动力的信息技术作为近期及中长期的投资重点。

国外的三网融合实践肇始于 1996 年美国新的电信法案的出台。该法案允许长话、市话、广播、有线电视、影视服务等行业相互渗透，打破了原有传媒行业的经营壁垒，为"三网融合"提供了基本的法律保障。它允许电话公司提供视像服务，同时允许它们作为光缆系统和共用载体系统的供应商。同时，光缆公司可以通过开放式视像系统提供视像服务，从而绕过国家对光缆公司的管制条例。随后欧洲和世界上其他国家都放松了电信市场的规制，通过政府立法推动产业融合，广电行业和电信行业相互进入对方的业务领域。

总之，伴随着信息技术的发展，信息化已成为世界发展的大趋势，世界各国都在加快发展信息产业，积极推进国民经济和社会信息化，从而推动互联网发展，并且在不同信息产业之间实现互联互通，为新媒体的诞生和发展提供良好的环境，加速构建新媒体生态，并为实现媒体融合奠定了基础。

第二节　新媒体的新闻传播特征

数字化新媒体所产生的深远影响已经给整个新闻传播领域带来根本性的变革。进入 21 世纪以来，以网络传播、手机传播为代表的新媒体以传播速度快、信息覆盖面广、自主操作性强等特点备受人们青睐，由于新媒体群覆盖了人际传播、群体传播、组织传播和大众传播等传播基本形态，新媒体表现出和传统媒体不同的传播特点。

一　从传播方式上看

（一）数字化

信息社会的基本要素不是原子，而是比特。比特与原子遵循着完全不同的法则。比特没有重量，易于复制，可以极快的速度传播。比特在传播时的时空障碍完全消失。原子只能由有限的人使用，使用的人越多其价值越低；比特可以由无限的人使用，使用的人越多其价值越高。

数字化是新媒体存在的前提。正如原子是构成物质世界的基本单元一样，比特是构成信息世界的基本单元。在互联网上无论是文字、图像还是声音，归根到底都是通过"0"和"1"这两个数字信号的不同组合来表达，信息第一次在内容和形式上获得了同一性。数字化的革命意义不仅是使信息便于复制和传送，更重要的是方便不同形式的信息相互转换，为不同媒体形式的融合打下基础。

（二）多媒体化

所谓多媒体，就是利用计算机技术把文字、声音、图形、静态图像、视频动态图像和动画等多种媒体形态综合，并能对其进行压缩、编码、编辑、加工处理、存储和展示的信息产品。从本质上讲互联网是一种多媒体的综合性信息平台，网络的出现打破了传统媒体之间的分野。与传统的大众媒体相比，网络具有极大的兼容性，它不仅包括几乎所有媒体的传播形式和内容，而且将它们改造加工，呈现全新的传播表现形态。网络这种兼容的广泛性与深刻性，使它具有了极大的发展潜能，更容易满足未来人群对媒体信息的进一步要求。经过整合与加工的网络传播，已不只是网络与传统媒体简单的相加，而更多地呈现一种跨媒体传播的态势。在网上，广播、电视、电影、报纸、杂志、书籍等各种媒介信息可随意组合，任意调配。新媒体整合了报纸、广播、电视三大媒体的优势，实现了文字、声音、图片、图像等传播符号和手段的有机结合。

（三）移动化

移动互联网创造了互联网发展的新契机，展示了互联网发展的新前景。当前，在智能手机和无线网络持续发展、5G网络进一步普及的背景下，手机、汽车、便携笔记本和平板电脑等诸多移动终端成为整合和呈现新闻信息的新平台。

移动互联网的快速发展使互联网真正无时不在、无处不在，深刻影响和改变着我们的生活、学习和工作。移动互联网的发展实现了互联网极大的扩容，丰富了互联网的服务和应用，手机新闻、手机电视、手机阅读、位置服务、移动搜索、移动支付、移动电子商务等移动互联网业务蓬勃兴起，并为传统互联网服务的应用提供了新的发展空间，推动了微博、社交网站、即时通信工具等社交网络快速发展。

（四）社会化

与传统媒体传者和受者截然分明不同，新媒体以网络化、社会化为特征，以开放性与共享性为特点，更加注重社会和社交关系的构建，进而将新闻信息的传播建构在社交网络中，实现了传统媒体到社会化媒体的转变。

社会化媒体实质是媒体的社会互动。依托互联网所建构的社交网络，拥有共同兴趣的群体所构成的一个个网络社区，即为社会化网络。社会化网络在虚拟的网络中形成一个个小型的社会，这些小型的社会里时刻发生真实的社会活动。社会化网络致力于以网络沟通人与人，倡导通过网络拓展人际关系圈，让用户尽情享受社交和沟通的乐趣。同时，社会化网络给越来越多的用户带来社交新乐趣，用户使用社会化网络的服务创建个人社交圈，从结交朋友、休闲娱乐、商务投资、学习探讨等一系列活动中获得乐趣。社会化网络的社交圈拓展模式不但帮用户净化了网络社交空间，而且为用户构建了诚信安全的社交圈氛围。

（五）碎片化

"碎片化"是近年来社会领域普遍关注的一个问题，也是在传媒领域存在的一个热点现象。"碎片化指的是以区域、种族、阶层等不同属性为单位对受众进行划分，在接受习惯、接受方式上不断地细化后，受众对信息需求的差异化越来越大。碎片化产生的直接原因就是生活方式的改变。"①

"碎片"是能最准确表达出新媒体特性的词，碎片化意味着"微内容"和"小众化"。"微内容"意思是传播的信息并非整块的内容，而是一片一片的内容。碎片化的内容是网络的去中心化造成的。随着媒体形式的增加，受众形态由"聚合"转向了"分散"，传统的大众媒体传播的信息渐渐地被稀释，新媒体的分众化趋势越来越明显。受众形态的"碎片化"趋势也成为推动新媒体发展的催化剂。看上去新媒体上的很多内容只是零碎地堆砌在一起，但新媒体可以为受众提供有效的信息整合。受众在"碎片化"背景下开始重新聚合，拥有相似生活形态的受众逐渐聚合，形成分众群体。

不断发展壮大的新媒体在受众"碎片化"导致的分众传媒格局中起着越来越重要的作用。数字杂志、数字报纸、数字广播、手机短信、移动电视、桌面视窗、数字电视、数字电影、触摸媒体等各种形式的"碎片化"新媒体不断涌现。

---

① 付晓光：《互联网思维下的媒体融合》，中国传媒大学出版社，2017。

二 从传播时空上看

(一) 即时性

新媒体制作发布信息简便,传播速度快捷。新媒体可以随时发布新闻,尤其是在报道突发性事件和持续发展的新闻事件时,新媒体的"刷新更换"功能比传播媒体的"滚动播出"功能更胜一筹。

新媒体信息突破了传统新闻发布所遵循的"定时"原则的限制,报道不仅"及时"而且可以"实时",对某些事件的报道能够达到最强的时效性。与传统传播媒体的生产发行手段相比,新媒体信息的制作与传播速度要快得多。印刷报纸要经过稿件的文字录入、图片扫描、计算机组版、用激光照排机出胶片、制版印刷以及通过各种渠道将报纸送到读者手中等诸多环节;广播电视则要经过前期拍摄、后期制作播出等环节。另外,传统媒体作为专业的传播机构,必须由专业人士来运作,有一套较为复杂的流程。虽然传统媒体在传播的时效性方面做了很多的改进,如尽可能缩短报纸的采写、编辑、印刷和发行的时间,开办 24 小时滚动播出的电视新闻频道等,但采集、制作和发布信息的成本较高,要做到随时随地对新闻事件进行实时报道几乎是不可能的,传播的时效受到影响。新媒体传播使传播的周期大大缩短,单位时间内传递的信息量大大地增加。在任何地方、任何时间发生的事件都可以在第一时间传播出去,实现"我见即你见"。

(二) 全时性

全时性,是指对于某一事件产生、发展的过程进行全天候、全过程、全方位的报道,使受众可以在尽可能短的时间内完整而全面地了解事实的全部过程。新媒体可以做到全天候的报道,实现新闻报道的"全时"目标。

传统的媒体时代,新闻传播频次相对有限,难以满足群众的信息需求。在新媒体时代,新闻传播以其全时性特征能实现信息的及时传播,人们通过互联网可以获取世界各地的新闻信息,突破了时间与空间限制的新闻媒体有效解决了用户新闻获取滞后的问题。

(三) 全球性

新媒体打破了传统媒体的传播地域限制,是一种名副其实的全球化传播媒体。其全球化特征主要体现在信息传播的全球化和信息接收的全球化。新媒体传播架构在数字化基础上，通过互联网，信息的采集、加工、制作和发布可以在全球各地同时进行。

通过互联网，世界各地的上网者能浏览到相同的信息，甚至个人网站、博客亦可以成为全世界网民关注的对象。网民既能搜索到全世界的资源以享用，也能登载信息让全世界的上网者使用。

（四）非线性

所谓非线性，即新媒体传播的具体方式不是"直线"的而是"网络状"的。新媒体传播融合了大众传播（单向）和人际传播（双向）的信息传播特征，在总体上形成一种散布型网状传播结构。

互联网可以实现"超文本"（Hypertext）阅读。受众在网上阅读一则报道时，如果对其中提到的某个人或某个事件感兴趣的话，便可通过关键词或词组的链接（Link）跳到另一个正文页，查找有关的背景资料。自然，新进入的这个节点还可以再链接到别的文本上去——"链接"完全随阅读者的兴趣而定。而社交媒体更可以通过分享和转发实现更广更深的信息传播，并且实现互动交流。互联网的超文本、超链接的思想不仅大大方便了受众上网获得信息，而且这无数的信息之间又形成了千丝万缕的联系。受众具有了信息接收的更大自由度与自主性，不仅可以选择自己感兴趣的链接来阅读或收听收看，还可以极为方便地调阅事件的背景材料，更好地满足自己的需要。

三　从传播主体与内容看

（一）多元性

传统媒体传播信息的过程，是一个由传播者向受众（读者、听众、观众）单向传播的过程。传统信息发布主体是特定的电台、电视台、报社或者杂志社，报社、广播电台和电视台根据自己的倾向性和编辑思想决定的信息内容不能完全满足受众的需要。

在互联网上，每个人都可能是信息发布的主体，传播主体不再是单一的、专门的新闻传播机构。政府、社会团体乃至个人都有能力发布新闻，成为传播新闻的主体，这就形成了新闻媒体、专业媒体和个人媒体的大综合。人人都是媒体人，人人都是电视台，人人都有麦克风。无论是微信、微博还是微视频，都成为传播主体展示形象、发布信息的媒体形式。

（二）个性化

新媒体传播使受众有了在传统媒体中没有的信息选择权，从这个意义上看，新媒体的传播是真正个性化的传播，它的内容设计大多是出于传播者的个体需要。

个人化/个性化的（personalized）架构体现在各种新媒体形式上，从博客、微博、微信到客户端，新媒体形式赋予用户更多展示自己的工具。换而言之，互联网的重心开始由组织型媒体向个人转变。这种个人化直接带来了网络上自我意识的出现，传播者将特定兴趣的人群分流到某个特定的领域，形成了小众传播。这也使新媒体的受众定位更加明确，方向更加清晰。

（三）虚拟性

虚拟性是新媒体区别于传统媒体的最大特性。为了满足社会交往的需要，新媒体把现实生活的真实图景"搬"到了互联网上，在网上创造一个既虚拟又实在的"拟态环境"，如虚拟会议、虚拟课堂、虚拟经济、虚拟社区、虚拟游戏等，使人们的现实生活看起来像一个梦幻的场景，而这种虚拟生活恰恰又是人们真实生活中的一部分。

在网络这个虚拟的世界中，传者和受众的角色大多是虚拟的，信息交流的双方均由抽象的符号代替。正如英国社会学家吉登斯所说，在互联网上，没有人可以知道其他人的真正面貌。法国后现代主义思想家鲍德里亚也说过，在网络空间里，我们不再是"人"，而是出现在另一个人的电脑屏幕上的信息。人们以一个个 ID 来代表自己，真实的身份、性别、年龄都可以隐匿起来，这样人们就可以毫无顾忌地以某种虚拟的身份相互交流，可以自由地展现自我，发泄对周围事物的不满，上传各种各样的信息。

（四）互动性

互联网同时具有发布和交流的功能。它支持一对一、一对多、多对多等各种交流模式，而且可以用来交替地"说"和"听"，实现传受双方的互动，传受双方平等的交流成为现实。

在新媒体时代，传播者和受众角色可互换，受众既是信息的接受者，也可以成为信息的传播者。受众可以自主选择需要的内容；可以任意地加入新媒体传播的过程；能够采取发帖子、聊天等种种方式实时地表达自己的见解与看法；能够用自己的观点和声音改变网上传播节目的内容、进程以及方向，在传播过程中充分地发挥自己的主动性与创造性；受众主体地位得以体现，不再是被动地接收信息，而是可以主动获取或发布信息。

（五）开放性

因为网络传播是以互联网为基础的，任何人只要有计算机、有网络就可以参与网络的传播，网络传播的门槛低，而且相对于传统媒体限制要小很多，这种开放性为网络的传播带来了极大的便利。

网络技术使人人都可成为发布信息的信息源，博客、播客、微博以及论坛社区的诞生让每个人都拥有了信息发布的权力。无数的信息源就像涓涓细流汇集成信息的海洋。在网上的信息可谓包罗万象、应有尽有。跨时空、超文本、大容量的信息给人们提供了大量的选择新闻信息资源的机会。同时，网民们可以利用这些开放的媒体资源发布信息。

随着新媒体技术的发展，信息的传播已经逐渐突破了地域的限制。作为新媒体典型代表的互联网已经将世界联结成为一个整体，庞大的地球可以说已经成为一个"地球村"。新媒体给人们带来一个开放而广阔的信息海洋，网络上的海量信息面向社会大众开放，信息共享的全球化得以实现。

第三节　新媒体新闻发布方式的演进

新媒体从诞生发展到今天，新闻传播的方式也在不断地发生着变化。传统媒体的信息传播采取的是"传播—接受"模式，大众媒体提供信息内容与资源，读者、听众或观众被动地接受传播内容。对于传统媒体来说，生产什么内容、如何生产内容，主要由媒体自身决定。但是在新媒体的信息传播中，受众由接受者转变为传播者，拓展了新闻发布的形式。

一　聚——引导受众

新媒体最早的"新闻组"就是一个"聚"的新闻传播形式，通过同题汇聚引导受众获得需要的新闻信息。新闻组（Usenet 或 NewsGroup）是一组新闻服务器，不同的用户通过客户端可连接到新闻服务器上，阅读其他人的消息并参与讨论。新闻组是一个完全交互式的超级电子论坛，是任何一个网络用户都能与其他用户进行交流的工具。新闻组由许多特定的集中区域构成，组与组之间形成树状结构，这些集中区域被称为类别。国际新闻组在命名、分类上有约定俗成的规则，如：.comp：关于计算机专业及业余爱好者的主题；.sci：关于科学研究、应用或与其相关的主题；.soc：关于社会科学的主题；.news：关于新闻组本身的主题；.biz：关于商业或与之相关的主题。通过上面的主题分类，受众可以看出新闻组的主要内容。

新闻组是一种高效而实用的工具。新闻组账号曾经和上网账号、邮箱账号一起并称为三大账号。新闻组在互联网的早期发展阶段对于新闻的网络传播起了重要的推动作用。

二　看——浏览新闻

这是一种最接近传统媒体的形式，也是一种受众"观看"新闻的形式。浏览器的发明也使网络成为一种真正的大众媒体。

浏览器实际上是一款客户端程序，它建立了用户和网站服务器之间的联系。浏览器是可以显示服务器上存贮的网页或者文件的内容，并能让用户与这些网页进行交互的软件。它通过连接其他网址的超链接，显示互联网上的文字、影像及图片等，使用户快捷地浏览各种信息。浏览器主要通过 HTTP 协议与网页服务器交互并获取网页，这些网页由 URL 指定，文件格式通常为 HTML，并由 MIME 在 HTTP 协议中指明。大部分的浏览器本身还支持 HTML 之外的其他格式，例如 JPEG、PNG、GIF 等图像格式，并且能够扩展支持众多的插件（plug-ins）。另外，许多浏览器还支持其他 URL 类型及其相应的协议，如 FTP、Gopher、HTTPS（HTTP 协议的加密版本）等，允许网页设计者在网页中嵌入图像、动画、视频、声音、流媒体等。个人电脑上常见的网页浏览器包括微软的 Internet Explorer、Google Chrome、360 安全浏览器、百度浏览器等。手机浏览器是运行在手机上的浏览器，可以通过 WAP 协议上网浏览互联网内容。

传统传媒在发布信息时栏目设置较多，内容纷繁多样，涉及面很宽，针对性不强，受众无法按需搜索、选择信息。新媒体则不同，网络媒体在创立之初就体现出极强的针对性，网站的初衷都是向某一类特定受众发布对其具有价值的信息，这样势必带来受众的分众化。互联网信息提供将经历一场方向性的变革，网站将从原先的为"大众市场"（Mass Market）提供信息转变为向受众提供定位明确的信息。从当前网络媒体的发展格局来看，众多的网媒皆强调自身的办站方针和风格，突出网站的专业特色，以吸引固定的用户群。

三　推——传者主动

真正简易聚合（RSS）的推出和微博的"@"功能是传者主动性的表现，从此新闻被推送到受众面前。真正简易聚合（Really Simple Syndication，RSS）也叫聚合内容，是一种描述和同步网站内容的格式。简单地说，RSS 是一个站点用来和其他站点共享内容的一种简易方式，通常只包含简单的项目列表。一般而言，每一个项目都含有一个标题、一段简单的介绍、一个 URL 链接。

RSS 目前广泛用于网上新闻频道、博客和维基上。使用 RSS 订阅能更快地获取信息，网站提供 RSS 输出有利于让用户获取网站内容的最新更新。借助支持 RSS 的新闻聚合工具软件 NewzCrawler、FeedDemon 等，网络用户可以在客户端在不打开网站内容页面的情况下阅读支持 RSS 输出的网站内容。

在微博里，"@"这个符号代表"at"，意思就是"向某人发送"。这一功能的上线加强了微博发布的针对性。拥有了@功能之后，用户之间的交流更加紧密。用户可以推送信息给特定的人，也可以接受其他人推送给自己的信息。

四　拉——寻找信息

通过搜索引擎、即时通信、微信的寻找功能等，受众可以拉出自己需要的信息和需要交流的朋友。

搜索引擎是指根据一定的策略、运用特定的计算机程序从互联网上搜集信息，在对信息进行处理后，为用户提供检索服务，并将用户检索的信息展示给用户的系统。搜索引擎包括全文索引、目录索引、元搜索引擎、垂直搜索引擎、集合式搜索引擎、门户搜索引擎与免费链接列表等。全文搜索引擎是目前广泛应用的主流搜索引擎，国外代表有 Google，国内有百度。它们从互联网提取各个网站的信息（以网页文字为主），建立起数据库，并能检索与用户查询条件相匹配的记录，按一定的排列顺序返回结果。目录索引是按目录分类的网站链接列表。用户完全可以按照分类目录找到所需要的信息，不依靠关键词（Keywords）进行查询。最具代表性的是 Yahoo、新浪分类目录搜索。元搜索引擎（Meta Search Engine）接受用户查询请求后，同时在多个搜索引擎上搜索，并将结果返回给用户。垂直搜索引擎专注于特定的搜索领域和搜索需求，在特定的搜索领域有更好的用户体验。

即时通信软件如 QQ、微信推出了查找功能，用户可以依据地域、年龄、性别等条件找寻自己感兴趣的朋友，交换信息和进行交流。微信还推出了"摇"功能，进入摇一摇界面，轻摇手机，用户可以搜寻同一时刻摇晃手机的人，扩大了搜寻和推送的范围。

随着信息技术的发展，上述的传播方式出现了融合化和隐形化的趋势。如通过将"推"和"拉"相结合的"跟"的方式，信息发布者可以将信息推送到特定的人，用户也可以"关注"某个信息发布者的微博或微信公众号进行信息获得，这样就形成一种相对紧密的信息互动关系。基于人工智能技术的"算法推荐"更是把"推"的传播方式推向了深入，是"推"的隐形化表现。所谓推荐算法就是利用用户的一些行为，通过一些数学算法，推测出用户可能喜欢的东西；也是通过数据分析推测用户偏好，并据此推荐信息内容的推送方式。"算法推荐"尊重用户个性，的确有很多独特之处，但也会使用户最终陷入自我封闭、自我强化的"信息茧房"。

可见，新媒体新闻传播方式的演进过程也是新媒体形式不断产生和发展的过程，在这个过程中，社会化程度越来越高，信息发布越来越迅速，信息传播速度越来越快。

第四节　新媒体新闻传播的结构

新媒体新闻传播结构指新媒体新闻传播各要素的关系构成方式与运动方式，即传播者、受众、传播内容、传播渠道、传播环境等相互作用的方式。新媒体传播本身是一个含义很广的概念，它是大众传播、群体传播、组织传播与人际传播的结合体。因此，新媒体与传统媒体相比，在技术传播、媒介传播和社会传播结构上都有自己的特点。

一　新媒体传播的技术结构

新媒体传播的技术结构是建立在互联网技术结构之上的。网络信息技术是保证网络信息有效传播的基础，渗透到传播的每一个层面。

（一）客户端—服务器模式（Client-Server Model）

客户端—服务器模式是分布式应用程序结构，客户端之间不共享任何资源，服务器提供内容或服务（见图 3-1）。

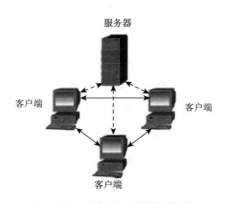

图 3-1　客户端—服务器模式

Web 访问、电子邮件交换和数据库访问等功能都建立在客户端—服务器模式之上，用户从他们的电脑上使用 Web 浏览器客户端发送请求到 Web 服务器，相关网页内容返回到 Web 浏览器客户端并显示给用户。特定类型的服务器包括 Web 服务器、FTP 服务器、应用服务器、数据库服务器、域名服务器、邮件服务器、文件服务器、打印服务器和终端服务器。

（二）端对端技术模式

端对端技术（Peer-to-Peer，P2P）又称"对等"互联网络技术、"点对点"互联网络技术。对等技术依赖网络中参与者的计算能力和带宽。对等式网络是无中心服务器、依靠用户群（Peers）交换信息的互联网体系，它的作用在于减少以往网络传输中的节点，以降低资料遗失的风险。与有中心服务器的中央网络系统不同，对等网络的每个用户端既是一个节点，也有服务器的功能，任何一个节点无法直接找到其他节点，必须依靠用户群进行信息交流（见图 3-2）。

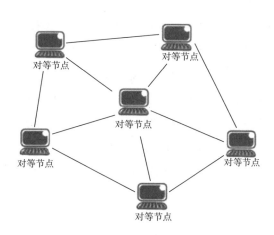

图 3-2 端对端技术模式

P2P 数据的传输不再是"客户端—服务器"模式，数据的传输不再通过服务器，而是网络用户之间直接传递数据。P2P 网络的一个重要目标就是让所有的客户端都能提供资源，包括带宽、存储空间和计算能力。P2P 网络能够在多节点上复制数据，增强了网络的健壮性。

二 新媒体传播的媒介结构

新媒体基于技术特性形成了特定的媒介结构。

（一）O2A（One-to-All）模式

O2A 模式是一种广播型媒介结构，通常以一种开放的通用平台为多种对象服务，只对应于受众群体。新闻网站就是一类典型的 O2A 模式。

（二） O2O（One-to-One）模式

在 O2O 模式下，无论是一个事件、一类对象、一位受众，还是一种需求，都由一类功能项、一个媒体平台、一种业务类型……与之建立对应关系。这是最常见的模式，也是最传统的基本模式。新媒体普遍追求的点播服务就是一种典型的 O2O 模式。

P2P 模式（Peer-to-Peer）是另外一种 O2O 模式，强调了传播双方的"伙伴关系"，即追求传播者之间的地位平等和利益共享。这是社会化媒体追求的目标。

（三） A2O（All-to-One）模式

A2O 即多对一，是经过逻辑抽象，将多功能、多任务、多事件的可控资源整合为对应一个业务、一个对象、一个用户的服务。这种模式将多种复杂问题归纳为一致性的业务模式，从而建立对一个业务、一个对象或一个用户的不同质量等级、业务等级和业务内容的 A2O 服务。在媒体融合的中央厨房模式中，新媒体的信息采集和分发就是采用 A2O 模式。

（四） B2C（Business-to-Consumer）模式

B2C 模式既适用于 IP 协议的网络交换业务平台，也适用于针对不同业务、不同服务对象的服务模式。比如数字电视或网络电视的数字媒体中心（Digital Media Center）服务平台，就是利用新媒体广泛采集和处理的海量信息，实现快速、准确的信息发布，对由"小众"组成的"大众"起到黏合的作用。

（五） C2B（Customer-to-Business）模式

C2B 模式表达了受众对媒体的需求。在新媒体内容传播上，C2B 模式通过上行通道传输受众需求信息，利用用户管理系统或综合业务运营支撑系统，以结算中心的订户需求为依据，反馈上行信息；另一种是利用客户中心，通过产品与内容的预订服务，非实时地实现受众用户的信息反馈。

三　新媒体传播的社会结构

传统媒体传播多是"点对面"的"独白式"信息传播，新媒体传播多是"点对点"的"对话式"信息传递。信息的可传导性使传播与反馈存在着复杂关系，并形成一个闭合的循环过程。

现实世界社会网络结构正在被新媒体所改变，信息传播中各方之间通过信息的沟通表现出了高度聚簇性和网络连通性，这一方面加快了信息的扩散，另一方面也为实现信息平等化提供了可能。

（一）金字塔式的传播结构

传统的社会传播结构是一种金字塔式的等级式传播结构。基于这种传统社会传播结构的现代实体组织——各级纵向组织结构被称作"条"，各级横向结构被称作"块"。纵向与横向结构的关系被称作"条块关系"。可以看出，这种传播有着明显的层级特征，特别强调下行传播。在上行传播方面，一是一般不可进行跨越纵向层级的传播，除非上一层级对下一层级主动要求；二是同级传播即使不被禁止，也较少存在（见图3-3）。

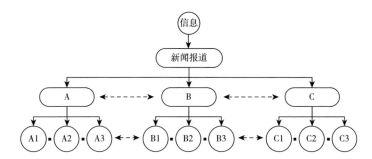

图3-3　金字塔式的传播结构

（二）扁平化社区传播结构

社区是一种亲密的社会关系结构，亲密的、基于情感的与内心倾向的关系是社区的本质。1887年，德国社会学家斐迪南·滕尼斯在《共同体与社会》一书中认为："社区和它成员之间的关系，不是用契约来说明的，而是像家庭的关系那样，用默认一致来说明的。"① 在这个意义上，社区是持久的和真正的共同生活。

网络社区是目前最为广泛的Web2.0应用。目前网络社区的表现形式

---

① 于佳立：《从传统到现代：人类共同生活基本结构的变迁——读斐迪南·滕尼斯〈共同体与社会〉》，《南方论刊》2017年第9期。

有论坛/讨论组、即时通信组、电子邮件组、新闻群组、校友录、博客、聊天室、个人主页、交友/社区俱乐部等。网络社区的信息传播载体呈现综合化、多样化、全球化和个性化趋向，文字、音频、视频、图片、符号等各种载体交融的多媒体技术将网络信息进行了有机融合①（见图 3-4）。

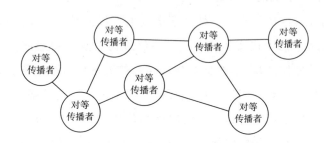

图 3-4　扁平化社区传播结构

网络社区信息传播颠覆了传统大众传播自上而下的"垂直灌输"模式，传统的作为信息垄断者的信息中心被消解，信息传播结构不再是一个等级严格、主被动关系分明的"金字塔"。信息接收者自主性和地位极大提高，越来越多的普通人创造信息、分享信息、解读信息，信息传播结构成为一个扁平化的网络结构。网络社区的存在意味着在信息传播结构上去中心化和扁平化将愈演愈烈。

彭兰教授认为，以网络信息为核心的新媒体传播模式经历了三个阶段的发展：第一个阶段是以 Web 网站为核心的"大众门户"传播模式；第二个阶段是以搜索引擎为基础的"定向索取"传播模式；第三个阶段是以社会关系为传播渠道的"个人门户"传播模式。

1. "大众门户"传播模式

客户端—服务器模式奠定了网络大众门户模式的基础。网站作为信息的采集者与聚合者，以与传统的大众媒体相同的"点对面"传播模式，向需求各不相同的网民提供统一的"信息"。这些网站成为网民上网时的"门户"。网民上网时设置的"首页"虽不尽相同，也就是经过的"门户"

———————————

①　杨瑞坤：《网络社区信息传播模式分析》，《图书馆》2010 年第 6 期。

不尽相同，但都是主要依靠各种类型的门户网站获得新闻等公共信息。即使有些网民主要活动区域是论坛，但从新闻信息的获取角度来看，他们对门户网站的依赖还是比较强的①（见图3-5）。

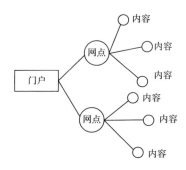

图3-5　"大众门户"的传播模式

在这种传播模式下，传播者与受众的地位是天然不平等的，网站是传播的中心，网站对于传播的控制权力是强大的，网站的编辑对于内容的取舍直接影响着网民获得信息的范围与质量。网民虽然可以通过某些方式来进行反馈，但他们在信息获取方面仍然是被动的。

2. "定向索取"传播模式

"定向索取"传播模式是以搜索引擎为基础。搜索引擎本身并不进行信息的生产，但它给网民快速找到自己所需要的信息提供了工具。搜索引擎根据一定的策略、运用特定的计算机程序从互联网上搜集信息，在对信息进行处理后，为用户提供检索服务，将用户检索的信息展示给用户的系统。在这种传播模式下，网民的主动性得到加强，网站传播中编辑意图的影响淡化，网民信息获取的目标更明确、定向性更强。他们的索取需求成为信息聚合的依据。

3. "个人门户"传播模式

"个人门户"传播模式为个性化的信息满足提供了一个好的机制，但个性化信息消费也许并不必然意味着人们的信息选择、信息价值的判断以

①　彭兰：《从"大众门户"到"个人门户"——网络传播模式的关键变革》，《国际新闻界》2012年第10期。

及态度的形成是独立的。社会化媒体增加了社会聚合的可能，但在常态下，社会化媒体中人们的交往也有可能越来越呈现"区隔"的倾向。个人门户使得大众门户的中心地位被削弱，个体成为自己的传播中心，这似乎是一个传播的去中心化过程，但同时它也促成新的话语权力中心。①

---

① 彭兰：《从"大众门户"到"个人门户"——网络传播模式的关键变革》，《国际新闻界》2012 年第 10 期。

第四章　媒体融合的模式与本质

第一节　媒体融合模式的变迁

媒体融合是一个不断发展的过程，和互联网的进化路径紧密相关，建立在互联网进化的基础之上。

一　互联网的进化路径

互联网发端于 20 世纪 60 年代后期美国国防部高级研究计划局（ARPA）主持研制的阿帕网（ARPANET），经由 20 世纪 80 年代中期美国国家科学基金会（NSF）建立的 NSFNET 网进入快速发展期。它是基于传输控制协议和互联网协议（TCP/IP）等来进行通信的国际计算机网络，因此也称因特网。互联网从总体上形成了客户端/服务器（C/S）服务模式。服务器进行共享数据库的集中管理，客户端负责应用处理工作，由此构成了分布式、协作式的计算机系统网络结构。随着超文本传输协议（HTTP）的使用和网页浏览器的发明，互联网进入了万维网（World Wide Web）时代，由此 Web 成为集文本、声音、图像等多媒体信息于一身的全球信息资源网络。1995 年 10 月，互联网被美国联邦网络委员会（FNC）界定为全球性信息系统。

（一）　Web1.0

1990 年，蒂姆·伯纳斯-李（Tim Berners-Lee）首先创建了万维网。网页浏览器（Browser）是在客户端上运行的软件，是负责与服务器进行交互的程序。Web 的客户端向服务器发送各种请求，并对从服务器发来的超文本多媒体信息进行解释、显示和播放，最终以网页的形式进行呈现。

网页文件用超文本标记语言 HTML 编写，在超文本传输协议 HTTP 支持下运行。网页包含的多媒体信息隐含着指向其他超文本的链接，用户通过浏览器可以轻松地从一个网页链接到其他相关内容的网页，搜索和获取自己感兴趣的信息而不必关心这些信息分散在何处，这种方式大大降低了用户使用计算机网络获得信息的门槛，也促进了门户、新闻等不同类别网站的崛起。网站以集中编辑、发布信息为特征，用户则被动地阅读网站提供的内容。虽然搜索引擎等工具先后投入使用，但是信息源头依然是不同媒体和网站，所以这种模式单向传播的特点没有改变。

（二）Web2.0

2005 年 9 月，奥莱理（O'Reilly）媒体公司总裁兼 CEO 提姆·奥莱理（Tim O'Reilly）发表的文章《什么是 Web2.0——下一代软件设计模式和商业模式》对 Web2.0 理念进行了阐释。在文章中他比较了 Web1.0 和 Web2.0 的不同应用及表现形式，从数据、用户和服务等方面对其进行了探讨。

Web2.0 技术的主要表现形式为早期的博客（Blog）、RSS、维基（Wiki）、社交网络（SNS）、即时信息（IM）以及后期的微博、微信等。这些模式不局限于客户端/服务器模式，还使用了对等网络信息服务模式。在信息发布上，这些形式再也不需要用户掌握制作网页乃至使用 HTML 语言的技术，用户只需在服务平台上完成注册就可以拥有发布信息的权利，大大降低了用户信息发布的门槛，任何人不但可以轻松地参与内容的创建，还可以参与互动和分享。这使得用户可以自己生产内容，互联网平台更具有开放性和社区性，Web1.0 单向传播的模式被打破，双向互动的信息传播模式建立起来。

（三）Web3.0

几乎在 Web2.0 提出的同时，Web3.0 也开始萌芽。2005 年年末，比尔·盖茨（Bill Gates）首先提出这个概念。随着对 Web2.0 探讨的深入，人们对 Web3.0 的理解也逐渐加深。蒂姆·伯纳斯-李（Tim Berners-Lee）等从原理层面指出：Web3.0 就是语义网（Semantic Web），语义网提供了一个共同的框架，使数据能够跨越应用程序、企业和社区的边界实现共享和再利用。Google CEO 埃里克·施密特（Eric Schmidt）立足应用层面认为：Web3.0 是一系列小型应用程序的组合，它们可定制性强、运行速度快；数据以云形式存储；用户可通过社会化网络等进行病毒式传播；等等。

由此可见，Web3.0 强调了数据的标准性、解释性、通用性和跨平台性。Web3.0 致力于两个目标：一是对不同来源的数据进行通用格式的整合，以实现跨平台的交互和共享；二是建立数据与真实世界的关系，使数据具有可解释性，可以和意义紧密连接。Web3.0 力图将分散于各平台的信息、资源、知识以内容关联的形式连接成网，从而进行最大化的交互传播。

（四）Web4.0

2006 年，方兴东在转载 Web3.0 的博客中写道："既然 Web3.0 来了，Web4.0 还会远吗？" Web4.0 追求网络设备使用的智能化、个性化、泛终端化。其核心是加大人机对话的力度，实现数据输入输出的多元化。机器可以识别人类多种符号的信息形式，而不管是来自什么样的输入端。

总之，从上述互联网发展的进化路径可以看出，Web 早已超出了万维网的概念，成为互联网发展阶段的标识及当前样态的衡量指标，反映出互联网在技术、服务以及理念上的变化。其发展核心主要是用户、数据、交互、开放；发展轨迹是降低用户使用互联网的门槛；发展趋势是共享性、参与性、智能化。当前的大数据、云计算以及物联网的发展又激发了人们对 Web5.0 和 Web6.0 概念的研究。另外，Web1.0、Web2.0、Web3.0、Web4.0 等并非界限分明，每个阶段相互衔接，逐步过渡，相关的技术、理念和服务模式往往融合在前后相连的阶段中，这势必影响和决定着新闻传播的业态以及媒体融合的样态。

二　媒体融合的发展阶段

互联网的进化是媒体融合发生的原因，也是媒体融合发展的动力。不同的互联网发展阶段决定了媒体融合表现为不同的形式，而且还将最终揭示媒体融合的发展趋向。

（一）Web1.0时代的媒体融合

Web1.0时代，数字化和网络化使得此前界限分明的媒介同质化并且具有了共同的传输平台，文字、声音和图像可以聚合在一起进行信息传播。因此，媒体融合特别强调各个媒介之间的协作和整合，并为媒体集团化的发展提供了动力和机遇。

媒体集团加快了整合不同媒介形式的步伐。大型媒体企业通过兼并与联盟实现媒介的融合。在美国，1996年推出电信法案之后，媒体融合进程明显加快。在位居世界前列的康卡斯特（Comcast Corporation）、迪斯尼（Walt Disney Company）、新闻集团（News Corporation）、时代华纳（Time Warner, Inc.）、维亚康姆（Viacom）大型媒介集团中，每个集团都包含了出版、广播、无线电视、有线电视、网络等业务。康卡斯特旗下不但拥有包含NBC广播网络、多个大型有线电视频道以及环球电影公司的NBC环球公司，而且还是美国一家主要的有线电视、宽频网络及IP电话服务供应商。康卡斯特为用户提供高清电视、有线电视、IP电话、宽带网络等业务。时代华纳公司曾经拥有美国第二大有线电视运营商——时代华纳有线公司，该公司2009年从母公司时代华纳公司正式拆分出来独立运作。

其他的中小媒体则对自身的媒介资源进行整合。美国媒介综合集团坦帕新闻中心将报纸、电视台和网站整合于一个编辑部，负责所有媒介形式的人员在这个编辑部里进行统一的报道部署；设立"多媒体编辑"统筹策划，将采集的新闻和信息用于集团所属的各个媒介，进而达到"媒介形态"的融合，发挥多种媒介的整体优势。

（二）Web2.0时代的媒体融合

Web2.0时代，博客、微博、维客、播客等新型媒介使内容发布平台变得更易于使用，让使用者由单纯的信息消费者变为生产者。人们可以随时将自己在事件现场所获取的新闻传播出去，从而可以生产、分配、采集和再利用信息，打破了只有专业人员才能进行新闻传播的传统格局。

社会化媒体随着无线网络技术的发展而得到了快速的发展。美国传播学者霍华德·莱茵高德（Howard Rheingold）确定了社会化媒体的三大核心特点。首先，社会化媒体有可能使每个人在网络中同时作为内容的生产商、经销商以及消费者。其次，社会化媒体的力量来自它的用户之间的连接。最后，社会化媒体可以让用户自行协调他们之间的活动规模，这在以前是不可能的。这表明，社会化媒体的重要特征是用户创建内容和塑造传播社群。在社群里，受众可以发布信息和发表意见，通过互动和交流进行相互印证和意见交换，进行新闻的挖掘和后续报道，实现了不同媒介的融合。

传统媒体更加感受到了非专业新闻传播者的能量，探索将传统媒体和新媒体紧密结合的途径。2005年7月英国广播公司（BBC）新闻网站使用了许多伦敦爆炸案经历者发来的图片；10月，美国有线新闻网（CNN）开设"公民记者"栏目，刊登了众多网民发来的有关"卡特里娜"飓风袭击的文字和图片，真实地记录了灾难的全过程。在国内，很多主流媒体都开设了官方博客、微博、微信等，以吸引非专业新闻传播者参与。

（三）Web3.0时代的媒体融合

Web3.0时代，不同媒介上的网络数据信息可以整合，用户能通过第三方信息平台同时对多家网站的信息进行聚合使用。媒体可以利用受众的数据进行分析，针对受众的阅读和消费行为进行有针对性的一体化聚合服务。

登录 Facebook 账号的用户可以利用关系（Connection）功能登录其他站点，无须在其他站点上反复输入相同的身份信息。而当用户将 Facebook、Twitter、Google Reader、Flickr 等账号互相绑定时，用户在这些媒体的发言、动态都可以互相分享。

2012年8月，移动客户端今日头条上线。它是针对媒体、国家机构、企业等推出的专业信息发布平台，与包括新华社、人民网在内的主流媒体开展版权合作。截至2015年5月，"头条号"平台的账号数量已超过2万家。今日头条通过"推荐"的形式，针对不同地域不同偏好的受众进行精准化的新闻推送，让受众不再需要花费更多的浏览和搜寻时间。

（四）Web4.0时代的媒体融合

对 Web4.0 及其以后媒体的研究和探索表明，智能化、多渠道、终端兼容的网络服务将成为互联网发展的方向。这预示着新闻将以"众包"的形式进行创作和发布。在美国《连线》杂志 2006 年 6 月刊上，记者 Jeff Howe 首次推出了"众包"（Crowd Sourcing）的概念，即一个公司或机构把过去由员工执行的工作任务，以自由自愿的形式外包给非特定的大众网络的做法。这本是一种商务模式，这种方式不仅有助于企业利用集体智慧提高执行任务的效率，而且也能帮助用户实现自己的创意或才能的价值。它对新闻传播的启示就是新闻媒体可以在一条或一个专题的新闻报道中将众多的受众，也是生产者纳入，共同进行新闻创作。这样的新闻方式类似于电视现场新闻中的连线报道，但是报道并不完全由媒体工作者完成，而可能是由分散在各地、使用不同媒介形式的事件参与者和评论者共同完成。

三　媒体融合的模式变迁

从互联网的进化路径可以看出，互联网不断地重塑传者与传者之间、传者与受者之间、传者与第三方相关者之间的关系。随着传统的大众传播的单向传播模式被打破，受众和第三方相关者在信息传播中的重要作用凸显。媒体融合实质上是对这种新型关系的应对和反映。总体上看，媒体融合经历了并持续着以下的融合模式。

（一）以传者为核心的融合模式

有研究者将"媒体融合"定义为"印刷的、音频的、视频的、互动性的数字媒体组织之间的战略的、操作的、文化的联盟"①。美国西北大学教授戈登指出了所有权融合、策略融合、结构融合、信息采集融合、新闻表达融合等五种"媒体融合"的类型。可见，这个阶段的媒体融合主要是从媒介组织整合新闻业务来进行的。无论从宏观的媒介组织行为还是从微观的媒介人员行为看，媒体融合的主体都是新闻传播业的传者。

这意味着 Web1.0 时代的媒体融合是一种典型的传者与传者之间的融合，包含媒介间和媒介内的融合。在这个阶段，通过传者与传者的融合，媒介组织进一步走向联合和合作，为提供多元化和多样性的服务提供了可

---

① Andrew Nachison, "Good business or good journalism? Lessons from the bleeding edge", A presentation to the World Editors' Forum, Hong Kong, June 5, 2001.

能性，媒介能为"碎片化"的用户提供量身定制的差异化服务，满足了大众时代向分众时代过渡的要求，而消费者则可以用多平台、多终端获取各自所需要的服务。

（二）　以个体为主导的媒介模式

随着 Web2.0 的崛起，个人传播技术的进步与普及为"公民新闻"提供了平台和渠道。这个阶段突出的表现是受众不仅仅是消费者，不仅仅是用户，还是信息的采集者、提供者和发布者，并且受众与受众之间也可以通过互动实现信息和意见融合。

社会化媒体是融合媒体新的驱动者，也是一种媒体融合的形式。社会化媒体具有强大的连通性，通过不同媒体之间的链接和分享，将多种媒体融合到一起。在社会化媒体中，人们可以很快地形成一个个社区，并以共同感兴趣的内容为话题进行充分的交流，然后通过推荐和分享，将网站、博客以及移动客户端等媒体形式链接在一起。这是一种受者与受者之间的融合，一种以个体为主导的融合式传播方式。传统媒体通过发展新媒体形式或者在这些媒体上开设账户融入受众，也是对这种媒体融合形式的一种承认。

（三）　以数据为核心的融合模式

Web3.0 所追求的聚合需要大数据和云计算的支持。通过对有意义的大数据进行专业化分析和处理，该融合模式为传者了解受众行为提供了有力的支撑，从而使传播具有了针对性。云计算传播模式为传受双方提供了无限的空间：一方面，为传者提供了支撑大数据的平台；另一方面，为受众创建个人"私有云"提供了空间，从而将媒体"公有云"和个人"私有云"有机地结合起来，用户通过互授信息的访问权限就可以实现信息的共享。这需要媒体和具有云计算和大数据处理能力的计算机公司等第三方相关者实现数据平台的有机融合。2014 年 3 月，光明网与微软中国依托微软基于云计算的操作系统 Windows Azure 开展合作，共同打造中国首个"媒体云"平台。

（四）　以传者与受者为双主体的融合模式

Web4.0 之后，互联网总体的发展趋势是智能化、数据化、用户化。核心是以用户为重，以受众为核心，体现了对用户的追逐。未来的互联网将是资源互补的互联网，通过网络的互联互通和数据的共用分享，"分享统一资源"变为"分享各自资源"，受众的参与和劳动价值得以体现，合作共赢得以达成。传受融合成为最重要的媒体融合形式。

Web2.0时代是传受融合的第一个阶段，传受融合的表现形式是协作平台的建设。传统媒体通过构建协作平台实现了专业新闻和公民新闻的结合，以发挥公民新闻的优势，弥补自身信息来源的不足，从而提高新闻的时效性。而协作新闻的参与者把自己的工作当作对主流媒体的补充。

Web4.0时代是传受融合的第二个阶段。传授融合的表现形式是嵌入平台的构造。在这个阶段，传者已经将受者定位为信息的生产者，并直接将其嵌入自己的新闻报道进程，实现无缝对接。在整个新闻报道策划和设计中，采用"众包"的形式进行新闻信息报道的分配和装配，更加接近现场，接近时效，接近受众。

可以看出，无论从技术的角度、理念的角度，还是从服务的角度，WebN.0已经成为互联网发展的衡量指标，互联网也基本上按照每十年一个周期进行变革和转型。纵观这个进化路径，互联网的发展过程就是一个追逐用户、赋权用户、激发用户的过程，目的是使网站和用户，也即传者和受众共同参与、良好互动，最终达到物网合一、人机合一、人网合一。

从传播模式上看，互联网的传播始终是传者"推送"信息和受众"拉出"信息的辩证过程。Web1.0时代，网站将信息"推"向受众，搜索引擎使受众初步具有了"拉"新闻的能力；Web2.0时代，受众开始"播"出自己生产的信息；Web3.0时代，表面上是媒体精准"推送"信息，实质上却是媒体满足受众个性化的要求，是受众从多样化信息渠道中"拉出"自己需要的信息；Web4.0时代以后，传者和受众将融合在一起，参与对信息的生产和发布。总之，它是一个由"推"（Push）到"播"（Broadcast）到"拉"（Pull）最后到"融"（Convergence）的螺旋上升的过程。

从媒体融合的样态上看，从传者和传者之间的融合、受者与受者之间的融合，走向传者与受者之间的融合，这是媒体融合的必然发展趋势。这实质上是传统媒体和不断发展的新媒体形式的融合，是大众传播和个体传播从"面"到"点"的融合。传受双方共同参与信息的打造，实现议程的融合和信息的融合。因此，传受融合是媒体融合模式的最终追求，是媒体融合的内涵。

"低维"方式无法有效地管理和运作"高维"的事务：互联网是一种激活个人要素的"高维媒介"。换言之，互联网比我们过去所面对的那些传统媒介都多出一个维度，生长出一个新的社会空间、运作空间、价值空间。简单地说，高维媒介是不可能用传统媒介的运作和管理方式去运作和管理的。①

第二节　媒体融合的本质：媒介再造

"传统媒介只有实现一种自我的开放，打开自己的视野和运作格局，自觉接受互联网的改造，并且能够有意识和勇气进行一场革命式的转型，实现媒体融合背景下全媒介的重构，才有可能找到在互联网世界中的新版图。媒体融合是关于媒介转型的一场革命。"② 而这场革命的实质就是媒介再造。

一　媒介再造的含义及逻辑

1999 年，杰伊·大卫·波尔特（Jay David Bolter）和理查德·格鲁辛（Richard Grusin）出版了《再造：了解新媒体》（*Remediation：Understanding new media*）一书。在书中，作者提出"直接性（Immediacy）、超媒介性（Hypermediacy）和再造（Remediation）就是现代媒介的三个重要特征"③。以三者为核心概念，作者阐释了新旧媒介之间存在的一种相互影响、相互吸收、相互调节的关系，开辟了一个研究媒体融合的新思路。

马歇尔·麦克卢汉认为一种媒介的内容是另一种媒介。而根据该书作

---

① 喻国明：《媒介革命：互联网逻辑下传媒业发展的关键与进路》，人民日报出版社，2015，第 2~3 页。

② 喻国明：《媒介革命：互联网逻辑下传媒业发展的关键与进路》，人民日报出版社，2015，第 65 页。

③ Jay David Botler and Richard Grusin, *Remediation：Understanding new media*, The MIT Press, 2000, p. 273.

者，"再造（Remediation）是一种媒介补救另一种媒介的呈现"①。而且再造不仅包含"整治、修复、补救、调和"等基本含义，还包含改革、重塑和重建的意义。"再造（Remediation）是一种改革（Reform），再造的目标是重塑（Refashion）或重建（Rehabilitate）其他媒介。"② "新媒介使旧媒介得以重塑。"③ "新媒介所谓的'新'来自它们重塑旧媒介的特定方式以及旧媒介重塑自身来应对新媒介的挑战方式。"④ "新媒介可以尝试通过完全吸收旧媒介来进行修正，以便两者之间的不连续性最小化。然而，再造行为是确保旧媒介不会完全被抹去；新媒介依然以确定和不确定的方式依赖于旧媒介。"⑤

　　再造具有直接性（Immediacy）和超媒介性（Hypermediacy）双重逻辑。直接性也被称为透明性（Transparency），"决定了媒介本身应该消失而留下它所呈现的东西"⑥，是"可视化呈现，其目标是使观众忘记媒介的存在"⑦。"超媒介性的逻辑是多方面显示调节（mediation）的迹象，并以这种方式试图唤起人类丰富的感觉"⑧；超媒介性是"可视化呈现，其目标是提醒观众想起媒介"⑨。"在视觉风格上，与统一风格的'直接性'相

---

① Jay David Botler and Richard Grusin, *Remediation*：*Understanding new media*，The MIT Press，2000，p. 45.
② Jay David Botler and Richard Grusin, *Remediation*：*Understanding new media*，The MIT Press，2000，p. 56.
③ Jay David Botler and Richard Grusin, *Remediation*：*Understanding new media*，The MIT Press，2000，p. 273.
④ Jay David Botler and Richard Grusin, *Remediation*：*Understanding new media*，The MIT Press，2000，p. 15.
⑤ Jay David Botler and Richard Grusin, *Remediation*：*Understanding new media*，The MIT Press，2000，p. 47.
⑥ Jay David Botler and Richard Grusin, *Remediation*：*Understanding new media*，The MIT Press，2000，pp. 5-6.
⑦ Jay David Botler and Richard Grusin, *Remediation*：*Understanding new media*，The MIT Press，2000，p. 272.
⑧ Jay David Botler and Richard Grusin, *Remediation*：*Understanding new media*，The MIT Press，2000，p. 34.
⑨ Jay David Botler and Richard Grusin, *Remediation*：*Understanding new media*，The MIT Press，2000，p. 272.

反，超媒介性融合了几种意指系统：视点、文本和图像。"[1] 作者认为直接性和超媒介性与人类的两种渴望有关系，直接性即"渴望透明的直接"[2]，超媒介性即"迷恋媒介或中介"[3]。

直接性显示了媒介的易接触性。这层逻辑被作者称为绘画、摄影、数字成像等背后的视角。通过基于这样的属性再造的媒介，受众越来越容易接近现实社会而忘记媒介形式的存在。因此直接性是一种透明性，也是一种即时性。直接性越强，受众接触媒介和获得信息越容易。超媒介性则显示了媒介的多符号性、层次性以及复杂性。超媒介性可以说是超媒介（Hypermedia）的直接借用。作者以网络媒介为例指出，受众访问网站需要点击一层一层的超链接才能获得全面的文字、图像、声音等信息，多种媒体方式共同创造了一个丰富而精彩的界面。同时每一层又是可以直接接触的，"新页面需要通过关闭旧页面、新旧页面并列或者新页面覆盖旧页面等途径来引起我们的注意"[4]。

直接性和超媒介性的关系非常密切。虽然它们都有多种类型，但是两者相互依赖，无法截然分开，超媒介性包含着对直接性的追求。"通过超媒介性，直接性也可以呈现。"[5] "在每一种表现形式上，超媒介性让我们意识到单一媒介或多种媒介的存在，并且（有时以微妙而有时以明显的方式）唤醒我们所渴望的直接性。"[6]

在数字化时代，再造具有了更多更丰富的内涵。"再造并非始自数字

[1] Gunnar Liestol, Andrew Morrison and Terje Rasmussen, *Digital Media Revisited: Theoretical and conceptual innovations in digital domains*, The MIT Press, 2003, p. 303.

[2] Jay David Botler and Richard Grusin, *Remediation: Understanding new media*, The MIT Press, 2000, p. 31.

[3] Jay David Botler and Richard Grusin, *Remediation: Understanding new media*, The MIT Press, 2000, p. 34.

[4] Jay David Botler and Richard Grusin, *Remediation: Understanding new media*, The MIT Press, 2000, p. 44.

[5] Jay David Botler and Richard Grusin, *Remediation: Understanding new media*, The MIT Press, 2000, p. 81.

[6] Jay David Botler and Richard Grusin, *Remediation: Understanding new media*, The MIT Press, 2000, p. 34.

媒介"①，但是"再造是新数字媒介的决定性特征"②"数字媒介在再造方面更具有进攻性"③。"再造是调解（Mediation）的调解（Mediation），调解的每个行为取决于调解的其他行为。媒介相互之间不断评论、复制和取代的过程对媒介来说是不可或缺的。媒介相互需要以作为整体发挥作用。"④ 因此，"融合（Convergence）是另一个名称下的再造（Remediation）"⑤ "融合是至少三个重要的技术——电话、电视和计算机的相互再造"⑥。

依据以上的见解，我们可以提出，媒介再造所体现的新旧媒介的互补性、重塑性以及整体性，表明它就是媒体融合的实质，媒体融合本质上是一个媒介再造的过程。首先，媒体融合是一个量的积累过程，是新媒介对旧媒介的改造和补救。新媒介在保留旧媒介某些属性的同时注入了新的元素，使旧媒介得以延续，这是一个渐进和持续的过程，在此过程中两者逐渐取长补短、优势互补地实现融合。其次，媒体融合也是一个质的突变过程，是旧媒介利用新媒介对自身进行调整和重塑并进行创新的过程。随着新媒介对旧媒介的不断整治和改革，两者逐渐融合成为与新媒介和旧媒介既有区别又有联系的另一种媒介——复合媒介。从这个意义上说，媒体融合也是一个再媒介化过程。一方面，新媒介通过修正使此前出现的旧媒介得以改革、重组，从而重新焕发生机和活力，这是对旧媒介的承继；另一方面，新媒介通过创新，为旧媒介注入新的构成元素，这是对旧媒介的改革。最终新旧媒介通过整合融合成为一种新新媒介形式。

---

① Jay David Botler and Richard Grusin, *Remediation*: *Understanding new media*, The MIT Press, 2000, p. 11.

② Jay David Botler and Richard Grusin, *Remediation*: *Understanding new media*, The MIT Press, 2000, p. 45.

③ Jay David Botler and Richard Grusin, *Remediation*: *Understanding new media*, The MIT Press, 2000, p. 46.

④ Jay David Botler and Richard Grusin, *Remediation*: *Understanding new media*, The MIT Press, 2000, p. 55.

⑤ Jay David Botler and Richard Grusin, *Remediation*: *Understanding new media*, The MIT Press, 2000, p. 224.

⑥ Jay David Botler and Richard Grusin, *Remediation*: *Understanding new media*, The MIT Press, 2000, p. 224.

直接性和超媒介性之间紧密的关系表明它们是媒介再造行为的两面。直接性显示了受众接近媒介的低门槛性，受众更加关注媒介本身所承载的内容而不是形式。超媒介性则利用多种多样的元素使受众对信息内容了解得更加全面，为用户创造一种更加丰富、更加立体的媒介体验。毋庸置疑，超媒介性具有一定的门槛，受众接近媒介要具备一定的知识和能力，因此新媒介和旧媒介的融合追求的是两者的统一，既要有多种传播元素、多重传播符号的使用，又要使传播更加直接，更具有时效性，更具有透明性。

数字化时代，建立在统一的数字信号上的媒介再造具有了与印刷时代和电子时代完全不同的特征，那就是超越了新媒介对旧媒介的修复和调和，而走上一条新旧媒体融合发展的道路。网络化的数字媒介不会取代旧的媒介，而是它们一起加入一个复杂的融合环境。在这个过程中既需要追求超媒介性的丰富性，更需要追求直接性和透明性。两者辩证统一在一起。"新旧媒介都在援引直接性和超媒介性这双重逻辑，努力重塑自己和对方。"[1] 随着网络技术的发展，用户对网络媒体访问超链接的使用越来越少，超链接的层次也越来越少。超链接性越来越以多样化的形式呈现，直接性在新媒体中得到了越来越鲜明的体现。

二　Web1.0 时代的媒介再造

Web1.0 时代，媒体融合以数字化和网络化技术为统领。"术语'融合'是用于描述数字化效果的词语。字母文字、静态图片、动态图像和声音被编为数码，可以被电脑显示，并通过计算机网络分发，导致了所谓的'数字革命'。"[2] "融的第一关键层次是媒体内容的数字化，那么第二关键层次就是数字媒体内容及其用户的联网。"[3] 通过数字化和网络化，信息以 Web 的形式在极短的时间内迅速传递到广泛的目标受众，同时在传递的

---

[1]　Jay David Bolter and Richard Grusin, "The Double Logic of Remediation", in Pramod K. Nayar, *The New Media and Cybercultures Anthology*, Wiley-Blackwell, 2010, p.47.

[2]　Gunnar Liestol, Andrew Morrison and Terje Rasmussen, *Digital Media Revisited: Theoretical and conceptual innovations in digital domains*, The MIT Press, 2003, p.297.

[3]　Graham Meikle and Sherman Young, *Media Convergence: Networked digital media in everyday life*, Palgrave Macmillan, 2012, pp.16-17.

过程中还可以实现互动，完全改变了传统媒体的分层次、分阶段的信息传递模式，形成了特有的一体化信息传递模式。

"再造是相互的：互联网再造电视同时电视再造互联网。"① 这种媒介再造的复合媒介就是视音频互联网站。随着互联网的快速发展，20 世纪 90 年代，国内外的知名电视台开设了视音频网站，如 CNN. com、ABC News. com、CCTV. com 等，向用户提供视音频直播、点播等电视节目，以及其他多媒体节目等服务，赢得较大的访问量。

同样，手机再造报纸的同时报纸再造手机。在 3G 技术的推动下，手机报这种复合媒介应运而生。手机报（Mobile Newspaper）是依托手机媒介，由报纸、移动通信商和网络运营商联手搭建的信息传播平台，用户可通过手机浏览新闻、图片等多媒体信息。它是报业开发新媒体的一种特殊方式。可以看出，这个时期的媒体融合主要是以数字化信息为基础，网络媒介对传统的报纸、广播、电视等媒介重塑和改造，由此诞生了视音频网站、手机报、手机短信等新兴媒介形式。

2001 年美国第一大互联网服务商美国在线与另一个传媒业巨头时代华纳合并，组成世界上第一家面向互联网世纪的完全一体化的媒体与传播公司，成为当时世界上最大的媒介并购案例，进而引起了世界性的跨媒介组合的兼并浪潮。

从媒介再造的观点看，这个阶段的融合主要表现在组织再造和业务再造两个层面。通过这两种再造形式，不同媒介之间业务可以交叉进入，不同的媒体单位进行兼并重组，从而不同媒介实现了新闻业务平台的初步融合，基本趋向是不同媒介通过共享与合作，借助超媒介性丰富了信息传播的渠道，增强了传播符号的多符号性和多媒体性，并增加了互动元素，给受众带来更多的媒介体验。同时由于融合平台的建立，信息传播的渠道变得多元化，受众接近媒介的门槛降低，使新闻信息更快地到达受众，从而实现了传播的直接性和透明性。

---

① Jay David Botler and Richard Grusin, *Remediation*: *Understanding new media*, The MIT Press, 2000, p. 224.

三　Web2.0时代的媒介再造

21世纪，传媒进入Web2.0时代，这是一个相对于Web1.0的新时代。与Web1.0网站单向发布信息的模式不同，Web2.0是由用户主导而生成内容的互联网信息模式。云计算、大数据、移动性和社会化是技术领域出现的四大趋势，从中透射出当今媒体传播方式的变革。借助宽带网络和移动媒体的快速发展，社会化媒体迅速崛起。

社会化媒体被定义为"一组建立在Web2.0思想和技术基础之上的互联网应用程序，它允许创建和交换用户生成内容"[1]，它是"依赖移动和Web技术构建一个让个人和社区创造、共享、讨论和修改用户生成内容的高度互动的平台"[2]。

移动化信息传播促进了社会化媒体的快速发展，移动互联网的社会属性越来越强。在现代移动通信技术、移动互联网技术构成的综合通信平台基础上，社会化媒体通过手机、电子阅读器和平板电脑等掌上终端进行信息交互沟通，满足人们越来越碎片化的信息需求。

社会化媒体模糊了媒体和受众之间的界限，受众不仅是信息的使用者而且是内容的贡献者，人人成为自媒体。通过社会化媒体，受众可以根据自身的个性化需求，应用笔记本、手机等个性化的设备定制各类新闻信息，还能实现定时、定向的个性化传播；受众可以发表新闻和发表意见，并且可以相互印证，进行新闻的挖掘和后续报道。人们可以随时将自己在事件现场所获取的新闻传播出去，打破了只有专业人员才能进行新闻传播的传统格局，原本传者主导信息传播的单向的传递链条被传者和受者的双向沟通所取代。

博客、微博、社交网站和视频共享网站等社会化媒体都具有强大的连通性。在社会化媒体中，人们可以很快地形成一个个社区，并以共同感兴趣的内容为话题，进行充分的交流，然后通过推荐和分享，将网站、博

---

[1] Kaplan Andreas and Haenlein Michael，"Users of the World, Unite! The challenges and opportunities of social media"，*Business Horizons*，53（2010），p. 61.

[2] H. Kietzmann and Kristopher Hermkens，"Social Media? Get Serious! Understanding the functional building blocks of social media"，*Business Horizons*，54（2011），p. 241.

客、微博以及移动客户端等媒体形式链接在一起。

美国传播学者霍华德·莱茵高德（Howard Rheingold）确定了社会化媒体的三大核心特点：首先，社会化媒体有可能使每个人在网络中同时作为内容的生产商、经销商以及消费者；其次，社会化媒体的力量来自它的用户之间的连接；最后，社会化媒体可以让用户自行协调相互之间活动的规模频率。[①] 可见，社会化媒体本身就是一种媒体融合的形式，为受者与受者之间不同的社会化媒体形式的融合提供了平台，其特征是受者与受者之间的融合。

社会化媒体的崛起使媒介的生态发生了很大的变化。依托信息技术的强大互动性、开放性、平等性等传播特征，受众以前所未有的方式参与传播过程。新闻现场的亲历者直接将图片和视频通过手机等移动工具上传到博客、微博、微信等社会化媒体上，直接推动了"公民新闻"（Citizen Journalism）、"参与式新闻"（Participatory News）、"草根新闻"（Grassroots Reporting）的兴起。

传统媒体的传者面临一个巨大的挑战，来自受者传播信息的能力必须得到传者的高度重视。从媒介再造的视角看，在 Web2.0 时代，社会化媒体正在对传统媒体进行第二次重塑，做好 Web2.0 时代传统媒体与新媒体的融合，就是要探求如何通过媒介再造实现传者和受众之间的融合。这个基点就是通过媒体融合和协作新闻的方式有效地整合受众新闻，在集传统媒体和新媒体于一体的融合平台上，以主流媒体为支撑，以新媒体形式为补充，及时、有效传播好新闻。这种方式赋予了直接性和超链接性新的内涵，对媒介再造提出了新的要求。

四　当代媒介再造的核心环节

Web2.0 时代的新媒体改变了传统媒体一对多的单向度信息传播方式，消解媒体话语权威的同时赋予了受众更多的参与权。原本传者主导信息传播的单向传递链条，被传者和受者的双向沟通所取代，这种传播模式赋予

---

① Terry Flew，"Media Convergence"，http：//www.britannica.com/EBchecked/topic/1425043/media-convergence.

了直接性和超链接性新的内涵，对媒介再造提出了新的要求。媒介再造将从技术的视角转向内容的视角，从媒介的视角转向媒介使用者即受众的视角。媒介再造需要关注的不仅仅是受众对媒介的接近性，重要的还有受众对媒介的参与性，以及如何保持适度的可控性和必要的引导性，从而将受者纳入传者的业务范围，实施传者和受者的信息融合，这是当今媒介再造所关注的重点，也是当今媒体融合的趋势，涉及从宏观规制到微观运作等核心环节。

（一）平台再造

在 Web2.0 环境下，早期的信息传播模式被完全打破。"传播者"和"受众"的界限被模糊，"去中心化"成为现今信息传播的一大特点，所有人都可以进行传播，每一个个体都成为信息传播的中心。个人传播技术的进步与普及为公民参与新闻发布提供了平台和渠道。数码相机、摄像机、移动电话等新型传播工具为公民发布新闻提供了物质上的支持，而博客、微博、维客、播客等提供了形式上的支持。新媒体拥有低成本、高互动性、高开放性、零等级的传播特点，更加方便大众使用，拥有庞大的用户群和信息流量。新媒体已经成为人们获取信息，实现交流沟通、政治参与、娱乐休闲的主要渠道，其社会影响力日益凸显。可见，公民新闻就是受众参与新闻活动的概称，是公民个体或群体搜集、报道、分析和散布新闻或信息的行为以及由此产生的信息总和。传统媒体由此更加感受到了非专业新闻传播者的能量。因此，为受者提供平台，实现传受之间的融合已经成为当今媒体融合的核心，只有这样才能追求信息传播的主动性、参与性和协作性，才能立足一体化的多种信息传播形式并以此体现直接性和透明性。

对于传媒单位来说，推进媒体融合必须把握好两个平台。一个是基于大众传播的常规媒体融合平台。基于该平台，报纸、广播、电视等实现了在信息采集、发布等方面的合作与融合。另一个是社会化新媒体平台。应该大力开发网络平台、移动平台，推出客户端、二维码、博客、微博、微信公众号等，将其纳入自己的综合新闻业务平台，在此基础上，实现新老媒体平台的融合，也即实现传统媒体和社会化媒体的融合，实现"多对多""一对多""一对一"并存的传播模式，使大众传播与个体传播越来越有机地融合在一起。

大数据技术为传者了解受众行为提供了有力的支撑，从而使传播具有了针对性。大数据具有海量、多样化、快速和灵活等特点，其战略意义在于通过对这些含有意义的数据进行专业化处理，进一步提升受众反馈的价值，拓展用户分析广度，挖掘用户分析深度。基于云计算技术的云传播模式一方面为传者提供了支撑大数据的平台，另一方面为传者创建"个人私有云"提供了空间。在云传播模式下，用户只需将自己"个人私有云"中信息的访问权限授给自己的"朋友圈"，就可以实现同一信息的群体共享。这为媒体实现传受融合提供了有力的支撑。在此基础上，传统媒体需要从早期的开设新闻网站开始，发展到开设官方博客、官方微博，直至开设官方微信，一方面快速地传播新闻信息，另一方面充分吸收受众的参与，加强互动和引导。当前，来自主流媒体的"新华社发布"和来自互联网公司的"今日头条"等新闻客户端就是很好的探索。

（二）业务再造

在 Web2.0 时代，传播范式正在经历一场前所未有的变革。更多的公民以一种更加积极、主动的传播姿态参与媒介社会活动，它们的信息来源不仅是新的新闻传播形式，还是报纸、广播和电视等专业新闻媒体内容建构不可分割的一部分。

因此，媒体融合在内容的集约化生产方面，不仅表现为传媒组织的合作，还表现为内容生产的全民写作。2006 年 12 月，雅虎网站与路透社合作推出了一个栏目叫作 You Witness News（你目击的新闻），目击者可以上传照片或者视频短片，由路透社负责进行选择、编辑，并提供给其他新闻媒体。

以这个事件为标志，网络巨头与老牌传统媒体开始携手涉足"公民新闻"这个全新领域，这也标志着协作新闻将成为未来新闻业的常态。协作新闻实现了传统媒体和新媒体的融合，以及专业新闻和公民新闻的结合，是实现传者和受者合作、打造融合新闻的路径。一方面，协作新闻的参与者可以不断地对他们发现的新闻进行辩论和深入调查，把自己的工作当作对主流媒体的补充；另一方面，传统媒体感受到了非专业新闻传播者的能量，纷纷开设相应的版块，发挥公民新闻的优势，弥补自身信息来源的不足，从而提高新闻的时效性。这就为公民记者施展才华提供了平台，也促使其提高自身的素质来满足公众的信息需要。

（三）组织再造

媒体融合使多媒体新闻集团成为信息市场格局的主导者，从而一体化利用多种传播手段，以细分市场需求为核心进行资源重组、结构重组，从经营单一信息产品转向经营信息产品线或产品群（报纸、广播、电视、网络）等，引导传统媒体向新闻集团转移。

在美国，20世纪80年代"媒体融合"揭示了各种媒介呈现的多功能一体化的发展趋势，为传媒集团追求规模效应和范围经济提供了依据，深刻推动了西方传媒集团生产和传播机制的变革。大量的兼并开始发生在报纸、广播、电视、网络之间，线上线下的互动及内容生产被纳入核心程序，其中尤以美国在线兼并时代华纳最为瞩目。但在Web2.0时代，来自传统媒体和新媒体的压力对媒体组织提出了更高的要求，媒介组织的融合已经表现出了一定的灵活性，体现为组织的动态性和节点性，即围绕着核心竞争力的打造，整合与拆分并存，目的是降低超链接性，追求信息到达的直接性，以适应信息传播的有效性。

1990年，华纳公司被时代公司以140亿美元收购，形成时代华纳公司。1996年，特纳电视网随母公司TBS正式加入时代华纳。2000年美国在线与时代华纳合并为美国在线时代华纳，从而使时代华纳成为世界上规模最大、媒介形式最全、市值最高的传媒公司。2008年5月，时代华纳和时代华纳有线电视公司达成了分离协议。2009年11月17日，时代华纳宣布剥离其互联网业务，美国在线公司于12月9日成为独立的公司。2013年3月7日时代华纳集团宣布将剥离旗下杂志集团时代公司为独立的上市公司。同样涉足几乎所有媒体领域的传媒帝国新闻集团（News Corporation）2013年6月正式拆分为两家公司。这次拆分新闻集团将出版和娱乐业务分离，重组为两家独立的上市公司运营。可以看出，传媒集团已经从单纯的扩张之路转向了收缩与重组并重之路，这是新闻集团的一次重大转变，预示着传媒集团必须转入集约化经营，必须探索新媒体和传统媒体在业务上互融互通的有效路径。

这种改变是和信息技术的快速发展紧密相关的。适应大数据和云计算的发展，媒体集团必须具备数据存储及管理的能力，一个有效的途径就是借助云计算技术，借助资本运作和业务合作成为云计算平台上的一个节点，获得基于云计算的数据存贮和大数据分析能力，强化受众分析和新闻信息的分众传播，为新闻媒体组织多层化、扁平化、小型化、精干化和专业化再造提供新的可能。

（四）规制再造

规制再造体现了整个信息和媒介产业的开放性和包容性。放松规制是媒体融合的推动力量，有助于打破不同产业间的壁垒，有利于此前的受众以资本运作和业务合作的方式参与媒体融合进程。

媒体融合对媒介产业最大的改变首先是将此前不同媒介之间的分业竞争变成了基于数字化的同业竞争，产业间分工变成了产业内分工。广电行业和电信行业控制着信息内容、传输网络及受众用户，媒体融合对传输手段多样性的要求使这两个行业在业务、网络等领域冲破产业间的壁垒。媒体融合意味着信息和媒介产业中的生产单位具有地位上的平等性，它们都可以在一定的法律规定和政策引导下从事相关的信息传播，提供信息服务。Web2.0下的规制融合意味着开展一系列围绕平台融合、业务融合和组织融合的媒介规制变革，从而建立更灵活、更具融合性的市场准入制度和相应的市场监管制度，以促进市场的有效和充分竞争。

针对媒体融合的趋势，各国为了市场的有效竞争及产业的繁荣，纷纷制定或修订广播及电信法规和政策。美国首先于1996年颁布《电信法》，放宽了对广播电台、电视台所有制的限制，并打破了媒介的隔绝，允许电话公司和有线电视相互进入对方的节目传输和电话业务。欧盟于1997年发布《迈向信息社会之路》，规定不同的网络平台都能一同传送电话信息、电视信息及电脑信息和数据。网络融合是不同技术的融合，也是不同业务的融合，这种融合可以让用户通过地面广播网、卫星网、电缆网和宽带电话线（如ADSL）享用各种宽带数字业务。2003年7月，英国议会通过《英国通信法》，设立了由先前的电信管制局、独立电视委员会、广播管制局、BSC广播标准委员会和无线通信管制局5家合并而成的通信管制局OFCOM，管制方式从分裂变为统一，改变了广播电视行业单向进入电信行业的传统格局。2010年，欧盟议会颁布了《视听媒体服务指令》（The

Audiovisual Media Service Directive，AVMSD），在欧盟范围内立法以协调所有视听媒体——无论是传统的电视节目还是新兴的点播服务，以建立"单一欧洲电视市场"，使在欧洲各地的人们不只是在电视上，而且还可以通过互联网和手机看最喜欢的节目，并遵守欧洲单一市场的规则，推进形成一个充分融合的视听世界。

在我国，国务院分别于2011年6月和12月公布了两批三网融合试点城市，拉开三网融合的序幕。三网融合是监管体制的一个重构，表明政府需要从国家规制层面做出战略调整，在制度方面建设统一监管体制，在规制融合的基础上为实现三网融合提供制度保障。其要义在于激励广电行业与电信行业通过实施市场进入、产业链合作及专业化生产等成为一个有竞争实力的组织体系，形成垂直专业化生产和水平差异化生产兼具的产业分工格局。2013年新闻出版总署与国家广播电影电视总局合并组建"国家新闻出版广电总局"，迈出了规制融合的重大步伐。当前，通过腾讯、今日头条、网易、百度等聚合类客户端，很多传统报纸拓展了新媒体领域的空间，这是民营资本和国有资本在媒体融合上的协力。

总之，从Web1.0时代到Web2.0时代，媒体融合历经网络媒体的兴起、社会化媒体的崛起、传播平台由固网向移动网络的转型等阶段。实践表明，媒体融合始终由媒介再造的过程推动，媒介再造也是媒体融合的路径。媒体融合需要通过媒介再造来实现，它既是对媒介再造目标的要求，也是对媒介再造效果的评价。因此，我们必须紧紧把握好媒介再造作为媒体融合的本质，重塑媒介流程、媒介产业链和媒介价值链。

在当前的传播体系中，报纸、广播、电视等依然担负着重要的作用，同时博客、微博、微信社会化媒体也承担了重要的角色。这些媒介形式实际上就是超媒介性对旧媒介的再造，是超链接性的不同表现形式，多元化的信息表达路径实际上越来越呈现直接性，为受众接近和利用媒介开辟道路，从而也使信息透明度越来越高。

一方面，传者与传者之间的合作、受者与受者之间的合作、传者与受者之间的合作，是当前传媒的生态；另一方面，从传者和传者之间的融合、受者与受者之间的融合，走向传者与受者之间的融合，这是媒体融合的必然发展趋势。媒体融合就是整合这三种融合形式，实现传统媒体和新媒体的整体性融合。这实际上是大众传播和个人传播的融合，也是传统媒体延伸自身信息链和价值链的需要。

融合（Convergence）的内在含义是"收敛"，这是媒体融合的一个暗喻。"术语'融合'有一个走到一起的一般意义"①，这意味着媒体融合的终极目的是形成一个复合融合媒介，一个可以承载多媒体、多符号、多元素、多传者的传播媒介。这需要通过传统媒体和新媒体持续的媒介再造进而实现再媒介化，使得信息传播在超链接性的引导下达到直接性。

媒体融合是一场媒介革命，由此带来业务、运营等一系列媒介的创新与变革。

第三节　媒体融合机制建构的核心要素

"机制"一词最早源于希腊文，在社会科学中泛指一个系统中各元素之间的相互作用的过程和功能。机制可以定义为："事务在运动中，各相关元素（包括内部结构与外部条件）有一定向度的、相互衔接的律动作用联系。"②所以，媒体融合机制应该是一种管理、分配、协调传统媒介和新媒介的各种媒介形式之间相互关系的运营体系，目的是更好地发挥媒体融合的作用和功能。

机制建构要把握两点：一是明晰系统的各个部分，充分认识各个部分的特点；二是协调各个部分之间的关系，找到一种具体的运行方式。机制就是以一定的运作方式把系统的各个部分联系起来并使它们协调运行而发挥作用的。主流媒体进行媒体融合必须认识和协调好新媒介与传统媒介的关系，把握以下机制要素。

一　系统机制

系统机制就是一个生态机制。媒介系统首先应该被看作一个整体，它

---

① Gunnar Liestol, Andrew Morrison and Terje Rasmussen, *Digital Media Revisited: Theoretical and conceptual innovations in digital domains*, The MIT Press, 2003, p.297.

② 于真：《论机制与机制研究》，《社会学研究》1989 年第 3 期。

的存在、变化和发展需要个体媒介的相互协调和有序发展。在一个媒介系统里，存在着报纸、杂志、广播、电视、网络、手机等媒介形式，这些个体媒介之间都是相互关联并相互促进的，媒介集团必须在保持它们差异的同时使它们相互协作，媒体融合正是媒介整体性与个体差异性的结合体。

麦奎尔曾说过："一个媒介体系所提供的越多样，它就越平等。"① 在一个传媒集团内部，存在着多种媒介个体。全媒体采编平台可以说是媒体融合的一个重要载体，这就要求媒介组织有媒介生态整体观，在进行新闻信息活动时要兼顾不同的媒介形式，使其共同协作完成任务，形成媒体融合良性互动的发展模式。

2013 年 10 月，上海报业集团成立，它由解放日报报业集团和文汇新民联合报业集团组成。目前上海报业集团旗下总计拥有 32 份报刊，其中包括《解放日报》《文汇报》《新民晚报》《Shanghai Daily》《新闻晨报》《东方早报》等 9 份日报，《申江服务导报》《新民周刊》《外滩画报》等 16 份周报和《支部生活》《新闻记者》等 7 份月刊；拥有 2 家出版社，10 家具有新闻登载资质的网站，18 个 App 应用，50 多个微信公众账号。这表明，主流媒体需要遵循媒介生态整体观，在保证传统媒体有序发展的前提下，充分利用技术，寻求新媒体的不断发展；把传统媒介和新媒介有效连接起来，通过传统媒介与新媒介的互动来达到共存共生、分工互助和互惠互利的目的。

二　创新机制

创新机制是实现媒体融合的基础。技术融合是推动媒体融合的直接动力，因此主流媒体要持续关注技术创新及其引发的新媒介形式，探索新的赢利模式则是媒体融合可持续发展的保障。

面对互联网时代的机遇和挑战，南方报业传媒集团通过技术创新推进全媒体聚合战略，于 2011 年 1 月组建了南方报业新媒体有限公司。公司承载着集团新媒体发展平台建设任务。它聚新媒介技术研发、资产管理、资

---

① 〔英〕丹尼斯·麦奎尔：《麦奎尔大众传播理论》，崔保国、李琨译，清华大学出版社，2006，第 143 页。

源整合、业务培育于一体，打造集团全媒体一体化平台和全媒体数字资源库等。集团在这个复合的媒体数字化平台上，可以实现新闻内容的跨媒介多次发布，营造多条产品生产线。

澎湃新闻网隶属于上海报业集团，是一家于 2014 年 7 月上线的中国新闻门户网站，定位是专注时政与思想的互联网平台。它融网页、WAP、App 客户端等一系列新媒体平台于一体，还拥有一批有影响力的微信公众号等。除此，集团还开发了"上海观察"和"界面"两个新媒介项目。集团致力于探索新媒介的赢利模式："澎湃新闻"项目通过优质原创内容吸引海量用户来获取广告收入；"上海观察"和"界面"两个项目基于分众传播，以高度专业化的内容和精准服务获得用户付费收入。

三　合作机制

合作机制是一种协同机制，是与自主创新机制对应的另一种机制，具体就是主流媒体和互联网公司的合作机制，包括技术平台的合作和内容平台的合作。合作的目的是充分发挥各自的优势，获得双赢的效果。

2014 年 3 月，光明网与微软中国依托微软基于云计算的操作系统Windows Azure 开展合作，共同打造中国首个"媒体云"平台。光明网与微软携手建设"媒体云"平台，是一次从"端"到"云"的合作，通过云技术推动媒体行业的转型发展。云计算平台具有部署便捷、扩容灵活、按需付费等特点，不但有助于提高建设效率、节约运营成本，而且能显著减小光明网在技术研发与运维方面的压力，从而使其可以更专注于内容建设与业务运营。

今日头条作为移动互联网市场上颇受欢迎的移动信息客户端，目前用户量达到 2.2 亿人，日活跃用户超过 2000 万人。它是基于大数据算法的个性化推荐引擎，通过对资讯在社交网站上的传播情况的把握，以及对成千上万的网站的数据挖掘，它可以智能地分析出最值得受众了解的信息。截至 2015 年 5 月，"头条号"平台的账号数量已超过 2 万家，各类机构总计约 5000 家，其中签约合作的传统媒体近千家，自媒体账号数量超过 15000个。其中新华社、人民日报社等主流媒体都已经入驻今日头条，双方致力于加强对移动用户的针对性传播。

四　协调机制

协调机制是制度化的协调方式和方法，是调配系统内各要素的地位和作用以及要素之间相互关系的一系列规则、规范、模式和机理的总称。政府在其中担负着重要的职责，政府可以通过激励、制约和保障措施来建立开放性和包容性的媒介信息市场，促进媒体间有效地竞争，保障媒体融合规范发展。

媒体融合对媒介产业最大的改变是将此前不同媒介之间的分业竞争变成了基于数字化的同业竞争，将产业间分工变成了产业内分工。首先，媒体融合对传播手段多样性的要求需要不同媒体在业务、网络等方面冲破产业间的壁垒。其次，媒体融合意味着信息和媒介产业中的生产单位具有了地位上的平等性，都可以在一定的法律规定和政策引导下从事相关的信息传播，提供信息服务。这要求政府通过开展一系列因应平台融合、业务融合和组织融合的协调机制，从而建立更灵活、更具融合性的市场准入制度和相应的市场监管制度，以促使媒介市场的有效而充分的竞争。

随着媒体融合进程的不断深入，政府在协调机制的建设上加快了脚步，出台了一个个有针对性的措施。国务院分别于 2011 年 6 月和 12 月公布了两批三网融合试点城市，拉开三网融合的序幕，为实现传媒和电信的融合提供了条件。其要义在于激励传媒与电信相互开放信息生产和传输市场；进行产业链合作，延伸价值链条；通过专业化生产组建垂直型或水平型媒介集团。2013 年新闻出版总署与国家广播电影电视总局合并组建"国家新闻出版广电总局"，迈出了出版和广电协调机制改革的重大步伐。而中国政府网入驻今日头条则意味着政府对互联网公司在新媒介开发上的认可，由此带动了主流媒体与今日头条、腾讯、网易和百度等聚合类客户端的合作，从而拓展了新媒体领域的空间。

总之，机制的建立一靠体制，二靠制度。也就是说，只有通过建立适当的体制和制度，才可以形成相应的机制。制度可以规范体制的运行，体制可以保证制度落实。

2014 年《关于推动传统媒体和新兴媒体融合发展的指导意见》的发布标志着传统媒体和新兴媒体融合发展已经成为国家战略，在体制上为主流媒体建构媒体融合的机制提供了有力的保障，让互联网思维成为推进媒体融合的核心思想，主流媒体需要在内容、传播、营销、服务方面做出多种尝试。

目前从国家到地方，无论是国家级的主力媒体还是省级、地市级的主力媒体，都高度重视新媒体的使用，都在扩充和拓展其传播平台，传播方式已从传统的报纸、广播电视、新闻网站到手机报、短信、彩信、博客等新媒体，以及微博、微信、视音频网站、网上应用商店、二维码、移动客户端等新新媒介。新华网和人民网连续推出了新闻客户端，中央电视台组建了网络电视台，致力于内容、渠道、平台等一体化深度融合。光明日报社、上海报业集团等其他主流媒体等也立足各自优势，大力推进融合发展，取得了显著成效。

云计算、大数据、移动性和社会化是技术领域出现的四大趋势，从中也透射出当今媒体传播方式的变革。主流媒体只有从媒介生态系统上把握全局，从价值链上全面规划，才能建立科学有效的媒体融合机制，促进媒体融合的顺利实施和健康发展。

第五章　媒体融合引起的媒介变革

媒体融合是随着数字化和网络化技术发展起来的新的媒介业态。互联网成为第四媒体之后，就和传播媒体发生了融合，引起了媒体变革。媒体融合是分层次、分阶段进行的过程。第一层次是媒介互动，即媒体战术性融合；第二层次是媒介整合，即媒体组织结构性融合；第三层次是媒介大融合，即不同媒介形态集中到一个多媒体数字平台上。在媒体融合的过程中，内容和服务应是媒介最重要的关注点。①

第一节　报业媒体融合的发展

一　报纸与网络的融合阶段

报网融合可以理解为"报纸和网络媒体的融合"，报网融合已经成为当今媒体融合的主要方式之一。

在融合语境中，报网互动的本质就是融合，但是"互动"与"融合"是两个不同的概念。"互动"指的是两者之间相互作用、相互影响的关系，其作用的主体有两个——报纸和网络，这是两个独立的个体之间进行的合作和互动，在这个层次上互动的特点是报纸和网络之间泾渭分明。"融合"这一概念涉及面广，它不仅指报纸和网络在业务层面上进行的互动和交流，更指在所有权层面上的整合和统一，以及各种资源的调度和分配。

---

① 许颖：《互动、整合、大融合——媒体融合的三个层次》，《国际新闻界》2006 年第 7 期。

第一阶段：报纸版面建立网络版阶段。报业涉足互联网是报网融合的初始阶段。1995 年 10 月 20 日，《中国贸易报》率先将自己的新闻信息搬上国际互联网，不仅标志着中国国内第一家日报上网发行，也揭开了国内媒体大批上网的序幕。① 这一年也成为中国网络媒体元年，之后，《人民日报》《广州日报》《杭州日报》等各大报纸纷纷创办自己的网络版，开始了报纸的网络化、数字化进程。

在这个阶段，报网融合只停留在网络简单复制报纸新闻的层次，即将报纸上的新闻原封不动地搬到网上发布，几乎不需要任何创新，这是以办报思维来办网络，把网络简单、片面地理解、体现为报纸形态和内容的网络化延伸，这其实是一种典型的报纸形态和内容的数字化。

第二阶段：报纸网站实施内容整合阶段。20 世纪末，国内各主流媒体都相继有了自己的网站，如"人民网""新华网""光明网""中青网"等。这一阶段，报网融合不同于初级阶段，报业集团开始利用网络在信息容量、传播速度上的优势，除转载刊发母报上的内容外，还扩充设置了网站特有的栏目，并对报纸的新闻进行加工，做成带有网络特点的网络新闻。特别在重大事件的采编过程中，网站还增加了一些采编程序，比如增派现场采访人员，加强对事件纵向发展的报道，增强对热点事件的深度报道，网络媒体的优势日趋显现。

在这个阶段，报网融合出现了质的飞跃。但总的来说，许多报纸网站还仅仅是传统纸质媒体的一个附属品，并没有从本质上给报纸的采编经营带来革命性的转变。网络媒体兴起后，几乎国内所有的大型报业集团都已建立了自营网站，众多传统报纸纷纷与网络"联姻"，呈现一派全新面貌，报纸的网络化方兴未艾。网络与传统报业的这种"联姻"在现阶段激发出了巨大能量。传统媒体从现有体制中获得了新闻采编权，拥有海量的内容资源，如何把这些资源转化为财富，也是新媒介与传统媒介融合经营中需要考虑的重要问题。②

第三阶段：报业网站独立存在和运行阶段。这个阶段，报纸、电视、

---

① 《传媒改革 30 年大事记》，《传媒》2008 年第 11 期。
② 谢宁倡：《数字时代报业的跨媒介经营》，《青年记者》2007 年第 16 期。

广播等媒介打破了各自办新闻网站的做法，通过大规模的报纸、电视、广播等异质媒介的网上合作，联合创办新闻网站，整合新闻资源，以更强的竞争力去参与竞争。北京9家新闻媒体共同组建北京"千龙新闻网"，上海新闻媒体共同组建上海"东方网"。这些网站的重要特点首先是脱离了对某一个媒体单位的依赖，其次是信息内容和符号形式来自报业、广播和电视等不同的媒介。这是一个走向报网融合的过程。

报纸和网络从独立经营走向联合运作，在新闻信息的采集和发布上可以最大限度地降低新闻生产成本，减少人力、资金和设备的重复投入；报纸和网络媒体在资源共享的基础上凸显自身的特点，利用不同类型的媒介，生产出个性化的新闻产品，满足细分的受众需求。同时，两者之间通过强势联合又会牢牢占据市场，形成强大的竞争力，这些探索也为报业构建自己的全媒体平台打下了基础。

二　报纸与手机的媒体融合阶段

2001年，日本第二大报《朝日新闻》在日本东京本社的编辑局建立了即时报道中心，将突发事件的即时报道通过《朝日新闻》的手机媒体《每日播报》向受众传播，实现了报刊媒介与手机媒介的信息共享，向媒体融合进一步跃进，而这一融合模式进一步推动了手机报的产生。

手机报是依托手机媒介，由报纸、移动通信商和网络运营商联手搭建的信息传播平台，它是电信增值业务与传统媒体报纸业务的结晶。手机报将传统的新闻内容通过技术平台以短信或彩信的形式发送到广大用户的手机上，用户可以通过手机浏览当天发生的各种新闻、大事件，可以实现点对点的传播和交流。

手机报最大的特点就是阅读不受时空限制，受众能够随时随地获得最新信息，它具有内容精要、形式新颖、更新迅速、阅读便捷、互动性强等传播优势。[①] 手机报推出与手机功能配套的一系列定制功能，与手机用户绑定，大大开拓了自己的发展空间。《环球时报》《凤凰周刊》等积极与手机媒体融合，将内容直接植入未出售的手机上，使其成为其原始的软件配

---

① 罗建华：《报业的两个新增长点：手机报纸和免费报纸》，《中国报业》2006年第6期。

置，从而使信息的传播面更加广泛；并且在内容上有所创新，打破了机械地翻译报纸内容的单一模式，呈现丰富的传播特点。

手机报产业链的主体为三个部分：内容供应商、技术服务商、网络运营商。一般情况下，三个主体部分是独立运营的，通过对所得收益的分成达到合作目的。① 从移动手机报的实践看，手机主要通过三种手段实现赢利：一是对手机报的彩信定制用户收取包月订阅费；二是对 WAP 网站浏览用户采取按时间和流量计费的手段，广大手机报用户可以享受网上看报等各项服务；三是像传统媒体一样，吸引客户来进行广告投放。

手机报曾经是一种重要的报网融合形式，但是随着 4G 技术的推出以及智能手机尤其是移动互联网的普及，手机报已经风光不再。随着 Web1.0 向 Web2.0 的转型，手机报让位于手机网站、视频网站、微博、微信等新媒体。用户可以通过关注传统媒体的微博来查阅新闻，不仅可以观看文字和图片，还可以观看视频，也可以通过关注微信，点击查阅相关信息。二维码的出现使报网融合进一步加深，用户可以通过扫描二维码获取文字、音频、视频高清大图甚至 3D 影像等丰富的多媒体信息。

网络和手机与传统报纸分别属于新媒体和旧媒体，报网融合的这个过程表明，它们是相辅相成的，在互动中发展，这种互动有竞争、合作与融合，互动增加了传播渠道，扩大了营销平台，更有效地开发和拓展了市场。

第二节　广播电视媒体融合的发展

对于广电媒体来说，媒体融合就是台网互动。

一　广播的媒体融合形式

网络广播就是通过互联网传播音频节目的形式，传统广播与网络等新媒体实现了内容融合。网络广播主要有两种形式。一是广播节目的在线直播和点播。就是利用网站，一般依托广播电台的网站，实现广播节目的发

---

① 万玲：《手机报怎样才能盈利——以〈四川手机报〉为例》，《新闻世界》2011 年第 1 期。

布。2009 年的一项统计显示，全国共有广播电视网站 397 家，其中广播电台网站 131 家、电视台网站 162 家、广播电视综合网站 104 家。[①] 二是专门的网络电台。2010 年 8 月，中央人民广播电台正式获得国家广电总局批准，建立"央广广播电视网络台"，这是以网络视听节目传播及互动服务为核心的跨网络、跨终端、全媒体的新媒体播出机构。

网络广播可在网上存储和长久留存，便于听众选择收听和重复收听，弥补了传统广播线性传播、转瞬即逝的缺陷。同时网络广播也使受众逐步向"用户"转变，由同步被动式的"接收"向异步主动式的"选择"转变，自主选择"在线收听"或"下载收听"。因此，网络广播的内容设置必须以新闻资讯、生活服务、时尚前沿、休闲娱乐类节目为主，这样才能满足用户更加多样的信息需求和日益细分的个性需求。

移动广播是以收音机以外的载体进行传播的广播形式，如地铁、公交车、出租车等交通工具的车载广播，手机、MP3、MP4 等随身携带的广播载体进行的传播。它主要基于数字化播出，也是广播的一种新媒体形式。

随着 GPRS、3G、WAP 等无线通信技术和服务的发展完善，手机广播能依托移动通信网和互联网，用上网手机实时收听或点播网络广播节目。手机精巧轻便，便于随身携带，用户可以随时随地收听广播。手机与网络技术结合后，集文字、图片、声音、视频于一体，受众可以用手机在线收听和点播节目。手机广播催生出涉及电台和通信运营商等多方利益的广播产业链，内容生产无疑是产业链的轴心。中央人民广播电台在手机媒体上开办了央广手机台，突出中央电台独家独创特色，它以《央广新闻》为龙头，以多种新闻资讯为特色，内容涵盖热点新闻和国际、体育、娱乐等分类新闻，突出快速性和趣味性，以海量信息、通俗易懂、快速贴近为服务标准，满足用户多元化的新闻需求。

二　电视的媒体融合形式

电视与互联网结合的主要新媒体形式有以下类型。

---

① 徐军：《台网联动　相互促进——广播网站发展初探》，《新闻世界》2010 年第 6 期。

（一）视频网站

视频网站是指在完善的技术平台支持下，让互联网用户在线流畅发布、浏览和分享视频作品的网络媒体；主要指的是用户可以通过访问网址来观看视频的网站。

有调查发现，在线视频已成为美国用户日常生活的一部分，67%的美国网民习惯在网上观看各种视频，其中发布在 Youtube 和 Facebook 等网站上的个人视频最受欢迎，点击率占被调查人群的 36%；除此之外，影视节目精选与新闻是大多数用户选择观看的主要内容。[①]

最早的视频网站主要是依托电视台所建立的网站。随着视音频节目需求的快速增长，国有电视媒体网站加速向视频网站转型。在 20 世纪 90 年代中期，从中央电视台到全国省级电视台都陆续申请推出自己的网站。一些著名的门户网站也进入了网络视频领域，包括搜狐视频和腾讯视频。视频网站也细分为广电网络电视类视频网站、门户类视频网站、分享类视频网站、客户类视频网站，典型代表分别是 CNTV、搜狐视频、优酷网、PPTV 等。

视频网站在自身业务拓展方面也做了大量可贵的尝试与探索，如"内容自制""业务跨界""多屏战略"。从 2012 年下半年开始，视频网站逐渐深化各自的内容自制战略，在自制领域实施深耕战略。优酷土豆明确了"优酷出品""优酷自制综艺""土豆映像"三大自制战略；搜狐视频推出"梦工厂计划"，从平台战略转向"强调媒体属性"；腾讯视频也宣布将自制内容视为"未来内容战略的核心"；等等。在不同自制内容发展战略的引领下，各视频网站对于自制内容的质量也有了更高的要求。四大视频网站——优酷、腾讯视频、爱奇艺和乐视视频都在不断通过自制剧、购买大剧、打造 IP 等方式进行尝试。签约知名导演、制作人，与各种专业团队、专业机构进行合作，甚至收购专业影视剧制作公司，涉足专业化的影视剧制作等成为视频网站竞相采取的手段。在这些动作的背后，是视频网站对于内容自制战略意义的看重。

---

① 王曌：《关于网络视频的国内外研究现状》，《新闻传播》2011 年第 5 期。

（二）网络电视

网络电视即 IPTV（Internet Protocol TV），它基于宽带高速 IP 网，以网络视频资源为主体，将电视机、个人电脑及手持设备作为显示终端，通过机顶盒或计算机接入宽带网络，实现数字电视、时移电视、互动电视等服务。网络电视的出现给人们带来了一种全新的电视观看方式，它改变了以往人们被动的电视观看模式，实现了电视以网络为基础按需观看、随看随停的便捷方式。IPTV 提供了很多新的技术手段，对推动整个广电网络的技术进步和新业务的开展提供了很好的机会。IP 技术是一个发展趋势，IPTV 在某种意义上说不仅是一种技术发展方向，它更代表了电信行业、广电行业和互联网行业三方的融合。

"互动性"和"按需观看"是 IPTV 最大的优势，IPTV 彻底改变了传统电视单向传播的特点。IPTV 现在支持直播电视、时移电视以及基于 IP 网络的视频点播业务。基于 IPTV 的业务平台，IPTV 还能够提供可视电话、网页浏览、在线游戏、在线教育和网络交易等各种增值业务。

（三）手机电视

手机电视就是指以手机等便携式手持终端设备传播视听内容的一项技术或应用，是利用具有操作系统和流媒体视频功能的智能手机观看电视的业务。手机电视具有电视媒体的直观性、广播媒体的便携性、报纸媒体的滞留性以及网络媒体的交互性。可以说，手机电视是数字移动电视的一种。手机电视既是移动电视的一个种类，又是网络电视的一个种类，是网络电视和移动电视的结合体。它是一种新型的数字化电视形态，不仅能够提供传统的音视频节目，利用手机网络它还可以方便地完成交互功能，更适合于多媒体增值业务的开展。

这些广播电视新媒体是传统媒体的数字化形态，在传播方式与服务方式上有传统广播电视的特点，也是以"内容+广告"的盈利模式来支撑运营的，同时相对于传统媒体的广播电视来说具有多媒体性、交互性、开放性、时移性和分众性等新的特点。

长久以来，PC 端是视频网站竞相角逐的主渠道、主战场，但随着技术的不断发展、智能终端的日益普及，越来越多的用户开始转而在智能手机、平板电脑、智能电视等终端上收看视频，因此广播电视媒介积极发展新媒体业务。

第三节　出版业媒体融合的发展

媒体融合推动了数字出版的兴起和发展。数字出版的概念是相对于传统出版而言的，数字出版既是出版传播技术的革命，也是出版传播方式的革命。

一　数字出版统领媒体融合

信息技术极大地改变了新闻出版的形态，美国学者保尔·布雷纳德针对桌面印刷系统提出了"桌面出版时代"，这被视为数字出版的起始。随着磁盘、光盘等介质的出现，以及网络媒体、手机媒体的出现，数字出版的概念在不断地发生着变化。

2010年新闻出版总署在《关于加快我国数字出版产业发展的若干意见》中，从管理和应用角度对数字出版做了如下定义："数字出版是指利用数字技术进行内容编辑加工，并通过网络传播数字内容产品的一种新型出版方式，其主要特征为内容生产数字化、管理过程数字化、产品形态数字化和传播渠道网络化，目前数字出版产品形态主要包括电子图书、数字报纸、数字期刊、网络原创文学、网络教育出版物、网络地图、数字音乐、网络动漫、网络游戏、数据库出版物、手机出版物（彩信、彩铃、手机报纸、手机期刊、手机小说、手机游戏）等。数字出版产品的传播途径主要包括有线互联网、无线通讯网和卫星网络等。"[1] 这是目前为止官方对"数字出版"概念最为全面和完整的阐述。这个定义总结和概述了数字出版的各种表现形式，更加注重对外延的界定。

从广义上说，"只要是用二进制这种技术手段对出版的任何环节进行的操作，都是数字出版的一部分。它包括原创作品的数字化、编辑加工的

---

[1] 《关于加快我国数字出版产业发展的若干意见》，中国政府网，http://www.gov.cn/govWeb/gongbao/content/2011/content_1778072.htm。

数字化、印刷复制的数字化、发行销售的数字化和阅读消费的数字化。数字出版在这里强调的不只是介质，还包括出版流程"[①]。至此，数字出版不再和电子出版、网络出版、手机出版等并列，而是这些出版形式的总括，是其出版特征的本质反映。主要表现为如下几点。

1. 数字出版是在数字化的基础上进行录入、存储、印刷、阅读的，因此用户在查找、检索信息时更加方便快捷。

2. 数字出版的信息都是利用二进制代码存储在计算机或者网络上，突破了地域、时间、文化等的限制，人们可以随时随地上网查找所需资料。

3. 数字出版可以通过电子阅读器、电脑、手机等数字化阅读工具进行阅读，并且逐步实现了移动化阅读。

二　融合出版的发展历程

电子出版、网络出版和手机出版是数字出版发展历程中所呈现的不同形式。

（一）电子出版

"所谓电子出版，指以数字代码的方式将图文声像等信息存贮在磁、光、电介质上，通过计算机或者类似功能的设备阅读使用，用以表达思想、普及知识和积累文化，并可复制发行的大众传播方式。"[②] 电子出版物与传统纸质出版物相比具有不同的特性：信息量大、可靠性高、承载信息丰富，具有较强的交互性，制作和阅读过程需要相应软件的支持。[③]

电子出版主要是电子出版物的生产，就是利用电子计算机技术制作电子出版物的工艺过程。电子出版以计算机为生产工具，原作的大量复制也是以计算机为核心，工艺手段和技术含量也更高。

（二）网络出版

网络出版又称互联网出版（Online-Publishing、e-Publishing、Net-Publishing），是伴随着因特网技术的发展而出现的一种新型的电子出版形

---

① 张立：《数字出版的相关概念比较与分析》，《中国出版》2006年第12期。

② 钱军浩：《电子出版技术》，化学工业出版社，2004，第1页。

③ 姜金宏：《多媒体设计与开发研究》，硕士学位论文，大连工业大学，2008，第29页。

式。互联网出版是指互联网信息服务提供者将自己创作或他人创作的作品经过选择和编辑加工，登载在互联网上或者通过互联网发送到用户端，供公众浏览、阅读、使用或者下载的在线传播行为。① 网络出版根据内容可以分为：网络新闻出版、网络学术出版、网络教育出版、网络文学艺术出版、网络娱乐（游戏）出版等。②

网络出版也促进了新闻出版系统的发展。新闻电子出版系统（News Electronic Publishing System）也叫新闻信息综合处理系统，通俗地说就是报纸编排出版系统。它是集新闻采编、远程传版、电讯稿件接收、广告设计、新闻资料数据库管理、办公自动化、激光照排等为一体的新闻综合信息处理系统。新闻电子出版系统使报社等新闻单位原来比较分散的各部门、各个环节有机结合起来，实现了新闻出版工作的现代化。③

（三） 手机出版

手机出版是指手机出版服务提供者使用文字、图片、音频、视频等表现形态，将自己创作或他人创作的作品经过选择和编辑加工制作成数字化出版物，通过无线网络在手机载体上发布，供用户利用手机或类似的移动终端阅读、使用或者下载的传播行为。

根据手机的信息传播特性，手机出版的内容传播方式主要分为语音、短信、彩信、WAP 等。这些传播方式与出版结合可以传输文字、图片、语音、动画、视频等内容。

手机出版的优势是携带方便，用户可以利用碎片化时间进行阅读。随着人们生活节奏的加快，作为贴身媒体的手机显得越来越重要。传统出版需要一定的周期才可以将内容传递给用户，而手机出版可以随时为用户传递最新的内容，可以把信息第一时间传播给用户。通过手机对用户收费非常便捷，用户可通过短信、网银、支付宝等方式支付。④

---

① 刘邦凡、张向前：《论网络出版对学术研究的推动》，《社会科学管理与评论》2008 年第 1 期。

② 陈少华、朱光喜：《网络出版传播中的协同问题及其研究》，《南京邮电大学学报》2005 年第 3 期。

③ 钱军浩：《电子出版技术》，化学工业出版社，2004，第 121 页。

④ 侯孔光：《手机出版之制约因素》，《出版参考》2010 年第 16 期。

（四）全媒体出版

当前，全球出版业的发展已由原来的纸质出版转向了以数字出版为主要方式的全媒体出版，其实质是内容产业范围的扩大和媒介类型的多样化。它是集传统出版和所有可利用媒体的优势为一体的全新模式，不仅提高了出版信息的覆盖效率和效益，而且使出版更加移动化、立体化和全方位。[①]

全媒体出版成为数字出版行业未来的发展趋势。手持终端、互联网等优质丰富的出版物新载体的出现，使得读者阅读内容、阅读媒介、阅读习惯正在发生改变，呈现多元化、数字化、个性化的特点。数字出版呈现由点到面，由单一形态到全媒体，由产业概念到规模出版，由传统出版到传统出版与数字出版并重的局面。在培养用户阅读习惯的过程中，"一种内容、多种媒体、同步出版"的全媒体出版模式逐渐成熟。全媒体出版可以综合利用资源，一部优秀的作品可以同时通过纸质书、手持终端、互联网等媒体同步出版，并可以改编为影视剧、动漫、游戏作品等，来满足不同的用户需求，实现内容资源版权价值最大化。全媒体出版模式已成为未来出版市场的发展趋势。[②]

我国的传统出版正处在急剧变革当中，数字技术和网络技术的快速发展，促使技术、内容、服务、资本融合，形成一系列跨媒体、跨行业、跨地区、跨所有制合作、联营、并购、重组的传媒形态，出现了全新的融合媒体组织。媒体机构的兼并重组、体制模式的改革、传媒与其他行业的渗透兼容，打破了以往出版产业的格局和产业模式，促使传统出版实现数字化升级和产业化转型。[③]

在媒体融合背景下，我国数字出版产业正快速朝着两个方向发展。可以说媒体融合已经在数字出版行业得到印证。一方面，产业扩散和媒体延

---

①　陈美华、陈东有：《全媒体出版产业发展的现状与对策研究》，《南昌大学学报》（人文社会科学版）2016 年第 2 期。

②　《我国数字出版产业市场发展基本情况分析》，中国产业信息网，http：//www.chyxx.com/industry/201410/285344.html。

③　施勇勤：《数字出版：文化逻辑与产业规制——以媒体融合为视角》，《出版科学》2012 年第 2 期，第 18 页。

展的趋势出现。数字技术的渗透和新媒体的产生，大大地降低了生产和销售成本，扩展了现有的分销渠道和市场空间，使得消费者能够在体验新技术的同时使用功能强大的新的内容产品，可以对内容进行诸如存档、注释、循环利用之类的操作，享受良好而快捷的消费服务。出现了手机移动阅读、手机音乐、电子书网站、游戏动漫等平台化的营销和服务。另一方面，产业集聚和媒体融合的态势呈现。在资本与制度的推动下，出版行业与其他行业在技术、机构、资本、市场等方面产生融合，出现了融合媒体或机构，出版产业的边界正在拓展，逐渐向其他行业渗透与融合，具体表现在介质融合、渠道融合、内容融合、技术融合、市场融合、资本融合和机构融合等方面。①

第四节　媒体融合新闻传播范式创新

　　媒体的实践表明，媒体融合概念应该包括狭义和广义两种，狭义的概念是指将不同的媒介形态"融合"在一起，使其产生"质变"，形成一种新的媒介形态，如电子杂志、博客新闻等。广义的"媒体融合"则范围广阔，包括一切媒介及其有关要素的结合、汇聚甚至融合，不仅包括媒介形态的融合，还包括媒介功能、传播手段、所有权、组织结构等要素的融合。当前的内涵是媒体多样、内容融合、平台一体。媒体融合的特征是数字化、网络化、移动化和全媒体化。在实践上，中外媒体创新探索，在各个媒体领域不断出现新媒体融合形式，推动着新闻传播范式的创新。

一　新闻传播形式的创新

（一）融合新闻

　　媒体融合让"融合新闻"这种新的新闻传播模式产生。融合新闻与传统的单一媒介的新闻传播活动有着巨大差异，其主要特点是将多种媒介的新闻传播活动进行整合，采用多媒体、多渠道的方式传播新闻。

---

① 施勇勤：《数字出版：文化逻辑与产业规制——以媒体融合为视角》，《出版科学》2012年第 2 期。

"融合新闻"是从应用新闻学的角度对媒体融合发展的研究。"融合新闻"又称"多样化新闻",主要指利用多媒体手段进行新闻传播活动。不同的媒体例如报纸、电台、电视台和网站等,集中在一个信息操作平台上,统一策划、相互协调、取长补短,媒体根据各自特点和受众特点对信息进行分类加工,发挥各自的传播优势。

西方媒体最早尝试将旗下的报纸、电视、网站作为一个整体,使其共同完成重要新闻的采集与发布,这就是"融合新闻"的最初案例。它的内部管理突出体现在集中办公、资源共享、整合营销和融合生产四个方面。

洛里·戴默(Lori Demo)等学者提出了"融合连续统一体"这个新概念。他将"融合新闻"分为几种模式:交互推广、克隆、合竞、内容分享、融合。

采用融合新闻报道的目的是优化新闻传播效果,让新闻报道更加快捷、生动、深刻和全面。任何媒介技术手段的运用都是在追求好的传播效果,具体到互联网新闻传播的效果,采用融合新闻则是为了全方位呈现新闻事实发展的全过程。

这里有两个关键词:一是全方位,二是全过程。所谓全方位是指融合新闻既注重外在事实的描述,又注重内在真相的阐释,它是对新闻内容事实从现场呈现到本质揭示的全方位报道。所谓全过程是指融合新闻注重对新闻事实发展过程中的重要节点、关键细节的描述和阐释;融合新闻不是事无巨细地报道,而是通过对重要节点、关键细节的报道来展现事实发展的全过程。

全方位呈现新闻事实发展的全过程,需要在数字新媒体平台上把各种媒介元素,如文字、图片、音频、视频、超链接等配置到最佳位置上,让每一种媒介元素的优势都发挥出来。如果每一种媒介元素都做到了极致,新闻的融合自然会完美地实现。[①]

(二) 全媒体化

相比"媒体融合",中国新闻业界讲得更多的是"全媒体化"。从2008年开始,中国新闻传媒行业开始有意识、规模化地进行"全媒体"的

---

① 刘冰:《融合新闻》,清华大学出版社,2017,第25~26页。

尝试，众多媒体决策者不约而同喊出了"全媒体战略"或"全媒体定位"的口号。①

2007 年，烟台日报传媒集团启动"全媒体数字采编发布系统"的研发，将其定位为"纸媒转型与全媒体流程再造"，通过优化原有的产品生产流程，推动集团从报纸生产商向内容供应商转型。2008 年集团组建全媒体新闻中心，"全媒体数字采编发布系统"通过了国家新闻出版总署的专家验收，被认为是"纸媒转型过程中的标志性事件"。②

（三）中央厨房

人民日报社全媒体平台俗称"中央厨房"，是人民日报社融合发展的核心平台，由业务平台、技术平台、空间平台三部分构成。2016 年 2 月 19 日人民日报社全媒体平台"中央厨房"正式上线运行，这是《人民日报》融合发展的重要里程碑。同时，中央厨房软件系统将开放使用，帮助整个媒体行业加快融合发展进程。③

"中央厨房"创造了由指挥员、信息员、采集员、加工员、技术员、推销员等岗位构成的一套全新业务流程，每个岗位被赋予新的职责要求。"中央厨房"技术系统由六个模块构成，为内容生产团队提供多种有效工具。"中央厨房"的空间形态不是简单静态的，而是基于一套系统，与用户、记者、采编人员、内容生产团队进行无缝隙对接和合作的业务流动空间，充分体现开放、合作、共享理念。人民日报社全媒体新闻平台成为集图片、视频、音频、H5 互动、动漫游戏制作于一身的全新内容生产和分发体系。

人民日报社中央厨房所构建的是一个开放的、公共的技术运营和资本平台，它集成资源、集中力量、集合特色，从"融合态"的业务需求倒推技术模式，软硬件系统具有稳定性、兼容性、可操作性的特点。作为一个开放的内容生产和全球分发体系，人民日报社中央厨房通过流程再造、结构

① 党东耀、商娜红：《论新媒体生态下传媒集团"优媒体战略"的确立与内涵》，《编辑之友》2014 年第 5 期。

② 吕道宁：《解读烟台日报传媒集团全媒体模式》，《今传媒》2010 年第 4 期。

③ 《第 77 期"记者大讲堂"走进人民日报"中央厨房"》，新华网，http://news.xinhuanet.com/zgjx/2016-04/05/c_135251126.htm。

调整，进行用户关系的重构，探索策划、采访、编辑、播发的"自我革命"。

中央厨房是推进媒体融合发展的全媒体大平台，追求"一体策划、一次采集，多种生成、多元传播，全天滚动、全球覆盖"，形成了全新的内容生产、协作、分发业务模式。作为业务平台，中央厨房紧扣媒体融合的时代背景，创新媒体融合报道流程与机制，实现了新兴媒体与传统媒体、网上与网下、母媒与子媒、国内媒体与国外媒体的四个"联动"。

该平台拥有一套成熟完善的运行机制，将传统意义上的采编人员重新定义为指挥员、信息员、采集员、加工员、推销员、技术员等岗位。指挥员针对重大选题进行策划与指导，要全面统筹人民日报社旗下所有媒体的相关报道；其他各"员"进行有效的分工合作，采集员是前方记者，除了写成品稿件，还必须提供多种多样的素材给后台；加工员服务前方记者，但与传统编辑不一样——其职能不是改标题，而是对内容进行深度加工，同时参与制作视频、H5、游戏等内容产品；技术员是"智商担当"，这个职能由数据新闻可视化实验室承担；推销员则把产品推向各个终端、海内外合作媒体；信息员是信息中枢，对接各类需求。

二　新闻传播渠道的创新

（一）三网融合

三网融合（Three Net Convergence），也被称为三重播放（Triple Play），就是在同一个网络平台实现语音、数据和图像的传输。它是电信网、广播电视网、互联网在向宽带通信网、数字电视网、下一代互联网演进过程中，通过技术改造，使技术功能趋于一致，业务范围趋于相同，实现互联互通、资源共享，能为用户提供语音、数据和广播电视等多种服务。

三网融合，从狭义上讲，是指电信网、广播电视网和计算机互联网相互渗透、互相兼容，逐步整合成为统一的信息网络的过程。从广义上讲，是指电信行业和广电行业基于信息技术的业务融合，不同网络平台倾向于承载实质上相似的业务。三网融合最简单的体现就是"三屏"融合，即手机、电视和电脑屏幕的融合，三者之间相互交叉，形成你中有我、我中有你的格局。

（二）国外的三网融合发展历程

三网融合肇始于美国在 1996 年对电信法案的修改，这次修改对信息产业的发展具有重要的意义，它带动了世界的三网融合进程。其后英国、法国、日本和韩国在规制层面做了重大的变革，推动三网融合取得了重要的进展。

1996 年的电信法案整合了《1934 年通信法案》《1984 年有线电视法案》中关于电信行业和广电行业的规制内容，核心是允许电信业和有线电视业双向进入，允许有线电视服务、影视服务与电话服务（包括长话和市话服务）相互渗透。该法案打破了广电行业和电信行业进入彼此市场的规制壁垒，从而重塑了广电行业和电信行业，为美国的三网融合奠定了基础。

在 20 世纪 70 年代至 80 年代，广电市场经历了显著的变化。一方面，电台和电视台的数量迅速增加；另一方面，信息和通信技术的进步带来了新的媒体渠道。同时，市场也发生了变化，视频需求上升、语音需求下降，有线电视服务上升、电话服务下降，导致了一系列的技术、需求和市场变化。首先，技术的趋同打破了地域和行业的限制，竞争出现在现有的本地和长途有线运营商以及本地交换运营商之间，它们都使用电路交换网络技术提供语音服务。无线服务与本地和远程线路服务的竞争、VoIP 和有线及无线电话的竞争、IP 视频和有线电视的竞争，都是数字宽带技术在电话网和有线网上运用的结果。其次，语音和视频服务现在可以使用互联网协议提供，却被划为不受监管的信息服务范畴，但这些服务直接与受到监管的传统语音和视频服务竞争。

（三）国内的三网融合发展历程

国内的三网融合是一个逐渐推进的过程。1997 年 4 月，第一次国家信息化工作会议在深圳召开，此次会议讨论通过了《国家信息化总体规划》，提出我国信息基础设施的基本结构是"一个平台，三个网"。一个平台指互联互通的平台，三个网指电信网、广播电视网和计算机网，这是国家首次提出三网概念。

2001 年 3 月通过的《国民经济和社会发展第十个五年计划纲要》提出，抓紧发展和完善国家高速宽带传输网络，加快用户接入网建设，扩大利用互联网，促进电信网、广电网与互联网的三网融合。① 这是三网融合第一次在国家的五年计划中被明确提出。

2008 年 1 月 1 日，国务院办公厅转发发展改革委、科技部、财政部、信息产业部、税务总局、广电总局等六部委《关于鼓励数字电视产业发展若干政策的通知》（国办发〔2008〕1 号）：以有线电视数字化为切入点，加快推广和普及数字电视广播，加强宽带通信网、数字电视网和下一代互联网等信息基础设施建设，推进"三网融合"，形成较为完整的数字电视产业链，实现数字电视技术研发、产品制造、传输与接入、用户服务相关产业协调发展。②

2009 年 5 月 25 日，国务院批准国家发展改革委《关于 2009 年深化经济体制改革工作意见的通知》，指出：落实国家相关规定，实现广电和电信企业的双向进入，推动"三网融合"取得实质性进展。③ 这是国家第一次提出要实现广电和电信企业的双向进入。

2010 年 1 月 13 日，国务院常务会议决定加快推进电信网、广播电视网和互联网三网融合。会议明确了推进三网融合的重点工作是：选择有条件的地区开展双向进入试点；全面推进有线电视网络数字化和双向化升级改造；充分利用三网融合有利条件创新产业形态；健全管理体系，保障网络信息安全和文化安全；制定相关产业政策，支持三网融合共性技术、关键技术、基础技术和关键软硬件的研发和产业化。④

2010 年 6 月 30 日，国务院办公厅公布北京、上海、杭州等第一批三网融合试点地区（城市），第一批试点城市基本上已完成有线电视网的双向网络改造，当地有线电视用户数量达到一定规模，而且当地经济收入水平较高，多元化视听节目的市场需求较大。2011 年 12 月 30 日，国务院办公厅公布广州市、重庆市等三网融合第二阶段试点城市。第二批试点城市

① 中原：《三网融合的前世今生》，《互联网天地》2010 年第 2 期。
② 《国务院办公厅转发发展改革委等部门关于鼓励数字电视产业发展若干政策的通知》，广电网，http：//www.dvbcn.com/p/48114.html。
③ 《国务院批转发改委关于 2009 年深化经济体制改革工作意见的通知》，中国政府网，http：//www.gov.cn/zwgk/2009-05/25/content_1323641.htm。
④ 《温家宝主持国务院常务会 决定加快推进三网融合》，中国政府网，http：//www.gov.cn/ldhd/2010-01/13/content_1509622.htm。

增加了中西部城市以及中小城市的分量。相比之下，第二批试点城市的硬件和软件条件与第一批有所差距。试点的门槛大大降低，凸显了推进三网融合的紧迫性。

2015年8月25日，国务院办公厅印发《三网融合推广方案》（国办发〔2015〕65号），表明我国已基本具备在全国范围内推广三网融合的技术条件、网络基础和市场空间，标志着我国三网融合工作正式进入推广阶段。该方案指出，"在总结试点经验的基础上，加快在全国全面推进三网融合，推动信息网络基础设施互联互通和资源共享"①。为落实推广阶段主要目标，方案提出了四项主要任务：一是在全国范围推动广电、电信业务双向进入；二是加快宽带网络建设改造和统筹规划；三是强化网络信息安全和文化安全监管；四是切实推动相关产业发展。

2016年4月21日，《国务院三网融合工作协调小组办公室关于在全国范围全面推进三网融合工作深入开展的通知》要求各省（区、市）三网融合工作协调小组统一思想，全面推进三网融合工作，确保完成三网融合推广阶段的各项目标任务。

至此，电信业和广电业经过长时间的博弈之后，为对方开启了大门。2016年5月5日，工业和信息化部向中国广播电视网络有限公司（简称广电国网）颁发了《基础电信业务经营许可证》，这也标志着即日起，广电国网正式成为我国第四家基础电信运营商。广电国网之前已获得工信部颁发的国内多方通信服务业务、国内因特网虚拟专网业务、因特网接入服务业务、因特网数据中心业务、网络托管业务、呼叫中心业务、信息服务业务等7张跨地区电信业务经营许可证。从此次获批的经营内容来看，工信部批准广电国网在全国范围内经营互联网国内数据传送业务和国内通信设施服务业务。②

（四）大数据和云平台

随着融合平台的建立，新闻媒体还在大数据、云平台和电子商务方面

---

① 《国务院办公厅关于印发三网融合推广方案的通知》，中国政府网，http：//www.gov.cn/zhengce/content/2015-09/04/content_10135.htm。

② 《广电国网正式获批　中国"第四大运营商"上位》，人民网，http：//finance.people.com.cn/n1/2016/0505/c1004-28328586.html。

进行了探索。

"大数据"是对海量资料、浩瀚信息的另一种描述。随着国内主流媒体对新闻融合平台的建设，信息的传播也进入了大数据时代。我们已经从信息时代走到了数字时代和智能时代，如果数据被赋予背景，它就成了信息；如果数据能够提炼出规律，它就是知识；如果数据能够借助各种各样的工具在分析的基础之上为我们提供正确的决策，它就是资源。[①] 这就要求媒体必须适应新的信息生产和传播方式，以多元化媒介来承担信息传播的职能。大数据技术的战略意义不在于掌握庞大的数据信息，而在于对这些含有意义的数据进行专业化处理，在于提高对数据的"加工能力"，通过"加工"实现数据的"增值"。生产、分析、解读数据，探索一条为受众和用户提供分众化服务的媒体发展之路，将成为媒体竞争的必备技能。

2014 年 3 月 18 日，光明网应用微软 Azure 云计算技术建立中国首个"媒体云"平台，在增强《光明日报》和光明网的传播力、影响力的同时，帮助国内媒体同行利用云计算技术，完成向新媒体领域的拓展。"2016 年8 月 22 日，人民日报发布我国首个媒体融合云服务平台——中国媒体融合云，从选题策划、采编生产、分发传播、赢利分成全流程突破融合瓶颈，为所有合作媒体提供各类新型内容生产、大数据运营、人工智能等应用，一站式解决融合发展技术难题，通过让新型媒体技术'工具化''傻瓜化'，实现技术的'隐身'，让媒体人重新回归内容创作的核心竞争力。"[②]湖北广电则建设了长江云，并以此为基础，全省建设统一的移动政务新媒体云平台，把政务服务和新闻发布都聚合到这个平台。

依靠大数据、云计算等信息技术深层挖掘信息内容，不同媒介形态可以集中到一个多媒体数字平台上，实现报纸、广播、电视、电脑、手机等信息终端的一体化，生成全新的媒体产品与服务。新华网与中国统计信息服务中心早在 2012 年起就展开战略合作，从政务微博研究到城市网络形象排行榜，到中国品牌口碑研究报告的发布，均已经产生了较好

---

① 张意轩、于洋：《大数据时代的大媒体》，《科技智囊》2013 年第 3 期。
② 赵华：《媒体融合大势下的媒体云现状与思考》，《传媒观察》2017 年第 1 期。

的社会影响和社会效益。数据新闻与分析是大数据在新闻媒体的重要运
用。中青舆情大数据新闻与分析是《中国青年报》在全媒体转型与未来新
闻竞争中的重要载体。中青舆情在《中国青年报》有《在线故事》《青年
调查》《法治社会》《经济》《教育》等版面落地,在 PC 端中青在线有中
青舆情频道,在移动客户端冰点暖文 App 首屏设有舆情专栏,实现了全媒
体贯通。[1]

平台级的媒体电商业务也在广泛的探索中。浙报集团旗下的《钱江晚
报》发起"窝里快购"电商平台,通过整合媒体原有的版面资源、发行渠
道资源等,搭建针对杭州本地市民生活消费产品的电商平台,整合了物业
公司等,充分共享旗下的社区渠道资源平台,共同建设一个区域垂直电商
平台。《青岛日报》《成都商报》等媒体借助身份优势以及电商业务的早期
介入经验,承担了淘宝、天猫等成熟电商平台的地方馆运营任务,一方面
实现了对于一个区域电商产品和业务的深度介入,另一方面又通过服务获
得了一定的收入。《徐州日报》《杭州日报》等通过自有渠道和合作渠道,
建立起遍及城市和乡村的实体电商体验店,通过媒体平台进行流量导入,
进行特色产品的线上传播。[2]

三 新闻运行方面的创新

(一) 收费墙

如果融合新闻着眼于媒体融合背景下新闻信息的综合使用,那么收费
墙则是探索在媒体融合背景下如何提升新闻信息的价值,使不同媒介形式
之间相互协同而不是相互制约。它主要着眼于媒体融合背景下新闻信息的
价值回报问题,以应对传统的报业收入急剧下降的态势。

收费墙产生在报纸网站向网络媒体转型的过程中,是阻止非付费订阅
用户看到网页内容的一个屏蔽系统,它是网站为了保护收费内容,只供付
费用户浏览而专门设置的付费门槛。不少西方大型报纸都已经在网站上设

---

[1] 李剑平:《大数据新闻与分析支撑全媒体转型——中国青年报全力打造"中青舆情"新媒
体平台的实践与思考》,《新闻战线》2015 年第 19 期。

[2] 栾春晖:《媒体电商,是时候爆发了》,《新闻战线》2015 年第 7 期。

置了不同等级的收费墙，有些允许读者每月免费阅读 10 篇文章，有些则只许读者阅读几段，读者想要读全文就得付费订阅。收费墙不只是在报纸的网络版或者报纸的网络媒体上设置，还被引入手机移动媒体的客户端，成为媒体融合下的一种信息收费方式。

首开网络版内容收费先河的是默多克的新闻集团。该集团旗下的《泰晤士报》和《华尔街日报》等主要报纸的网络版从 2010 年 7 月起建立收费墙。此后，包括英国《金融时报》和美国第一大都市报纸《纽约时报》在内的许多英美报社也进行了同样的尝试。自 2011 年设置收费墙后，《纽约时报》新增了 32.5 万名数字订阅用户。《纽约时报》向每位数字订阅用户每月收取 35 美元费用。非付费用户仍可以每月免费阅读 10 篇报道。如今，付费墙模式在全球范围内获得应用，有些媒体对所有网络内容收费，有些则采取"计量收费墙"的模式，即对网络内容设一个门槛，给予定量的试用期或免费阅读量，超过这个门槛再进行收费。

在具体使用中，收费墙有"硬"收费墙和"软"收费墙两种模式。在"硬"收费墙模式下，非订阅用户只能看到最少量的网页内容，或甚至无法看到网页内容；"软"收费墙模式对用户可见内容的限制则更加灵活，比如，每月允许用户免费查看精选的一些内容或免费查看一定数量的文章，或者允许读者查看某本书的几页内容或某篇文章的几段内容。

英美大多数报纸所采用的收费模式均是由《金融时报》首创的"频次模式"，即在收费之前先为网站用户提供一定数量的文章。《金融时报》允许读者每月阅读 10 篇网络版报道，超过这一数量就会让用户付费订阅。《泰晤士报》的收费规定是：用户只要注册就能阅读全部内容，但免费期只有一周，之后的收费标准是每天 1 英镑，一周 2 英镑。《华尔街日报》的收费模式最为严格，所有用户只有在支付了每周 3.99 美元的费用后才能阅读网络新闻。此外，美国其他一些报纸如《波士顿环球报》和《达拉斯晨报》则实施完全不同的收费策略，即对深受读者欢迎的体育版等热门版面免费，其他版面则需付费才能阅读。一些报社还采取一揽子模式，即印刷版订阅用户也能免费获取网络版内容。

2013 年 6 月 20 日，《纽约时报》宣布对客户端实施收费墙模式，如果不是缴费订阅用户，最多能免费阅读三篇文章（所有类别新闻合计统计）。

当然，非订阅用户仍然可以阅读首页以及新闻摘要。在此之前，《纽约时报》已经对电脑版网站实施了严格的收费墙模式，而在移动客户端上《纽约时报》之前较为"慷慨"，非订户网民可以免费阅读客户端中的"要闻"新闻。

在国内，2006年，温州日报报业集团成为我国最早采用在线收费发行数字报的单位。温州日报报业集团是国内数字报纸"收费第一家"。2007年4月8日，温州日报报业集团的"数字报纸网上发行营销系统"开始应用。集团旗下的《温州日报》《温州晚报》《温州都市报》《温州商报》在温州新闻网上实行收费，每份报纸的订阅价格是160元/年，任意两份为260元/年，任意三份为320元/年，四份都订阅则为380元/年。2009年，集团在欧洲新增数字报纸销售5000多份。到2010年，欧洲的全年数字报纸发行量达到2.6万份，收入59.1万美元。中国报协还将其开发的数字报纸发行系统作为一个行业标准向全国推广。

2010年1月1日起《人民日报》对数字报服务进行收费，前四版仍然免费。收费模式有三种：每月24元；半年128元；全年198元。3月11日又发布启事，对数字报收费阅读服务做出调整：阅读当天电子版免费，阅读以前的要收费。

《华商报》作为省级都市报，其数字报收费与党报的操作手法不同，虽然全部收费，但与手机绑定，按月结算，很易被网民接受。2010年2月25日，《华商报》数字报和陕西电信合作，试行向用户收费阅读，包月每月10元。2010年4月1日~2011年3月31日促销期间实行半价收费。电信宽带用户通过"宽带一点通"支付。非电信用户通过手机账号进入，可以用网银支付。

《上海证券报》是行业报中尝试数字报收费的先锋。2011年6月1日，改版后《上海证券报》电子版开始采用收费阅读模式，全年240元，赠送一整年中国证券网公告解读频道的阅读权；同时发行读者卡，对团体用户实行优惠。①

① 朱广盛：《地市报"收费墙"之路怎么走?》，《中国记者》2013年第6期。

（二）多屏融合

多屏融合，又名多屏互动，是指传播内容能够在手机、电视、平板电脑、户外屏幕、数字电屏幕等终端设备之间无缝连接和传播，并且能够在各个终端上得到很好的兼容，跨媒体、广覆盖地实现数字多媒体内容的传播和交互。通过智能终端实时操控，多种屏幕上显示的内容可以同步，并且能够完成终端与用户、用户与用户以及终端与终端之间的互动。

技术改变了信息的接收和传递方式，不同信息传播渠道之间的界限越来越模糊，我们正从"读文读图时代"转到"读屏时代"。从传统媒体的"内容为王"、网络媒体的"终端为王"到如今多屏互动时代的"发现为王"，人们进入一个泛在信息时代。多屏时代具有"多屏互动""多屏转移""多屏共享"等特质，受众传受合一的特性更为突出。交互技术并不止步于小屏幕的移动设备上，电视等大屏产品的交互式技术也逐渐成熟并被广泛应用。

多屏互动的内容传播是根据不同的终端形式展示不同的传播内容。基于多屏的内容传播，并不是将传播内容单一地在手机、Pad 等终端屏幕上同步传播，而是基于不同的终端，给出不同的内容展示方式和传播解决方案。在整个传播过程中，受众由单向接收信息的角色逐渐向双向互动角色转变。多屏互动传播的重要研究内容之一就是多屏互动的内容传播机制，即如何精准地根据不同屏幕终端的特性进行个性化内容定制传播。当前，多屏融合互动日趋多元化，不仅表现在屏幕、终端上，还表现在应用、内容上。多元化的发展对多屏互动的操作系统、内容传送系统、信息安全系统等方面都提出了新的挑战。互联网电视将会成为继计算机、手机之后第三大流量入口，包括网络游戏、搜索引擎、视频网站、即时通信、电子商务、生活服务等主流的互联网应用都会展开互联网电视端的入口争夺战。

基于互联网电视、台式电脑、笔记本电脑、智能手机、平板电脑等多屏终端，提供视频、信息等交互式业务，以满足用户在不同终端便利地收听收看、使用视听内容的需要，形成多个屏幕跨屏互动的视听融合业务模式，这就是"多屏融合"的意义所在。多屏融合让多种终端通过网络进行通信，给用户提供无缝连接，实现视听内容的共享。通过多屏融合，内容、网络和终端才能实现真正的融合，满足用户在任意时间、任意地点通过任意设备观看任意视听内容的需求。多屏融合价值链传播是指基于电视的媒体地位以及运营优势、资源，发挥微时代的移动互联网技术和新媒介优势，整合电视、智能手机、Pad 等多屏传播，促成线上线下互动交易的双向互动传播模式。简言之，多屏融合价值链传播就是将有线电视屏幕与无线智能终端相结合、传统的电视广告宣传与智能终端互动应用融合，实现 O2O 模式销售的价值链级传播。

多屏融合主要有以下几种表现形式。一是一云多屏，即内容服务商通过统一内容前端，向电视机、计算机、平板电脑、智能手机等多屏终端分发不同码流的视频内容，用户可以随时随地通过各种终端享用数字内容服务。二是一网多屏，即网络运营商依托网络优势，通过已有用户账号，向多种终端提供内容服务。三是一屏多源，即一种终端连接到不同的网络上，实现多种内容源在同一终端呈现。四是多屏互动，即采用 DLNA 或者闪联等协议，通过 Wi-Fi 网络将多终端连接起来，实现相同内容在不同终端设备上的共享展示。

目前，三网融合不断地完善和发展，多屏互动的技术日新月异。基于无线互联和云计算技术，现代家庭、商务、教育、娱乐等各种环境中的不同终端能够获得进行统一和整合，实现互动操控、内容分享和功能融合。目前，通信技术、移动互联网以及硬件技术的不断发展，使得三网融合具有了技术实现的硬件基础。云计算、大数据、物联网以及人工智能等技术的不断丰富，给三网融合的实现提供了必要的软件技术支持。

传播技术的不断发展使得报纸、广播、电视、网络、手机等媒介不断走向联合，媒体融合逐渐成为传播发展的必然趋势。在此过程中，报纸、广播、电视与网络媒介、手机媒介深度融合，产生出多种新的媒介形式。

从媒体的探索中我们可以看到，尽管媒体融合的概念还没有得到更加精确的界定，但是媒体融合当前的内涵是媒体形态多样、传播信息内容融合、发布平台一体，这是确定的。2014 年 8 月 18 日，中央全面深化改革领导小组第四次会议审议通过的《关于推动传统媒体和新兴媒体融合发展的指导意见》将融合发展推向新的高度。

第六章　媒体融合的新闻变化

媒体融合背景下新闻的生产方式发生了很大的变化，数字化、网络化和交互性的新媒体加入大众传媒方式，出现了公民新闻的新闻形式，也出现了用户生成内容（UGC，User Generated Content）等新闻生产方式。

第一节　新媒体对新闻形式的影响

一　公民新闻概念

20 世纪 90 年代，随着国外博客新闻的兴起，公民新闻逐渐发展起来。根据《自媒体》一书以及其他一些学者对公民新闻的描述，可以把公民新闻理解为"由非新闻专业的公民搜集并通过个人通信工具发布的信息"。

研究新媒体的美国专栏作家马克·格拉泽（Mark Glaser）认为，"'公民新闻'就是让没有经过专业新闻训练的普通公众通过运用新的传播技术来发布新闻信息，在为传统媒体提供的新闻信息增加新的素材的同时也可以通过这种方式对媒体所提供的信息进行查证和检验。这些工作可能由某个人自己来完成，也可能由很多人共同完成：你可能会在博客或网络论坛上写一篇关于自己所在城市某些问题的报道；你可以在博客上检验主流媒体上的文章是否有误或存在偏见，并给予指正；你可以把自己抓拍到的有价值的数码照片发布在网络上；甚至你可以摄制视频短片发布到像 YouTube 这样的网站上。如果亲历重大突发事件的发生，你提供的文字或影像资料甚至可以影响整个历史。"①

公民新闻的采集、编辑、发布者并非专业记者或编辑，他们也没有专业的媒体认知，而是由于自己的表达欲望，想让更多人了解事件本身或者自己的意图，因而发布信息来获得更多的关注。这个过程强调了参与者的积极性和主动性，故也有学者称之为"参与式新闻"。

公民新闻诞生在 Web2.0 时代，是新媒体的产物。目前，关于公民新闻的定义，学界还没有形成统一的意见。但是，从总体来看，人们在关于公民新闻的研究中有两个共识：一是强调公众对新闻报道的参与；二是强调新技术对公民新闻的作用。总的来说，公民新闻具有以下特征。

1. 传播主体的广泛性

传统媒体控制下的新闻生产，由记者、编辑、主持人等专业人士发布信息。而在数字传播时代的公民新闻，信息发布的门槛降低，公民的话语权得到提高。信息发布者不再只是专业的人士，来自社会各个阶层的普通公民也可以发布信息，成为"公民记者"。

2. 传播内容的多样性

公民新闻的产生得益于新技术的应用，微博、微信、短视频等自媒体平台的发展丰富了新闻的发布渠道。这种新的传播形式改变了新闻的传统生产方式。公民参与新闻的生产和制作，公民新闻可以涉及社会生活的方方面面。这种多样性正是公民新闻存在的最大价值，同时也是公民新闻的发展方向。

3. 传播效果的多重性

一方面，公民新闻可以随时发布信息，改变了传统媒体垄断新闻报道的局面，全民参与的公民新闻能够及时地报道突发事件，较为真实地展现事件的全貌。另一方面，由于公众的媒介素养差别很大，公民新闻缺少专业的新闻素养。公众在没有充分调查的基础上盲目跟风，容易导致谣言滋生，也可能会导致网络暴力、媒介审判等现象，造成不良的传播后果。②

①　蔡雯、郭翠玲：《"公民新闻"的兴起与传统媒体的应对——对西方新闻传播变革的观察与分析》，《新闻战线》2009 年第 9 期。
②　邱一帆：《数字传播视角下的我国公民新闻现状》，《视听》2019 年第 2 期。

二　UGC 生产方式

新新媒介的首要特征是消费者成为生产者，换言之，新新媒介使每个人都能创造媒介的内容，而且让世界各地的人都能"看到"这样的内容。[①]

公民新闻中的内容通常被称作用户生成内容（UGC）。用户生成内容的概念最早起源于互联网领域，即用户将自己原创的内容通过互联网平台进行展示或者提供给其他用户，网站或其他开放性媒介的内容由其用户贡献生成。它并不是某一种具体的业务，而是一种用户使用互联网的新方式。

UGC 是伴随着以提倡个性化为主要特点的 Web2.0 概念兴起的。从2005 年开始，互联网上的许多站点，包括图片、视频、博客、播客、论坛、评论、Wiki、问答等开始大量使用 UGC 的方式提供服务，部分用户生成内容站点会提供网站的开源软件或相关 API 支持，以促进用户的协作和网站的发展。社区网络、视频分享、博客和播客等都是 UGC 的主要应用形式。YouTube、MySpace 等网站都可以看作 UGC 的成功案例。

随着全球 3G、4G 商用的日益推进和移动互联网业务的不断发展，移动 UGC 业务日渐崛起。互联网数据中心是中国互联网第三方研究机构和数据平台。互联网数据中心发布的数据显示，2010 年 6 月，中国互联网完成历史性一跃，用户生成的内容流量超过网站专业制作内容流量（见图 6-1）。

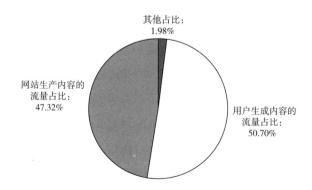

图 6-1　2010 年网络内容流量占比

①　〔美〕保罗·莱文森：《新新媒介》，何道宽译，复旦大学出版社，2011。

经过筛选、整合的 UGC 内容可以成为专业媒体的资源，对专业媒体起到补充、平衡作用。用户可以免费或是只支付很少的费用就能上传自己的内容，将内容贡献给网站的数据库。网站收集、整理大量的数据，构建网页提供给用户浏览，网站通过页面广告、赞助、会员费或其他各种方式获利。

第二节　媒体融合对新闻语言的影响

网络空间与现实社会不同，它在很大程度上遮蔽了人的真实身份及地位差异，为人们提供了平等对话的权利。正是因为网络空间的虚拟性，网民可以剥去伪装、直言不讳，甚至可以不无情绪化地发表言论、臧否现实，由此形成网络或新媒体使用者特有的话语方式——直白、尖锐、不遮掩。同时，由于新媒体的出现，传统的语境理论对于当今社会已经失去了很大一部分解释力，需要根据现有的变化对其进行必要的补充与修正。①

网络语言不仅以交际用语、亚文化族群用语出现，近年来更以一种蓬勃开展的公共话语实践的面目出现。作为公共修辞和公共话语实践的网络语言成为一种公共话语实践，对新闻传播有很大的影响。

一　网络语言的产生与应用

从语言学的角度看，网络语言并非一种独立的语言，它既没有独立的语音系统，也没有严密的书写体系，更没有成套的语法结构系统②；仅具有语言的外貌，未具有语言的本质。网络语言使用的是包括文字、符号、字母等在内的现存的自然语言形式，并不存在纯粹意义上的专属语言。网络语言是载体的变化造成的语言风格或者语体的变化，是网络催生的一种新语体，其本质上是现代汉语的一种社会变异，是一种语用的展现、一种语言的变异、一种语言离心的表现。网络语言有广义和狭义之分。广义的网络语言泛指在网络传播中所应用的一切语言成分，包括人类自然语言和

---

① 程曼丽:《什么是"新媒体语境"?》,《新闻与写作》2013 年第 8 期。
② 曹进:《网络语言传播导论》,清华大学出版社，2012，第 45 页。

物理技术语言。狭义的网络语言则多指其中的某一种或几种成分。归纳起来，网络语言是以互联网为媒介和载体，在传统语用基础上改造或创造的蕴意新颖、形式多样的符号系统，包括网络流行语（词）、网络造句、网络文体等。[①]

网络语言作为新媒体的必然产物以及新媒体文化的一部分，是一种另类的话语实践。一方面，网络语言以其特殊的话语方式拓宽了公众话语空间。网络语言以其反讽、戏谑、拼贴、杂耍式的公共修辞风格，游戏式、赌博式的话语智慧和策略争取自己的话语权力，有宣泄社会情绪的作用。另一方面，网络语言以牺牲语言纯洁性和规范性为代价，带有碎片化和简约性特征，它以情感为动员手段，鼓励了语不惊人死不休的极端化表达，迎合了网络非理性化的修辞心理。

从表征上看，网络语言作为一种灵活变通的表达方式，与传统语言相比具有新奇、简单、生动、幽默等特点，而从实质上看，网络语言是新媒体时代信息传播的一种隐含形式，网络语言反映的不仅仅是语言规范和发展问题，更是新媒体使用者对媒介的认知态度和使用能力问题。

最初期的网络语言以网络技术用语为主，如"网络冲浪""猫"等，为普及网络媒介、降低上网门槛注入了情趣。交际用语阶段网络语言呈现明显的人际传播和群体传播的特征，大量符号的使用使其很快成为亚文化族群话语，并具有一定的封闭性，不但不易为外人理解，而且主要表现为对传统语言规则的反叛，带有强烈的解构特点。随着社会政治、经济、文化的发展，网络语言正在发生根本性的变化，在人们的日常生活中发挥着越来越大的影响。如今，不少网络用语已由一种"社会方言"变成一种"社会共同语"，甚至登入主流语言的"大雅之堂"，正在建构着自己的合法性路径。

二 网络语言的公共转向趋势

从发展历程来看，网络语言经历了从技术词语、交际用语、亚文化族群话语到公共话语的转变。

[①] 漆祥毅：《网络语言：公共话语实践与话语博弈》，硕士学位论文，广西大学，2013。

（一）　网络媒体成为社会化话语平台

网络具有开放性、匿名性、互动性等特征，是一种更为积极主动的媒介使用方式。随着网络媒体的崛起，它逐渐成为公共事件的重要参与者和发声者。2008 年 5 月，在汶川大地震造成的巨大灾难面前，当公众出现信息饥渴的时候，网络担当了媒体先锋的重任，首次以更积极的姿态、更快速的反应、更全面的报道跻身主流媒体方阵。

公共话语的根本属性可以归纳为相互作用的两个话语过程和行为过程——社会问题的建构与公共舆论的形成过程。在报纸、广播、电视等传统媒体占据绝大多数公共议题传播终端的年代，官方话语在生产方式、传播渠道、传播效果等方面均处于强势地位，形成传统的公共领域。互联网实质是"利用集体智能"的"参与式网络"，是一种更有利于公共参与的赋权技术。随着网络信息传播开始介入公共生活，更随着 Web2.0 的兴起，"自媒体"诞生，社会化媒体兴起，网络不仅为网民提供了一个自主生产话语的平台，还提供了一个彼此高度连接、高度互动的自组织新型网络，赋予了网络表达前所未有的互动、分享与动员力量。网络充当了传统公共领域之外的另一种公共话语的生产空间——"替代性公共领域"，话语集体智慧和话语聚合得以实现，为网络语言成为最广泛的公共话语实践提供了可能。

（二）　网民成为公共事件话语主体

网民群体的壮大为网络语言提供了庞大的话语主体。现阶段网民的特征为网络语言公共话语实践提供了内在条件。网民解构性行为和反思性思维与整个社会的价值体系、时代精神相契合，这是网络语言得以生产并且广泛传播的内在原因。

从行为特征来看，网民本身具有解构性的行为特征、质疑性和批判性的思维特征以及逆向化的思维与行为方式；他们乐于使用网络语言这种解构性的话语来摆脱话语规训的框选从而形成一种挑战性的时代文化精神。现阶段网民的自由表达与社会参与需求强烈。网民自觉、持续、高度警觉地关注着中国现实社会的各种热点事件，实现公共表达和公共参与。网络语言的公共话语实践便是网民实现公共表达和公共参与的方式。

（三）社会情感共鸣建构话语框架

网络语言话语力量很大程度来自情感的表达，很明显地表现出一种"情绪的写实主义"的特征。在网络环境下，社会情绪和情感合流速度极快，传染剧烈，并快速发生共振，较容易形成舆论危机。

美国心理学家乔纳森·H. 特纳认为，社会情感（Emotion）是一种心理能量，它既可以是"决定社会结构形成的力量，有时也是摧毁社会结构和变革社会文化的集体行动的动力来源"[①]。社会互动过程中正性情感与负性情感的唤醒是维持或变革社会秩序的微观基础。网络语言的共鸣基础正是转型时期的社会问题，互联网上一地鸡毛的吐槽、抱怨，正凸显了社会转型期的各种矛盾。社会问题背后的社会情绪、情感动员比社会问题本身更为关键，往往极易引起网民的共鸣。情感动员是网络语言生产并流行，并且与官方话语进行博弈的内在逻辑与心理基础。

（四）协商互动是网络语言的合法性路径

作为民间话语的网络语言表面上是对官方话语的解构，本质是力图建构信息的公共传输渠道和传播平台。在国家民主政治不断完善的前提下，在以人为本、依法施政的发展理念下，官方话语和民间话语达成了和解和协商。

网络语言形成一种新型的、创造性的话语方式，完成了作为公共话语的转型，随即成为一种公共话语实践，深深地卷入网络公共空间乃至社会公共生活，成为一种大众语和社会共同语。对公共问题进行价值评断和传播进化成一种公共表达的特殊公共修辞策略，从而使网络语言跳出了技术词语和网民秘语的范畴。网络语言日益成为网络时代网民设置社会议题、介入社会公共事务的特殊方式，发挥出强大的舆论生产能力，代表着一股话语力量的兴起与表达，这也意味着网络语言已进入公共话语体系。

"网络热词"作为普通大众的语言表达，得到主流媒体和政府的认可，无疑有着重大意义。它在很大程度上修补了公众语言与官方姿态的话语断裂，让主流媒体亲近百姓，新闻报道具有了更多的公民诉求。主流媒体一

---

① 乔纳森·H. 特纳：《人类情感：社会学的理论》，孙俊才、文军译，东方出版社，2009，第7页。

次又一次运用网络语言的实践，带来巨大的社会动员力量和舆论力量，最终也促成许多公共事件的解决。近年来，随着人们对网络传播场域博弈格局的认识不断更新，政府和主流媒体开始对网络语言做出呼应。比如，教育部就"被就业"专门召开新闻发布会，予以解释。网络语言的合法性逐渐得到确认。

而"正能量""新常态"等网络词语更是直接来源于政府领导人或者源于政府领导人的推动。2014年5月，习近平主席在河南考察时首次提出"新常态"。他指出我国发展仍处于重要战略机遇期，我们要增强信心，从当前我国经济发展的阶段性特征出发，适应新常态，保持战略上的平常心态。由此，"新常态"一词成为2014年中国的新词、热词、高频词，成为凝结社会共识、加强社会管理的统领。这说明政府正以此建构一种接近性、协同性的传播策略，对于公共话语空间的建构有着深远的影响。

三 网络语言主流化进程

近年来，网络语言不仅以交际用语、亚文化族群用语的面目出现，更表现出一种蓬勃兴起的公共话语实践，日益成为网络时代介入社会公共事务的特殊方式，发挥了强大的舆论生产能力。网络语言主流化的趋势和进程始于2010年，经历了网络语言进入主流媒体、网络语言进入两会议政、网络语言进入政府文本等三个阶段。目前这个进程还在延伸，网络语言正逐渐向社会生活的各个领域拓展。

（一）网络语言登上主流媒体

2010年11月10日，《人民日报》的头版文章《江苏给力文化强省》，将网络热词"给力"放到了标题中。2012年11月3日《人民日报》在《激发中国前行的最大力量》中写道："分配焦虑、环境恐慌，拼爹时代、屌丝心态，极端事件、群体抗议，百姓、社会、市场、政府的关系进入'敏感期'。人民群众不仅要福利的拓展，也要公平的过程；不仅要权利的保障，也要权力的透明。"2012年11月5日，《人民日报》在《回应是互动中筑牢信任的基石》中写道："'元芳，你怎么看？'电视剧《神探狄仁杰》中主人公的这句追问近来走红网络，成为公众表达诉求和质疑的经典句式。""给力""屌丝""元芳，你怎么看？"相继登上《人民日报》，拉开了网络语言主流化的序幕。

（二）网络语言成为政坛妙语

2014 年 11 月，习近平主席在 APEC 领导人非正式会议欢迎宴会上致辞时表示，希望并相信通过不懈的努力，"APEC 蓝"能够保持下去。2015 年新年前夕，习近平主席通过中国国际广播电台、中央人民广播电台、中央电视台发表了新年贺词。1366 字新年贺词中如下两句一瞬间广为传播："为了做好这些工作，我们的各级干部也是蛮拼的。当然，没有人民支持，这些工作是难以做好的，我要为我们伟大的人民点赞。"得到了全国人民热情的响应和共鸣。其中"蛮拼的""点赞"都是网络语言，尤其"蛮拼的"，更是 2014 年的网络流行语。此外，贺词一开头的"时间过得真快"，无疑也是对网络语"时间都去哪儿了"的观照。

（三）网络语言进入施政理念

在 2015 年两会上，习近平总书记在参加上海代表团的会议讨论期间，告诫各地经济发展不要再走简单粗放的"老常态"发展路子。李克强总理在政府工作报告中指出，要用政府权力的"减法"，换取市场活力的"乘法"。各级政府部门一手抓"瘦身"，简政放权，转变职能，强化制度；一手抓"暴晒"，让权力在阳光下接受社会监督，有权才"不敢任性"也"不能任性"。领导层采用流行的网络用语来表述对经济发展路径和行政权力实施的警觉，让人印象深刻。

四　网络语言在新闻写作中的应用

现阶段新闻媒体在报道和评论中使用网络语言获得了广大读者的认可，对其自身而言在新闻报道的创新性方面也取得了一定的成就；对于新闻媒体尤其是传统传媒而言，留住读者成为关键所在。新闻媒体在新闻报道中使用网络语言是同时考虑到经常上网者和传统媒体阅读者对新闻信息的需求。

从新闻中使用流行用语的正面效应来看，在新闻报道中加入网络用语能提高新闻的可读性，提升读者阅读的兴趣。同时，它也能提升舆论媒体的监督作用，扩大事件的影响力。在新闻报道中使用网络用语，就是在传统媒体和网络媒体之间架起桥梁，使之相互关联、互相影响，大大扩展新闻的传播面，使其引起广泛的关注，促进事件的解决。

　　网络平台与信息技术的创新应用，拉近了信息发布主体与受众之间的距离，受众群体与新闻编辑互动性增强，推动了网络新闻语言趣味性、可读性、标准性发展。网络语言的表述更加口语化，增加了网络新闻对不同受众的吸引力。与此同时，网络媒体的多元化发展、新闻传播渠道的大范围拓展，使微博、微信、QQ、直播平台等新兴媒体平台成为新闻推送的重要途径，人们获取信息的选择空间逐步延伸。与此相对应的是，新闻的受众群体可以随时转变成信息发布主体，合法合规地登载信息。网络新闻平台应及时转变编辑形式，运用更普遍的新闻语言表述信息，合理选择写作技术，增加新闻点击量与阅读量。

　　在新闻语境下使用网络语言必须正视如下现象。第一，"标题党"现象。使用网络用语存在生搬硬套模板之嫌，只借用网络热词的外壳追求流行的趋势，却降低了新闻本身的质量。第二，不规范使用网络语言的现象。如：使用仿造成语而生的词语"喜大普奔"，为了某种效果替换同音字将"尽善尽美"写成"晋善晋美"等。媒介担负着社会教化的功能，这样的使用将会对少年儿童产生观念和习惯上的影响。因此，合理使用网络语言是写好新闻报道的前提。

第三节　媒体融合对新闻业务的影响

一　新媒体采编业务的变化

（一）新媒体受众的阅读方式

　　新媒体受众是新媒体信息的接收者，然而，在新媒体新闻传播的情境下，较之传统媒体，新媒体面对的不是传统意义上的"受众"，而是形形色色的"用户"。所谓用户，即使用产品或接受服务的一方。因此，新媒体的阅读者也就是手机上网用户、网站客户、电子阅读器使用者、Pad 爱好者等。

　　新媒体分为 Web1.0 阶段和 Web2.0 阶段，前者以网络传播为主，以新闻网站为载体，主要表现为网络新闻；后者以社交媒体为主，以各种新媒体形式为平台，主要表现为博客、微博和微信等社交媒体形式。

1. Web1.0时代受众阅读特征

在Web1.0时代，网络阅读成为新媒体的主要阅读方式。受众阅读的主要特征如下。

（1）扫描式阅读成为新媒体新闻阅读的主要方式

新媒体新闻传播开辟了扫描式阅读（浅阅读）的时代。扫描式阅读与读者对印刷媒体信息内容的阅读完全不同。计算机屏幕或手机屏幕作为新媒体新闻的主体接收终端，不能让人对全部版面一览无余，人们开始在扫描中阅读，"一目十行"、挑选关键信息阅读，使得新闻阅读出现了跳跃幅度大的特点。读者在快速扫描的过程中去发现和感受对自己有用的信息。大部分受众对兴趣点相对较低的信息采取一扫而过的方式浏览，对热度较高、关注度强的新闻信息进行提取，提升新闻阅读筛选、调取的效率。这种阅读带有极大的跳跃性、检索性；如果新闻没有醒目的关键词，没有清晰的提示与标识，没有引人注意的种种细节，就难以抓住读者飞速运行的"眼球"。

（2）标题成为新媒体新闻阅读的主要选择关口

标题已经成为受众识别新闻内容、判断新闻价值的第一信号，成为受众决定是否索取深层新闻信息的第一选择关口。标题实际上也成为他们对是否进行深入阅读的第一判断；标题决定浏览频次、点击量。只有那些与自身相关、有趣味、吸引人的新闻标题，受众才会去索取深层次的新闻信息。如果标题不吸引人，其点击率和转发率都会受一定影响。标题在新媒体新闻传播中的重要性格外突出，决定了新闻传播范围。

（3）自由选择信息内容成为新媒体新闻阅读的标志

在新媒体传播中，受众可以对信息进行自由选择，浏览新闻的时长、接收新闻的形式、阅读的内容、对新闻的具体评价等都由用户决定。受众完全可以根据自己的需求选择接收新闻的内容种类，不仅可以在一个网站中浏览多个页面，也可以同时访问多个网站，对接收新闻的过程实施全方位的自由选择和调配，拥有极大的自由度。

在新媒体传播中，信息极其丰富，形态多种多样，传播迅速及时，受众只须操控鼠标，就能自主地选择自己感兴趣的内容，选择的准确性较以前有了大幅度提高。

2．Web2.0 时代受众阅读特征

在 Web2.0 时代，博客、微博和微信等社交媒体阅读成为新媒体的主要阅读方式。受众阅读的主要特征如下。

（1）碎片化阅读成为新媒体新闻阅读的主要方式

在传统媒体时代，新闻多为政治宣传和事件报道，微博、新闻客户端等新媒体刚刚崛起时，"短、平、快"的碎片化新闻成为受众首选。碎片化阅读产生了微阅读的效应。人们在坐车、等电梯的空隙，都可以拿出手机进行微阅读。可以说，微阅读不仅改变了人们的阅读习惯，而且使人能够有效地利用"边角料"的时间，扩展阅读量，提高自身的文化修养。

（2）名人效应（粉丝效应）成为新媒体新闻阅读的主要选择

粉丝文化是指个体或者群体为了自己喜爱的对象过度消费和付出无偿劳动时间的一种社会文化现象，已成为依附于大众文化的一种文化形式。粉丝文化带来了大 V 效应。所谓大 V 就是指那些在微博世界里拥有众多粉丝（一般在 50 万人以上）、具有一定的社会影响力并且通过了实名认证的网络名人。大 V 在某些方面是意见领袖，专业性、权威度和影响力都非凡。大 V 效应指网络世界里大 V 们在发布信息或转发评论时，对自己的粉丝或者网络中的其他人群产生影响的现象。受众对信息的识别主要取决于发布者的名声。

（3）智能推荐成为新媒体新闻阅读的标志

在这个时代，受众仍然具有很大的信息获取自由度，但是会更加关注特定领域的信息，并且必然对这类信息进行大面积的接触。这种针对性信息的传播主要是基于智能推荐技术。智能推荐（Artificial Intelligence Recommendation，简称 AIRec）也叫算法推荐，它基于大数据和人工智能技术，通过一些数学算法，推测出用户可能喜欢的东西。基于内容的推荐（Content-based Recommendation）通过分析受众的行为方式和阅读内容，从而对特定受众形成有针对性的信息传播，而不需要依据用户对项目的评价意见。

（二）新媒体受众的需求和心理预期

新媒体受众对新闻媒体信息传播的需求和心理预期包括以下方面。

①生理需求。受众关心的大多是与自己息息相关的民生类等新闻。对于新媒体新闻，受众更关心的是维持自身生存方面的信息，行为表现为对网页中吃、喝、行等新闻信息的关注。②安全需求。现实生活中人们有对自身安全的需要，新媒体受众在行为上表现为对安全相关新闻的高度关注，主要包括对生命安全、身体健康等方面信息的需求。③自尊需求。通常情况下，网民愿意评论、转载和收藏的新闻信息，往往是新闻所透露的观点或新闻事件中重要人物的言论观点与自己一致，被认可的满足感会使网民自尊心得到满足。④娱乐需求。新媒体能够提供消遣和娱乐信息，新媒体虚拟性以及新媒体社会中的宽松自由的氛围，能够帮助人们摆脱日常生活的压力和负担，带来情绪上的缓和、解脱。

新媒体新闻工作者要具有用户思维，从受众和用户双重角度来进行新闻传播活动，需要做到以下几点。

（1）以用户的眼光审视稿件、版面或节目编排

立意是新闻写作树立风格的重中之重。所谓正面直叙就是指新闻要直接明了地表现主题。纸质媒体的新闻一般是在规定材料中提炼主题，在有限的材料中迅速摸到新闻报道的脉门显得尤为重要。

自媒体的普及让受众掌握了充分的话语权，也让如今的受众站在更加自由和主动的地位上获取信息。他们不再是信息的被动接受者，而是有着强烈沟通和反馈意识的群体。强调受众感受、写到受众心坎里的新闻，才能实现新闻真正意义上的服务功能。人情味和故事性是新闻语言必须注重的。只有信息条目却没有对话和沟通的新闻，是不可能拥有受众市场的。

无论是纸媒体编辑还是广电媒体编导，在现实中，有些人会习惯基于自己的行文风格或个人偏好、特长对内容进行加工，这其实依然是传统的单向传播思维，这些人很可能陷入"自弹自唱"的怪圈。强调用户意识，在编辑环节就要更多琢磨用户口味、需求与立场。编发内容不只是简单对内容进行加工与处理，更要将这个过程看成媒体与用户的对话与沟通。若不从用户的角度考虑内容，自然很难获得目标受众的认同与肯定。

（2）从用户的需求考核信息内容的实用性

传媒发展到今天，已经与大众的日常生活密不可分，传媒自然应该为受众提供真正有用的信息。一家真正优质的传媒必然是深深介入用户生

活、能为用户提供各种生活信息乃至生活便利的平台。只有将媒体平台功能与用户的日常生活需求紧密嫁接，才能将用户与传媒牢牢拴在一起，打造成利益的共同体。

满足受众的新闻阅读需求是新闻写作的根本目的，没有受众市场的新闻是没有任何发展前景可言的。所谓创新视角，就是要把新闻和老百姓实实在在地贴近，努力拉近新闻和民众的距离，报道老百姓真正关心和感兴趣的社会热点问题和热点话题，摆脱枯燥的数据和术语，用平民化的视角向受众传递国家、社会、社区等各个方面的动态，把隐藏在新闻事件背后的意义和实质报道出来。把新闻的"真"和"实"写出来，让新闻真正成为受众想读、愿意读的新闻。

（3）从体验的角度思考传播的效果

用户体验（User Experience，UE）是"人们对于正在使用或期望使用的产品、系统或者服务的认知印象和回应"。用户体验包括动机（专业资讯需求还是打发时光需求）、情绪、环境（在家、在办公室还是在路上，在私密性空间还是在公共空间）、时间（半小时完成阅读还是五分钟完成阅读）、认同（内向型阅读还是希望自己的表态得到回应）等多方面因素。

传媒用户意识的体现应该重点放在用户体验上。对传统媒体而言，用户体验主要是策划线下活动，邀请用户参与体验；让记者、编辑、通讯员、发行员、业务员深入用户生活。而对新媒体来说，用户体验可以体现在传播的手段与方式上，比如增加网络或手机互动平台，让大众参与媒体的生产流程；增加 Pad 软件、新闻游戏等，以大众最便捷获取、最喜欢接受的方式传播内容。

网络中各种轻松愉快的娱乐、游戏、影视、新闻资源等，一方面满足了人们的心理需求，另一方面丰富了人们的文化生活。受众可以通过微博、各种聊天软件接触外部世界，通过新媒体这一窗口，受众彼此之间的联系更加紧密。

二　新媒体形式文本与写作

文本（Text）从词源学上分析，有编织、组构的意涵，是多种语素的序列组合，它可以是一个词组或语句、一个段落或篇章。文本是作品可见可感的表层结构，是一系列语句串联而成的连贯序列。它可能只是一个单句，但通常情况下由一系列句子构成。新闻文本指的是由一定的符号语言系统构成的新闻传播载体表现形式，包括与报纸、广播、电视以及新媒体等媒介相对应的文字、声音、图像形式的新闻传播载体表现形态。新闻文本是讲究实用性的文本，其基本功能是传播事实信息。[①] 由于新媒体形式多元，新媒体新闻文本是一个相对宏大的概念。

（一）Web1.0 阶段新媒体文本与写作

网站的新闻写作既有传统媒体写作的共性，也有互联网写作的个性，具有深深的互联网的烙印。

1. 超文本写作

新闻链接是网络媒体首先发展起来的一种新闻表现形态。超文本是用超链接的方法，将各种不同空间的文字信息组织在一起的网状文本。与传统媒体线性文本不同，网络新闻可以通过超文本（Hypertext）形成超链接（Hyperlink），实现文本之间的联系。这种链接既可以安排在文本单元内部，直接与某些词句对应，又可以附在新闻文本单元的结尾处，提供更多延伸材料和相关新闻。新闻文本可以集中于事件本身的信息，把各种背景资料设置成超链接，吸纳进新闻报道中。这样的新闻报道不是扁平的，而是立体的。读者由此可以浏览与该新闻相关的内容。

2. 模块化写作

链接的新闻报道方式，可以称为"模块式新闻"，又可以称"子母体""链接式"新闻等。它由事件叙述、背景材料、相关信息、分析评论等若干独立单元组成，并往往在版面上对除"事件叙述"之外的单元冠以"新闻链接"之名。不同层次的信息通过不同的文本样式展现在用户面前，供用户选择接收，受众可以根据自身的需要递进地进行阅读或者终止在某个层面，减轻信息量太大带来的浏览新闻的困扰和压力。

（二）Web2.0 阶段新媒体文本与写作

包括博客、微博和微信的写作。它们具有个人性、自主性、开放性等

---

① 韦玉玲：《传播学视域下的新媒体新闻文本分析——以华龙网的新闻文本为例》，《新闻研究导刊》2018 年第 12 期。

传播特质，具有与传统媒体写作不一样的写作理念、视角及特点，正成为互联网时代新闻传播的一道风景、观察社会的一个窗口。

1. 新闻报道中的博客写作

博客是在网络空间进行文章发布的场所，很多著名的门户网站都设有专门的博客专栏，如新浪、网易、新华网等。一个典型的博客包含了文字信息、图片、其他相关链接等内容，并且具有公开性和传播性，读者阅读后可以进行互动交流和点评。博客写作在新闻报道中应用广泛，目前各大网站刊登的博客文章中对近期发生的热点事件的评论占有很大比重。

在博客写作中，那些新闻性强、信息厚重、观点鲜明、语言犀利的博客文章更受读者青睐，也容易在门户网站上刊登，其新闻报道价值才能得以充分体现。

博客具有自主传播的特质，其取材的内容与博客写作者的个人兴趣相关，具有个性化色彩。限于个人信息采集和加工能力，博客传播的内容多源于传统媒体，但众多的个人网页都包含与众不同的信息和思想，因而博客的传播内容也就呈现多元化、多样化的态势。

相比于大众传媒，博客的写作具有独特的理念：展示、表达与分享。博客创作更多源于博主的激情或宣泄。博客对新闻信息的传播具有亲历性、在场感，力图还原事实真相。博主分布于社会的每一个角落，任何一个突发事件或有意义的事物，他们都有可能成为亲历者或目击者。数码照相机、数码摄像机以及移动网络设备的普及使得记录成为可能。博客通过对自己所见所闻所感的记述，展现了事件最具体、最感性、最真实的一面，对原生态的事实进行了还原，满足了广大受众对信息多层面的需求。

博客往往采用个性化、口语化的书面体语言，更适应社会性交流。作为一种以网络为载体的"开放日志式"的交流方式，博客语言有着极其鲜明的个性化特征，或优雅，或活泼，或犀利，或幽默。

总之，在互联网时代诞生的博客，有着独特的写作理念和视角，在一定程度上补充了传统媒介的内容，更好地满足了现代社会人们多层面的信息需求。它也是数字化生存时代个人自我表达和公众交流的重要平台。

2. 新闻报道中的微博写作

微博是一种时下比较流行的分享与交流平台，人们通过微博可以进行信息的获取、分享与传播。微博可以通过发送文字信息、图片以及短视频等实现新闻的报道，不但操作简单、应用便捷、语言要求少、内容随意性强，而且信息发布快速、传播广泛，可以实现实时共享，深受人们的欢迎。微博凭借及时迅速的传播特性，满足了受众第一时间知晓新闻事件的需求，成为民众获取新闻信息、关注新闻事件的重要平台，越来越多的新闻开始在微博上发布并传播。近几年来，一系列重大新闻事件在微博上发酵，形成舆论场，微博促进许多社会事件的解决。在媒体融合的新形势下，传统媒体纷纷入驻微博，开辟出一方舆论阵地，拓展新闻传播渠道，扩大自身影响力。与此同时，各级政府部门大多开通了政务微博。目前，微博已经成为中国网民网络活动的重要方式。

新闻文体不是一成不变的，微博作为一种互联网应用，已在新闻报道中发挥着独特的作用。微博写作具有两大特点。一是微博新闻很短。大多数微博对博文有字数限制，如新浪微博、腾讯微博的字数限制是 140 个字以内，网易微博的字数限制是 163 个字以内，因此篇幅较为短小。二是微博新闻段落化。微博文字是没有换行功能的，不管输入多少段文字，在点击"发布"之后，都会自动合并成一段文字。因此在结构上，单篇微博新闻的结构非常简单，就是一句话或者一段话，最多再配上一幅图片，没有标题、导语和结尾之分。

微博写作具有碎片性写作与即时性分享的鲜明特征。用户可以通过 Email、Web 等多种方式发布短消息；由于字数的限制，只能进行"只言片语"的话语表达。正因为微博短小，可以与 QQ、MSN 等交互使用，综合运用图片、声音等多媒体方式，简约、即时、快捷、共享的"自媒体"性质尤其突出。

3. 新闻报道中的微信写作

微信的新闻传播功能主要是推送新闻。由于微信具有的"点对点"、"点对面"和"面对点"的传播特性，它能很好地弥补传统媒体新闻报道的不足。微信采用推送新闻模式向用户及时发布"一句话新闻"，每次推送不超过 4 条，推送内容多为热点事件、突发事件和娱乐新闻。

目前，各大报社、电台等新闻媒体在新闻报道中都应用了微信写作的方式，建立了自己的微信公众平台，通过微信公众号向用户及时发布并推送热点事件、突发事件和娱乐新闻等。新华社、中央人民广播电台、中央电视台、《南方周末》等各类媒体都开通了微信公众号。

4. 新闻报道中的微视频写作

相对于传统的新闻报道文本，视频新闻可以突破单一媒介的技术制约，将图像的直观、文字的深度和网络的即时互动三者有机结合，为受众提供更完整、更丰富的媒介内容。同时传统媒体的网站通过文字、图像、音频和视频等多样化的传播元素来多视角呈现，可以使新闻报道进一步逼近客观、真实。

微视频（又称视频分享类短片）是由个体通过电脑、手机、DV、DC、MP4等多种视频终端摄录，上传互联网进行播放，视频时长短则30秒，长则一般在20分钟左右。其内容广泛，形态多样，涵盖小电影、纪录短片、DV短片、视频剪辑、广告片段等。大众参与性、随时性、随地性、随意性是微视频的最大特点。"微视频最大的特点就是快速、精简，主题浓缩在一个较短的时间段内，但是浓缩的都是精华——直奔主题、信息量大、直观和形象。"① 和传统的时政新闻相比，微视频转变话语体系，转变表达方式，使其"更多地体现为提要式、拾遗式、概览式，一定程度上具有'软新闻'的色彩"。② 视频内容文本信息主推原创新闻，丰富完善现有新闻信息产品结构，形成以视频短新闻、视频新闻访谈、视频新闻组等为主的产品线，以及多栏目、分众化的视频新闻的节目架构。

一般的微视频时间都控制在3到5分钟，最长不超过7分钟，节奏都相当紧凑，语言非常精炼，内容也非常丰富。"短而精"的微视频不仅满足了人们轻松获取信息的需求，更迎合了网民快餐文化的信息获取需求。

时政微视频是指以微视频的形式展现党和政府对社会重大问题的方针、政策和看法。时政微视频是主流媒体重要的发声形式，将政治传播中题材的重要性与话题的热点性结合，是主流媒体适应移动媒体环境，提升

① 黄楚新、张露引：《微视频在时政报道中的传播特色》，《新闻与写作》2017年第11期。
② 李舒、孙小咪：《时政微视频：媒体政治传播的新探索》，《电视研究》2017年第10期。

自身影响力、传播力和创新力的重要方式。以微视频形式传播时政新闻，既能迎合人们的"快节奏"生活，也能提升新闻的冲击力、感染力。时政微视频以国内外热点话题和时事新闻作为素材，内容极其丰富、题材新颖，快速切换的画面包含着大量的信息，生动的解说（或原声）、优美的配乐，使观众在很短的时间内获得唯美的艺术感受。

三　新媒体新闻的写作要求

（一）新媒体写作的特点

新媒体写作的特点是"微化"传播、碎片化结构、虚拟化写作、故事化叙事等。

1. 碎片化时代的微传播

碎片化传播为微传播发展创造了条件。碎片化最初是对社会结构和社会关系的描述，从社会发展的角度看，是指人类的社会关系、精神交往，以及消费形式逐步被分化的过程。在信息社会，碎片化更多是用来描述在网络环境下，信息、媒体和受众不断分化的现象。

微传播的普及是新技术、新应用、新终端导致的。进入互联网时代之后，通过各种应用平台进行传播的活动便开始了。这一类传播活动的主体是"自媒体"，传播形态就是"微传播"，与微传播紧密联系的是微文本。在这个快节奏的时代，人们越来越注重沟通的成本和效率、获得信息的快速和精准，希望用最短的词句、最精练的语言传达出尽可能多的信息。一般而言，网络新闻、博客相对较长，而微博、微信较短。在移动互联网时代，时间化成碎片，文字简略为"快餐"，几分钟、几秒钟的视频可以病毒式扩散。文字的叙事篇幅减少，以高度精练的概括为主，在图片、动画、音视频多种叙事要素加入后，文字甚至成为图片或视频的补充。

新媒体技术催生微文本。随着生活节奏的加快，碎片化阅读的技术日臻成熟，以零散化、片段化状态存在的碎片化微文本正在形成。在有限的篇幅内简洁明快地表达特定主题，并利用各种方式将这种表达迅速传播出去，微博在迎合碎片化写作与碎片化阅读风潮方面可以说是有着得天独厚的优势。相比较而言，微信社交功能更强大，除了利用文字、语音、图片、视频等传输信息外，还有"朋友圈""公众号"等独有功能，其"熟人社交""自媒体"的特色更鲜明。

碎片化时代微文本的共同特征可以概括为：①篇幅短小凝练；②创作类型异常繁杂；③可以随时随地写作、阅读，高效、快捷、即时传输；④图片、视频、音频、表情符号等可以与文字同步传输；⑤借助新媒体技术优势，创作、阅读方式处于实时更新的动态过程之中。

与传统大众传播媒体作品完整的事实与文本相比较，个人信息宣传的素材是碎片化的，文本结构是碎片化的，表现样式也是碎片化的，这种传播模式的信息获取方式以个人、社会网络为基础，个体向大众传媒提交零散的碎片信息，大众传媒对碎片信息进行整合和加工，并与个体生成的信息进行交换。

2. 多种写作方式的交织与融合

首先是非线性写作。网络的超文本和超链接开创了非线性写作时代，非线性文本则是非线性的结构。在制作文本时，可将写作素材按内部联系划分成不同关系的单元，然后用制作工具将其组成一个网型结构。读者阅读时不必按线性顺序往下读，而是可以有选择地阅读自己感兴趣的部分。在非线性文本的创作过程中，作者可以用一些单词、短语或图像作为连接点，即超文本，通过非线性结构实现页面的任意跳转。

融合新闻突破了传统报道的线性叙事，呈现微内容组合式结构的特征。报纸、广播、电视一般是线性叙事结构，读者、听众或观众处于相对被动的状态，主要依据媒体提供的接收顺序接触内容。媒体融合时代，用户接收新闻是非线性和跳跃式的，传统新闻写作中的线性叙事不适合媒体融合时代的用户。融合新闻叙事的结构是微内容组合式，媒体将报道内容拆分出多个微内容单元，赋予关键词，组合编排，用户可以更为自主地选择自己感兴趣的内容进行阅读或观赏。

跳转功能产生了随机性新闻文本、新闻链接与随机文本，这并不只是表现形态的变化，它们所反映出的是与以往完全不同的非线性的、混融的、模糊的、情感性的"互联网思维"特征。

其次是非虚构写作。非虚构写作是基于真实发生的事件，采用文学写作的手法，利用讲故事的叙事方式将事件重新结构化的一种新闻写作方式，注重人物的语言、心理以及行为等细节描写。非虚构写作是建立在真实事件的基础上，采用文学性表现手法加以编码而进行创作的新闻写作方式。近年来，随着新媒体技术的进步，互联网为非虚构写作开辟了广阔的新天地。非虚构写作由线下转至线上，多个公共非虚构写作平台崛起，成为助力特稿写作的重要力量，非虚构写作进入一个全新的发展阶段。

新媒体时代非虚构写作的新闻实践强调故事性，这是非虚构写作的灵魂。讲故事这种表达方式一贯以其鲜活的生命力直触人心，非虚构写作通过运用各种文学手法，实现对时间和空间的调度，建立文字和影像的蒙太奇，把人物在经历新闻事件时内心真实的思想情感传递出来，客观全面地将事实呈现给读者，同时，又使文章具备了一则故事的美感；它注重戏剧性冲突，情节曲折起伏，人物个性鲜明，给予读者感官上的体验、情绪上的刺激和精神上的满足。传统新闻报道习惯依据事件发生的先后顺序记录事实真相；非虚构写作手法注重对事件的深入挖掘，更倾向于艺术性地加工、处理、再呈现，重视对话、环境描写和心理刻画，适当地发挥想象力，将各个场景、画面串联组合。非虚构作品需要作者观照现实生活，了解复杂的公共议题，跳出泛情怀的叙事，将那些平凡的、日常的、与百姓密切相关的议题放大、重现，让更多的人理解和反思，更深层次地反映社会现实。

最后是互文性写作。互文性在缤纷繁杂的新媒体文本中体现得更为明显。互文性必不可少的特征是引文性，即一个文本中含有另一个文本。任何文本都像是引文的拼接，任何文本都是对另一个文本的吸收和转换。互文可分为同一文本中各要素之间的互文和文本间的互文。前者主要表现在构成同一文本的文字、图像、动画、视频等各种要素的相互指涉上。在新媒体的叙事中，这些要素发挥所长，相互依存，相互印证，有机地结合在一起，构成一个完整的文本。后者既包括文本之间空间上的组合关系，又包括文本之间时间上的聚合关系，体现了文本在时间和空间上的统一。任何文本都是一种互文文本。其他文本存在于它的不同层面，呈现或多或少可辨认的形式。

新媒体的叙事是即时的、动态的，随着事件的不断发展，会源源不断有新的文本增加，同时一些与之相关的背景资料也加进去，这些文本通过一定的逻辑组合形成了对一个事件的完整报道。文本因围绕某一事件而产生的关联性便构成了一种互文。互文性使新媒体文本具有开放性，丰富了文本的表现形式，扩展新媒体文本的价值张力。

3. 故事化叙事成为主要表达形式

在移动化、碎片化、场景化的新媒体环境下，对受众、用户的叙事策略由传统的宏大叙事转为微叙事，即在较短的时间内实现故事描述或意义表达。相对于传统的报刊新闻，以 H5 新闻、VR 新闻、动画新闻、数据新闻等为代表的融合新闻逐渐兴起，视觉文化时代的多媒体文本叙事与多模态话语建构成为叙事学亟待突破的理论命题。如果说传统新闻的叙述逻辑主体上是语言逻辑主导的，融合新闻的文本构成方式则是"多媒融合"，即文本生成超越了单一的元素构成法则，呈现文字、声音、图形、图像、动画等媒介元素的融合趋势与互动结构。

图片叙事包括新闻图片和制作图片两部分。新媒体稿件中图片的大量运用，可以形成强大的视觉冲击力，图片的直观性、现场感、色彩表达弥补了文字客观表现的不足。背景音乐、短视频等增强了新媒体报道内容的现场感与立体感，突出了情感表达。新媒体稿件兼具报纸、广播、电视的功能，将其传播优势集中于一种更便捷的表现方式中。

4. 动态化实时写作体现新闻速度

传统的报纸、广播、电视都有截稿时间，媒体人都有截稿时间意识。媒体融合背景下的新闻报道通过网络、手机等没有发稿时间限制的信息平台实时地、不间断地为用户提供新闻事件的即时报道。可以说，媒体融合下的新闻写作是实时新闻写作，没有截稿时间，当然这并不意味着什么时候交稿都可以，"最快报道"就是截稿时间。随着新媒体技术的发展，媒体融合和融合新闻还在进行中，这必然会继续带来新闻写作的变化。

媒体融合的发展使得信息的随时发布成为可能。同时，信息来源被拓展，自媒体盛行，不但留给专业记者发布新闻的时间越来越短，发布后的事态变化也被大众密切关注。正是这样旺盛的信息需求使得新闻写作越来越呈现动态化的特点。近年来，随着 UGC 模式的广泛运用、新闻发布手段的进一步便捷，类似的动态新闻在事件性报道中已成为常态。移动互联网时代，随着传播技术的更新，传播媒介也在不断更新，文本制作需要不断丰富信息呈现的元素，展现包容、多元、可读、服务、黏性的特征。

新媒体背景下，新闻写作标准也发生了很大变化。归纳而言，新闻写作要"真"，即内容真实、分析准确、概括全面；要"新"，即内容要有时间性、时宜性和时新性；要"活"，即内容要贴近大众，将新闻事件活灵活现地呈现在大众面前；要"深"，写作新闻内容要从多角度、多层次着手，深层次体现新闻内容思想和情感；要"短"，即新闻内容要简短概述，突出主题，短到什么程度要取决于新闻事件实际情况；要"统一"，即新闻内容、风格和形式的统一，新闻事实、效果和价值的统一，新闻价值、审美价值和宣传价值的统一。

（二）新媒体写作的要求

1. 强化新媒体标题的制作

新闻文本的标题是文章的眼睛，具有十分重要的作用。因此，在编写标题的过程中，需要保证标题内容真实、信息全面、具备吸引力。用户在信息浏览的过程中第一眼看见的就是标题，如果对标题感兴趣，才有可能浏览信息。因此，在拟定标题的过程中需要注意以下问题。第一，保证核心信息表达的简洁性，尤其要保证其中信息要素的完整性。第二，有效使用数字，吸引受众，提升受众的阅读量。第三，保证内容表述的准确性，标题中的内容需要与文章内容一致，并且绝对真实，避免在拟定标题过程中出现博人眼球的情况。

在制作新闻标题时，除了要遵守制作原则，还要使其精准、生动，如果标题能够一下子抓住大众的眼球，吸引阅读者的注意力，那么读者就会产生阅读全文内容的想法和冲动。标题的主要功能是调动读者阅读的兴趣、吸引读者通过点击标题链接进入正文，因此新媒体标题要具备几个特点。第一，多用发问句开头，引导受众进入深阅读。第二，注意表情符号、表意符号、特殊符号的使用。第三，实题为主、单行叙事、直接叙事、直接引用当事人的话语，讲究表意的快速与直接。第四，使用网络流行语、方言、微语言等凸显新媒体的个性化和网络媒介开放的姿态。

由于移动终端的屏幕较小，手机新闻写作受到了很多限制，其中最为明显的就是新闻标题的编写，因此标题编写时要尽可能简洁。以网易新闻客户端为例，其新闻标题一般都控制在 10~15 个字，并且多为一句话。

2. 重视导语及概要制作，为检索创造条件

导语，就是文章的开头，它用极其简洁的文字表述出最核心、最重要、最精彩的信息，提纲挈领，牵引全文，吸引受众。任何时候都要把最重要的信息置于最前端。导语一要罩得住全文，二要启得好正文，三要黏得住受众。新媒体时代，扫描式阅读和检索式阅读已经成为重要的阅读方式，因此，导语（新媒体常用的摘要、概要、提要等本质也是导语）和标题一样，必须具有足够的阅读价值和分享价值。

让导语和标题一起构成文章传播的"精要提示"。在通常情况下，导语是作品全部内容的精要，与标题等要素一起，自然形成作品的摘要式传播推介信息。受众往往通过摘要式推介信息来判断作品内容与自己需求之间的关系。抓住文章最重要的价值要素至关重要。一篇文章或一个作品，作者想传递什么、表达什么，往往通过导语来定调，来点题。

网络信息查找的主要工具是搜索引擎。为保证信息搜索效率，便于搜索引擎快速抓取关键词，新闻在编辑过程中应适当设计导语与概要的内容，突出新闻重点，利用精简的概要表现网络新闻信息价值。具体的导语、概要写作技巧表现在以下几方面：第一，尽量使用简洁的语言、趣味性的词语、适当的修辞手段对导语进行编辑；第二，概要通常在标题下，置于文章前端，要设置合理的内容联动，让受众将注意力转移到文章具体内容上；第三，导语、概要的整体内容要反映新闻内在价值；第四，语言不能过于浮夸。

3. 新闻正文的分层写作技巧

用户浏览新闻以扫描式阅读为主，因此，对信息的提取能力与新闻写作核心观点的呈现能力尤为重要，正文写作如果将信息堆砌在一起，不仅会减弱读者的阅读兴趣，还会使新闻信息布局不科学，读者阅读体验较差。在具体写作过程中，可以采用分层写作的方式对内容进行科学规划。首先，可以安排一个段落对重要信息进行描述，针对受众跳跃式阅读的特点，将文章内容整体表现出来。其次，段落开头部分设置主旨句，对整段内容进行高度概括，使读者以最短的时间掌握新闻所要传达的主要内容。最后，在实际写作过程中，对新闻内容进行排序，可以采用倒叙、插叙等

结构形式，将重点信息突出放置，以优先性原则为基础，对文章内容进行规划。除此之外，应注重运用关键词，通过关键信息整合，提升受众群体的阅读体验。

在新闻文本中，文章内容是主要的组成部分，因此需要采取科学的写作方式，使正文内容简洁平实。第一，保证内容的简洁性。新闻文本不能太长，使用短句，每句话在 20 个字以内。第二，提升语言平实。新媒体新闻文本写作尽量使用平实的文字，将事件内容真实描述出来，保证受众信息获取的正确性及真实性。第三，一段文字表达一个意思。多数人采用的阅读形式较为跳跃，因此在实际写作的过程中，最好一段将一个含义表达清楚，避免使受众在阅读过程中出现理解的混乱。

4. 延伸相关内容链接

由于部分平台限制文字数量，为了保证文章内容的全面性，可以在文中加入相关内容的链接，受众可以通过阅读链接内容对该新闻事件展开全面有效的分析。在写作过程中设置延伸阅读链接与背景链接时，要注重链接内容的选择，数量不能过多。具体来讲，链接设置的标准包括以下两点。第一，对新闻重点内容进行提炼，对不同页码的内容进行系统规划，控制新闻篇幅与平均阅读时间，如果信息集中在一个页面上，要尽量减少超链接。第二，不同页面的内容需要具备一定的独立性与完整性，如果需要从侧面对新闻内容进行诠释，设置链接时要以新闻的真实性为原则，保证对新闻进行客观、全面的解读，以提升网络新闻的权威性，促进新闻行业的可持续健康发展；基于这个要求，链接的设置应以新闻的背景资料、调查数据、概念、参考资料等内容为主体。

为此，一要保证对事件发生背景介绍的全面性。在写作过程中对新闻事件背景展开介绍，能够保证受众对新闻事件展开全面、深入的理解，同时获得相应的拓展信息。在选择事件背景内容的过程中，需要选择与写作主体相关、能够吸引受众兴趣的内容，保证背景描写的广泛性及多样性。例如，将背景描写在文本中直接呈现，或者在文本中设置超链接，受众在阅读过程中点击链接便能够看见完整的介绍。在文本后方设置链接，或者设置相应的背景信息模块，对时间新闻的背景信息展开全面描述，用户可以根据自己的兴趣选择是否了解事件背景。二要开展追踪报道。追踪报道指的是新闻事件发生之后的报道，它能够保证整个新闻报道的全面性和有效性，在此过程中，需要对原有的新闻线索、新闻人物以及新闻事件展开延伸处理，保证新闻内容的实时性及真实性。在此过程中，需要注意以下问题。第一，保证追踪报道内容发布的实时性，如果新闻事件出现了新的变化，就需要在第一时间展开跟进报道。第二，保证信息的真实性，尤其是重大的新闻事件的真实性。第三，确定追踪报道的重点内容，主要包括事件发生的原因、结果的认定以及事件发生的细节等。由此可以看出，在新闻文本写作的过程中，需要使用多种写作技巧以及写作方法，以提升新闻写作的有效性，最终提升新闻文本写作的整体质量。

5. 增强新媒体文章的趣味性

在媒体融合环境下，在新媒体文章的创作过程中，文字是基本条件，图片、视频及音频等资料的创设及穿插在一定程度上能增加读者对新媒体文章的关注度。除了满足读者视觉及听觉上的感官需求外，还需确保文章的真实性、时效性、娱乐性及趣味性等。在创作新媒体文章时，要有最基本的立场，让文章具有真实性，在保证其真实性的前提下，采取合理的创作手段来增强文章的趣味性。

在新媒体的新闻报道中，文字是必不可少的，插入图片、音频和视频则可以提升整篇新闻的吸引力和可信度，让读者感受到时政新闻的真实性、娱乐新闻的趣味性、体育新闻的竞技性和军事新闻的刺激性等，可以增强新闻视觉感的呈现。

6. 充分发挥推送式功能

博客、微博和微信都有"关注"的功能，可以据此实施推送式编辑，扩大传播范围和影响。

博客的关注点随时会更新，确保了内容的丰富鲜活。微博的关注机制以及转发效应让信息在短时间内广泛传播，保证了新闻之"新"。网民可以对其感兴趣的微博设置"关注"，也可以随时取消"关注"。如果媒体不能吸引他们继续关注，那么很可能流失一批网民，也就会削自身的影响力。因此，微博对于一些重大新闻事件的报道，可通过片段式的后续报道不断补充与完善来吸引网民。微博新闻的写作通常采用倒金字塔结构，以事实重要性程度和受众关注程度为衡量标准，对文本内容进行组织和编排，把最新鲜、最重要、最能引起受众兴趣的事实放在首位。这需要设置不同的栏目进行相互的配合。新华社在其微博上设置了多种栏目，不同的栏目分工不同，报道的内容和角度也各不相同。如《人民日报》微信公众号以"关注""提醒""荐读"等作为栏目名，让受众能够便捷地找到自己关注的内容。此外，微信公众号新闻标题中还经常出现各种颜色的箭头，指引用户点击链接，这也是增加受众关注度的一种有效方式。

（三）媒体融合背景下的写作

在媒体融合的语境下，传统媒体与新媒体的并存、竞争与共赢，使传媒一线的产品更加细分。受众阅读方式的改变不可避免地对新闻文本造成影响，对新闻写作提出新要求。当下传统媒体普遍开通"两微一端"平台，不仅在报纸上增加民生新闻、非事件性新闻的分量，运用消息、通讯、现场报道、新闻特写等文体丰富版面，同时，针对不同新媒体平台的特点采取相应的新闻文体，使旗下各媒体平台内容相互配合、相得益彰。在媒体融合背景下，解决融合新闻一体化与差异化的矛盾，我们需注意以下事项。

1. 充分发挥超文本功能，实施模块化写作

随着媒体融合的发展，各种技术手段得以运用在一条新闻之中。在媒体融合的背景下，新闻写作的内涵和外延都发生了改变，《人民日报》"中央厨房"的内容定制团队虽然依然是以文字内容为主，其推出的新闻报道却让受众感受不到文本的存在。在 2016 年两会报道中，《人民日报》"中央厨房"采用融合报道新技术、新流程、新模式，集数字、动漫、视频、图表等多种表达形式于一体，通过全媒体平台广泛传播，使内容与技术相结合，避免了长篇报道给读者带来的疲惫与枯燥。尤其是其微信 H5（HTML5）作品《傅莹邀你加入群聊》，页面总浏览量达 500 多万次。在该作品中，新闻信息并非成段排列组合呈现在受众面前，而是用动态的画面，以充满趣味和互动的形式出现，使一些原本不会选择阅读此类政治新闻的受众有了兴趣和机会了解两会提案和结果，起到了新闻报道与政治宣传的双重效果。

2. 充分认识各媒介形式特性，实施差异化分工

随着纸媒纷纷开通"两微一端"，互联网相对开放的环境给了纸媒更大的发展空间，若能将互联网的开放、共享和服务精神与纸媒的权威性、专业性相结合，利用网络媒介丰富的表达形式解释报纸上的严肃新闻与政治宣传，媒体将赢得受众的关注与信任。媒体融合使一家媒体拥有多个平台，面向不同受众，因此"一次采集，多屏发布"的新闻生产方式受到推崇。不同平台各有特点，各有侧重，扬长避短，增强了受众的接受度。

第七章　媒体融合新闻人才培养

媒体融合是新闻业革命性的变化趋势，对新闻传播业从机构设置到内容采写都带来了新的机遇与挑战。媒体融合意味着新闻传播业务要有新标准，新闻产品的生产以及新闻人才的培养都需要适应和满足这个标准，才能够实现可持续的良性发展。

第一节　新闻传播主体的变化与素质要求

媒体融合优化了传播结构，强化了传播效果，整合了媒介运作格局，建构了新闻传播新生态。新媒体技术的发展及智能终端的普及让媒体融合趋势愈演愈烈，给新闻传播领域带来了各种挑战。各种媒体形式的出现，传播深度的增加和广度的扩大，使得传统的新闻媒体不能适应社会发展的新潮流，其工作理念、工作模式等需要注入新的活力。同时，受众参与新闻传播，引起了新闻信息传播主体的变化，并对传播主体的媒介素质提出了更高的要求。

一　传统媒体新闻记者的媒介素质要求

融合新闻是运用融合思维与方法采集、呈现事实信息的互联网新闻样式，它建立在媒体融合技术发展的基础上，综合而又灵活地运用文字、图片、音频、视频等多种媒介元素来报道新闻，注重互动设置以及关键词和超链接的运用，强调提升新闻服务品质、用户体验和呈现效果。[①] 媒体融

---

① 刘冰：《融合新闻》，清华大学出版社，2017。

合是传统媒体实现转型的路径，在打造新型主流媒体的过程中，新闻工作者既要具备专业媒体工作者的素质，同时又要具备新媒体理念，才能同时具有传统媒体和新媒体新闻报道的能力，做好新闻舆论引导工作。

（一）新闻媒体人员的必备素质

为适应媒体融合时代新闻传播事业快速发展的需要，新闻工作者需要有过硬的政治素质、良好的道德素质和扎实的业务素质，这是评判新闻从业人员是否胜任新闻工作的基本标准。

1. 过硬的政治素质

新闻工作是党领导的社会主义事业的一个重要组成部分，是一项政治性、政策性很强的工作。新闻事业在社会生活中的重要地位及特殊作用，决定了新闻记者是社会主义物质文明和精神文明的传播者，肩负着上情下达、宣传报道、把握正确舆论导向的光荣使命。因而，新闻工作者必须具有较高的政治素质。

作为党和政府的喉舌，报刊、广播电视新闻工作者承担传播新闻信息、引导社会舆论的重要任务，新媒体和融合媒体新闻工作者担负着同样的任务。由于新媒体时代各种思想冲击更加强烈，新闻工作人员更要有鲜明、坚定的政治立场，必须把坚持党性原则放在一切工作的首位，正确把握新闻舆论工作的政治方向，坚持以团结稳定鼓劲、正面宣传为主的方针，动员和团结全国各族人民投身到建设中国特色社会主义、实现中华民族伟大复兴的事业中来。

提高新闻工作者政治素质必须准确把握政治素质的内涵和特征。新闻记者的政治素质主要包括政治立场、政治品德和政治水平。新闻记者要树立为党的新闻事业服务的思想，要有强烈的事业心和责任感。必须深入学习马克思主义新闻观，牢固树立为人民服务、为中国特色社会主义服务、为党和国家工作大局服务的宗旨。只有深刻领会党的方针和政策，才能在日常报道中对事实做出正确的判断，在信息传播过程中不发生任何偏差。要具备较强的政治敏锐性和政治前瞻性，在新闻报道和素材采集中，对人们思想观念的发展趋势进行科学预判，增强新闻报道的积极性、主动性、针对性，提高新闻报道或新闻评论在社会发展和人的发展中的精神引领作用。

当下互联网平台上人人都是信息的发布者，人人都可以参与信息的传播，颠覆了传统媒体的垄断地位，同时也对传统媒体的言论导向能力产生了一定的影响。面对如此严峻的形势，作为舆论的引导者，媒体从业人员在进行新闻采编时首先要有坚定正确的思想观念，能够判断信息的真实性以及新闻价值，杜绝背离现实的消息被扩散，同时及时对公众所发布的信息进行有效甄别、整合、提炼，从而采制、加工出符合媒体报道规范的新闻。[①]

2. 良好的道德素质

新闻工作者应该具有强烈的正义感和责任感。要以维护党和人民的利益为己任，要以人民大众的根本利益作为出发点，将国家利益放在第一位，树立正确的价值观、人生观和世界观，担当对社会的职责。

作为信息传播主体的新闻从业人员要始终牢记自己肩负的责任，牢记党和人民对自己的期望和重托，培养良好的职业责任感，自觉地恪守职业责任，全面提高自身职业素养。要深刻认识新媒体时代新闻报道的特殊性，勇于肩负正确引导舆论的重任，客观、公正、真实地开展新闻报道工作。新闻从业人员要具有更强的新闻敏感性和敬业精神，具有更强的社会责任感和职业道德。作为一名新闻从业人员，一方面，要苦练并掌握新闻专业基本功，强化精品意识，使自己成为名副其实的党的新闻工作者；另一方面，要注重和加强个人道德修养，只有个人修养达到一定的高度，敬业精神才能得到提升，业务素质才能过硬。

当前的社会环境变得越来越复杂，新闻记者一定要高度重视职业道德建设，在党的方针路线的指导下，提升自身的职业道德素养。新闻部门要把"以人为本"的思想贯穿到整个工作之中，注重提升新闻传播效用以及新闻媒体的服务水平，满足受众对信息的需要，更好地做好信息服务，满足社会公众的需求。新闻记者要严格遵守职业道德，主动践行社会主义的核心价值观，以较强的责任意识评价新闻的社会价值，注重新闻报道的真实性和公信力。要深入群众，发现人们日常生活中的真善美，从各个角度来呈现新闻内容。对各种重大突发新闻进行报道时，必须如实报道现场的

---

① 高雷：《互联网语境下新闻采编人员的素质要求探讨》，《新媒体研究》2017年第2期。

重要信息，回应社会关注，消除虚假新闻造成的负面影响，防止谣言和不良信息的扩散与传播，发挥出正确的舆论引导作用。

3. 扎实的业务素质

对于新闻采编人员而言，新闻信息的采集能力、新闻稿件的编写能力以及新闻作品的制作能力都是必须具备的业务能力。

首先要有新闻价值判断能力。一条新闻的社会意义何在？是否具有价值。是否贴近人们的生活、吸引人们的关注？这些都是新闻工作者需要重视的问题。在新闻报道中，新闻采编人员对新闻价值的判断能力直接影响着新闻采编和报道的质量。新闻采编人员要在坚持马克思主义新闻观的基础上，深入社会、善于思考，在日常工作实践中不断培养自己的新闻敏感度，提高新闻价值判断能力。新闻采编人员必须运用综合性的思维方式对繁杂的新闻信息进行筛选，选择出最具有价值的信息，同时进行准确的新闻诠释，通过最佳的方式把信息传播出去，以达到良好的传播效果。

其次要有新闻策划能力。信息技术的不断发展使新闻媒体在掌握信息资源方面出现了"无差别化"。当今新闻媒体之间的竞争越来越激烈，竞争的重心也由传统媒体竞争转移到融合媒体竞争。提高新闻策划的能力，对新闻信息资源进行充分的挖掘，为人们提供引导、解读，使人们对新闻事件的发展过程、发展变化有全面的了解，只有这样新闻媒体才能够在媒体融合的背景下争取主动。针对同一条新闻，不同的策划手段会使其表现形式不同，在新闻选题方面，新闻采编人员应该结合具体需要，选择合适的新闻内容和语言表述方式，丰富新闻内涵，提升新闻效用。新闻采编人员要强化策划意识，注重前期策划，找准报道切入点，挖掘出新闻的深度。

再次要有新闻挖掘能力。随着媒体融合的不断发展，媒体的新闻报道逐渐开始实行"全时报道"的模式，这必然需要大量的信息资源支撑。在这样的情况下，新闻采编人员必须拥有信息资源捕捉能力。新闻采编人员要善于对新闻信息的资源渠道进行全方位的掌握。要对公众提供的信息内容进行及时有效的鉴别、提炼，再进行科学的加工处理。要从不同的视角对信息进行整合，充分地、合理地利用媒体资源的共享，将分散的资料，诸如文字、视频、图片、图表等信息进行整合编辑，为社会提供符合新闻报道规范的新闻信息。

最后要有新闻应变能力。在媒体融合背景下，新闻传播打破了传统的新闻内容传播方式。新闻记者要能够利用融媒体、手机移动端和互联网平台分发新闻内容，实时关注新闻动向，将新闻进展反馈给受众。移动互联网迎来了 5G 时代，视听媒体开始向"智慧"发展，媒体从业人员须充分掌握短视频以及直播等新媒体报道的采编流程，分析研究各个平台的受众，灵活应用新型传播方法。

在媒体融合的背景下，新闻采编人员应积极应对。采编人员要使自己采编的新闻信息更好地传达给受众，必须提高发掘新闻信息、判断新闻价值和策划新闻选题的能力，同时提高采、写、编、评、摄、播的能力。[①]

（二）新闻媒体人员的必备思维

媒体融合要求新闻工作者掌握与互联网发展相适应的新闻传播的规律和特点，具备多维度思维能力，增强新闻发掘等综合业务能力，从而更好地采编新闻，满足新闻行业的需求。

1. 融合思维

融合新闻可以表现文本、数据、声音、图像等各种信息形式。在传统媒体中，对不同形式信息的处理形成了不同的专业方向，融媒体新闻呈现多媒体化发展趋势，编辑和记者往往要兼顾文字和图片、图像等，成了信息的整合者。从这一意义上来说，融媒体记者就是报纸编辑、广播编辑、电视编辑等的综合体，能深刻了解各种信息表现形式的特点，掌握各种技术手段，并能取长补短，开发新闻信息的表现潜能。

融合新闻催生了对超级记者（Super Reporter）的迫切需要。超级记者是在传统媒体和新兴媒体进一步走向融合的新形势下掌握多种媒介技能的新闻记者。超级记者又叫全能型记者和背包记者，这类记者在装备上有一个形象的标志，即将与互联网连接的笔记本电脑、数码相机、数码摄像机、录音笔等新闻采录设备集中装在一个背包里，带上这样的背包可以迅速奔赴新闻现场采集多媒体信息。[②] 这类记者全面掌握文字、图片、音频、

---

① 崔晨：《媒体融合背景下的新闻采编工作》，《中国传媒科技》2013 年第 5 期。
② 刘冰：《融合新闻》，清华大学出版社，2017。

视频采集与呈现技能，在采访报道过程中一个独立的记者个体能够身兼文字记者、摄影记者、摄像记者、广播记者等数种角色，熟练使用多种媒介采编设备与编辑软件，而且后期能够胜任文字编辑、图表编辑、音频编辑工作，能够快速加工相关材料，及时发回融合新闻报道及相关素材。①

首先，融合思维要求超级记者具备多媒体设备操作、多功能软件运用的能力。融媒体新闻记者是复合型人才，是多面手，能熟练掌握摄影、摄像、网络视频采访等基本技能，特别是会使用技术含量较高的设备，比如数码照相机、数码摄像机、便携计算机等数字移动设备。融媒体记者还必须掌握视频分割、文字检索、音频文件降噪处理等软件技术。还要熟练掌握图像处理软件、非线性编辑软件以及动画制作软件等相关软件的操作，一些岗位还要求有一定的计算机编程能力。

其次，融合思维要求超级记者具备多种新闻形式的采写能力。融媒体新闻记者将各种采写手段结合起来，具有较高的信息综合能力。要能调动多种感官系统，视觉、听觉、动觉、触觉要协调活动，眼、耳、手同时使用，在文字采访中积极调动视觉感官，利用摄影技术及时捕捉现场的真实画面，让文字、图片、音视频达到形式与内容的完美融合，全面传达具有价值的新闻内容，激发受众兴趣。新闻记者应掌握网络采访手段，要有通过社交媒体和采访对象进行交流的技能。要能运用不同的媒体手段撰写报纸稿件、广播稿件，拍摄电视图像新闻，还要能发微博、发微信和上传 App，将采访到的信息最大化地使用，有效地控制信息流向、流量和流速。

2. 受众思维

在大众传播时代，受众是被动的、单向的。在新媒体时代，信息流从单向传播到互动式传播，受众不再只是被动接受信息，还可以通过互联网参与媒体生产。新型的新闻工作者不再决定公众需要知道什么——这是古典的把关人的角色。他或她应该帮助受众从信息中理出头绪。这并不意味着只是简单地在新闻报道中加入解释或分析。相反，这种新型新闻工作者（或者是意义赋予者）必须核实信息的可靠性，然后加以整理，使它能被

---

① 刘冰：《融合新闻》，清华大学出版社，2017。

人们迅速有效地理解。①

同时，在新媒体传播的场景下，新闻传播从"受众时代"走向"用户时代"。受众思维就是建立起新闻记者的用户意识，传媒单位或新闻工作者在具体业务中要重视对用户的研究，以用户的需求、体验与立场为导向，指导传媒业内容生产。

受众思维要求重视新闻的交互性，新闻工作者和受众接受新闻信息的机会是均等的，新闻工作者要改变传统媒体自上而下的新闻传播思维。受众对传媒品牌的忠诚度不仅取决于媒体本身的质量与公信力，更取决于大众从传媒平台所获得的体验与感受。

3. 动态思维

一般来说，新媒体新闻带有随机性，新闻工作者必须采用动态的思维方式，且具备快速反应的能力。如果遇上突发事件，是否采写？怎样编发？这都要求新闻记者迅速做出正确反应。同时要具备理性思维能力，善于运用相关方针政策或法律法规，准确判断突发事件或其他新闻线索的新闻价值及社会影响力，避免采编活动和新闻报道给社会带来负面效应。

动态思维还体现在层次化和网络化的思维上。层次化思维是指根据用户获取信息时的需求层次来分解新闻题材，充分认识新闻资源内在的联系。网络化思维是指具有中央厨房意识，将报纸、广播、电视等传统媒体和微博、微信公众号、新闻 App 统筹考虑，形成一体化和网格化报道系统。

4. 全效思维

全效思维是要求新闻记者要有宏观意识及较强的传播意识。互联网的传播内容和传播方式是一种全球化、全民化的传播，因此要求新闻从业者要超越传统传媒从业者的视野，从全世界与全人类的高度去认识问题、报道事实。只有这样才能建立起媒体的公信力和影响力，获得超越时间和空间的传播效果。

为保证新闻传播的效果，新闻记者首先要把新闻真实性放在首位，去伪存真，把住"真实关"。其次必须判断出有价值的新闻和新闻中的价值，

---

① 〔美〕比尔·科瓦齐、汤姆·罗森斯蒂尔：《新闻的十大基本原则：新闻从业者须知和公众的期待》，刘海龙、连晓东译，北京大学出版社，2014。

把住"质量关"。随着技术的不断进步，新媒体的新闻覆盖范围越来越广，内容越来越庞杂，新闻记者要在不漏编新闻的同时，准确地判断出真实可靠、价值高的新闻信息并充分发掘其对社会和受众的意义及影响，找出新闻事件与社会生活各方面的联系，发掘其"链接潜力"。

5. 创新思维

新闻记者还要注重创新思维的培养。在媒体融合背景下，信息载体的多样化转变，信息渠道的多样化扩展，促使新闻信息一旦发生就能够在第一时间传播；在资源共享的基础上，新闻行业只有提升整体的策划和编辑能力，才能获得受众的关注和支持。

要创新新闻采编组织机制。在融合新闻报道中，背包记者将成为职业主体，超级团队将成为主要的组织形式。背包记者在记者主导型融合新闻报道中发挥着主导作用。除了背包记者单独作战以外，融合新闻的采制还要有团队组合的方式，从业界融合新闻的实践看，团队作战的重要性也显得越发重要。超级团队成员要求技术、职能互补，团队成员必须胜任不同媒介介质的采集与呈现任务，从总体上确保文字采写、摄影摄像、图文编辑、音视频编辑、融合呈现等职能的合理搭配。

新闻记者只有具备创新思维，才能在新闻传播行业立足，提升自身核心竞争力，促进新闻质量提升，进而促进新闻行业快速发展。创新思维主要体现在新闻编辑工作中要创新新闻价值判断能力，树立正确价值观念，培养敏锐的洞察力和信息甄别能力。

媒体融合这场新闻界的深刻变革必然带来新闻工作者思维方式、素质能力的重大变化。传统媒体的编辑记者需要更高的技能与素养来应对现时代的传播需求，让新闻作品真正做到以人为本、以受众为本。

二　新媒体受众的媒介素养要求

在传统传播态势下，"受众"不仅是媒介信息单向传播的接受者，而且完全处于一种被动接受的状态和地位，只能在媒体将信息报道出来的情况下从中选择对自身有益的信息，大多数情况下他们都是处于一种被动的等待状态。而在新媒体环境下，受众成为新闻信息的传播者。

（一）公民记者成为新兴新闻业的传播参与者

进入 Web2.0 时代，以博客、播客、即时通信为代表的新媒体形式不断涌现，完全改变了传媒业的生态环境。受众在新闻信息传播中的角色发生了很大的变化，新媒体的弱把关性使受众参与信息传播的积极性大大增强。"对于大众媒体来说，最值得关注的是，'公民新闻'对普通公民'新闻生产力'的开发正在改写新闻传播的历史，它不仅鼓励公民关心身边的公共事务，采集、编辑及传播新闻信息，而且还鼓励公民创建自己的媒介"[①]。在这个阶段，受众不仅仅是信息的用户和消费者，还是信息的采集者、提供者和发布者，受众表现出对信息传播的主动性，因而被称为公民记者。

新媒体传播的交互性特征同样为受众参与意识的深入发展提供了良好的话语环境，由此一个良性循环得以形成：新媒体受众的积极参与推动了事件的进展，而事件的不断推进又在很大程度上刺激了新媒体受众的成就感和满足感，促使他们以更大的热情继续参与事件真相的披露与讨论。至此，基于新媒体传播交互性特征的受众的主体参与意识得到了有力的支持。

新媒体为平民的"话语权"开启了一扇低门槛的大门，受众可以在新闻网站留言，进行新闻评论，也可以将自己认为有价值的新闻信息通过 BBS 论坛、贴吧、博客和微博等放到网上，成为信息的生产者和传播者。受众还可以及时向媒介反馈自己的意见，随时发表对新闻的看法。新媒体传播不仅做到了媒体与受众之间的交互，还实现了受众对受众的传播沟通，真正成为大众传播。越来越多的人通过新媒体表达他们的意见和建议，实践他们作为公民的权利，最大限度地发挥利益表达功能、监督功能与信息反馈功能，这有利于信息开放和舆论监督，也有利于提高人们参与社会生活的积极性。

伦敦政治经济学院查理·H. 贝克特指出，新兴新闻业有两大特色：一是公众参与（Public Participation）；二是"连接性"（Connectivity）。网

---

① 蔡雯、郭翠玲：《从"公共新闻"到"公民新闻"——试析西方国家新闻传播正在发生的变化》，《新闻记者》2008 年第 8 期。

状的新型媒体结构改变了媒体的消费和制作，而且影响深远。① 互联网的出现极大地改变了新闻业的传播生态，"公共新闻"也从 20 世纪由媒体发动公众讨论、寻求公共问题的解决方案的模式，进入普通公众可以不依赖大众媒体，自主发表观点、形成舆论，进而影响媒体、影响公共事务决策的新的阶段。②

亲历新闻现场的人以手机等移动终端拍摄图片和视频，通过博客、微博、微信等形式直接将信息发布出去，不但让受众与受众之间通过互动实现信息和意见融合，还让传统媒体感受到了非专业新闻传播者的能量。传统媒体开始致力于协作新闻平台的打造，协作新闻实现了传统媒体形式和新媒体形式的融合，实现了专业新闻和公民新闻的结合。传统媒体通过对公民新闻的选择，弥补了自身信息来源的不足，提高了新闻的时效性。受众也可以把自己的信息当作对传统媒体的补充与核实。

（二）记者参与新闻生产的方式

新媒体受众扮演新闻的生产者角色体现在初级生产与再生产两个层面。初级生产是以新媒体受众为主导的直接新闻生产过程，再生产则是专业机构的新闻报道在新媒体发布后的扩散、增值过程。

1. 新闻初级生产中新媒体受众的参与

在以受众为主的初级新闻生产过程中，受众作为公民记者的身份出现，提供的某些资源可以被直接加以利用。受众参与的主要方式有以下几种。

原创性新闻生产。受众有意识地参与新媒体新闻生产，他们提供的是完整的新闻信息、新闻报道或新闻评论。在博客、微博平台上，这样的原创性新闻生产越来越多。很多时候，一些受众在贴吧、博客、微博和微信公众号发出的信息和发表的评论等其实就是一种原创性新闻。受众往往是参与者，他们掌握第一手的材料并在第一时间将新闻发表。

启动式新闻生产。受众有意或无意地向专业媒体提供新闻线索，这是帮助媒体寻找报道题材、启动报道的一种方式。由于新媒体手段的便捷

---

① 楚亚杰：《媒介化时代的新闻传播教育：理念、目标及对策》，《新闻记者》2009 年第 12 期。

② 蔡雯、郭翠玲：《从"公共新闻"到"公民新闻"——试析西方国家新闻传播正在发生的变化》，《新闻记者》2008 年第 8 期。

性，受众主动向媒体提供新闻线索的渠道是畅通的。这些内容与专业机构的新闻生产结合也越来越密切，其中图片报道、视频报道被专业媒体接纳得更多。

资源性新闻生产。受众的个人网站、个人帖子、个人博客、个人微博和个人微信公众号都可能为新媒体新闻报道提供丰富的资源。受众还可以参与各种形式的新媒体调查，为新闻报道提供一定的报道素材与背景。受众所发表的言论、图片等，也为媒体提供了新闻证实和深化报道的途径。

总之，受众在初级新闻生产中的作用越来越重要，弥补了专业媒体报道在及时性、全面性、丰富性方面的不足。

2. 新闻再生产中新媒体受众的参与

对于大多数新媒体受众来说，他们更多的是在新闻的再生产中发挥自己的作用，主要表现在如下方面。

增值式新闻生产，即扩散性的新闻生产。受众通过微博转发和微信分享自己认为好的或是有意思的新闻，让关注自己的人也关注到其转发的新闻，从而提高自己的微博或微信公众号的影响。这种方式虽然并不直接生产新闻，但是它使新闻扩散，增加了新闻传播的渠道，从而实现了新闻传播的增值。受众在扩散新闻方面成为有力的推动者和新闻的义务推销者。受众所选择的用于再生产的新闻，往往是出于他们自己的评判标准。因此，如果媒体的新闻选择标准与受众的标准契合，就有可能实现新闻的最佳传播效果。

提升式新闻生产。在更多的时候，即使受众不直接传播、扩散新闻，他们对于某一个事件、某一条新闻的意见与反响也会在很大程度上提升人们对事件或新闻的关注度。跟帖和热点排名是根据受众的喜好和关注度进行的，排在前面的受关注度会更大。因此，邀请受众参与论坛讨论，参与受众调查等活动，可以大大提升新闻的关注度。有些新闻的生产过程本身就需要受众的参与，例如，连线受众与新闻事件当事人或嘉宾在网络聊天室或 BBS 中讨论，为新闻视频填写调查表格，或者进行点赞和打赏等活动就可能是新闻的形成过程。新闻调查形成的调查结果本身也可以作为一个新闻，如设计一个互动表格，每个受众都可以在此表格中填写自己对新闻事件或新闻元素的看法和见解，调查结果能让受众了解到该问题的现状，受众的数据成为新闻的一部分。

整合性新闻生产。很多受众虽然不直接进行原创性新闻生产，但是他们对媒体的新闻生产进行筛选、整合，根据自己的价值判断进行重新编排，从而为其他受众提供有序的新闻资源。如一些受众会将他们感兴趣的一些新闻信息转载到自己的微博或微信公众号中，形成了集纳式的新闻，这就是新闻的整合。

3. 新媒体受众参与新闻生产的特点

以受众的角色参与新闻传播，与自觉的、专业的新闻传播机构的新闻传播相比，显然是有着明显区别的。受众参与新闻生产的特点主要体现为以下方面。

在新闻初级生产中新媒体受众在参与过程中的特点表现为以下几点。

无意性与随机性。受众一般并不是抱着要参与新闻生产的目的生产新闻的。他们的参与常常是在无意中实现的。受众是否参与新闻生产，用何种方式参与新闻生产，也是随机的。当然，博客、微博、微信等平台的出现使更多的受众有可能更主动、有意识地参与新闻生产，但是，大多数受众在利用博客、微博参与新闻生产时仍然是非制度化的。

群发性与群动性。受众参与新闻生产的作用与效果，不仅取决于生产新闻的受众和新闻本身，还取决于信息生产者所拥有的粉丝量。一条新闻如果只有少数几个受众转发，其增值作用微乎其微。只有群发式的受众参与，才能最大限度提升新闻的关注度与影响力。因此，受众参与新闻生产时可能释放能量的大小取决于新媒体的群发效果和群动效果。

群发效果首先与参与人数紧密相关，很多人同时参与至少可以形成量上的积累，这种力量又会造成一种社会"压力"或"拉力"，使得更多的人加入。其次与群体互动的规模与程度相关，很多新闻报道引起人们的关注，是因为受众的评论热度较高。

群动效果则表现为不同受众的多元化意见表达。一条新闻如果只能引起一种意见，它引起广泛讨论的潜能就较小。正是新闻引发意见的多样化才会激起更多受众参与的热情，他们之间的激烈交锋不断地提升了新闻的被关注度。

在新闻再生产中新媒体受众在参与过程中的特点表现为以下几个

方面。

依附性和嵌入性。受众新闻生产并不是一种完全独立的生产，它总是或多或少地依附于专业机构的生产过程，如果没有这种依附关系，受众的新闻生产就不会产生大众传播的效果。这种依附是一种深层嵌入关系，它使专业机构的生产与受众的生产形成了一种相互融合的共动过程。

"正反馈"效应。从某种意义上来说，受众的再生产行为像是一种正反馈：它使强者更强，弱者更弱。因此，新媒体受众的再生产对专业机构的新闻生产，既是一种效果检验机制，又是一种效果的放大或削弱机制。

第二节　媒体融合新闻培养体系改革

媒体融合对新闻传播学教育提出了新的要求，作为为新闻媒体提供人才保障的新闻院校，为适应媒体融合发展需要进行人才培养方面的改革与创新，高校新闻传播教育进行相应改革势在必行。

一　媒体融合对新闻传播人才培养的挑战

媒体融合预示着新闻传播的主体由单一性转向双重性。传者和受者之间的界限被打破，也意味着原来由传统媒体主导的传播格局被打破，原来单纯由传统媒体新闻记者参与的新闻信息传播活动，现在由记者和受众，即公民记者共同承担；这也预示着新闻传播人才的培养将由排斥性、应对性转向包容性、主动性。

二　新闻媒介教育的定位与冲突

当前新闻媒介教育主要分为两块：一块是基于传者的新闻专业教育；另一块是基于受者的媒介素养教育。两者追求的目标和教育的侧重点有所不同。培养传媒人才的专业素质教育一般是由高等院校实施的，面向新闻专业学生即未来的新闻工作者，目的是阐释现代传媒现象及新闻理念，提高传媒人才驾驭媒介工具的能力。面向全社会公民的媒介素养教育主要由社会组织实施，旨在培养公民认识媒介以及科学获取、判断、分析和使用媒介信息的能力。由于它建立在教育体系之外，所以又称为大众化新闻教育。

(一) 新闻专业教育

培养新闻传媒人才的专业教育始于 1908 年密苏里大学创建的世界上第一所新闻学院，它探索建立了对世界新闻教育有普遍性影响的教育模式。此后新闻专业教育一般是由高等院校承担并实施，主要面向将来从事新闻行业的学生，后来延伸到广告及媒介市场人员，目标是让传媒人才获得驾驭媒介工具的能力。

一般来说，新闻传播教育涵盖了对新闻传播事业从业者的全面培训，学生将学习如何为报纸、广播、电视和网络等各种媒体平台提供新闻，包含新闻写作和报道、公共关系写作、新闻摄影和多媒体新闻等课程内容。完成这些学位课程后，学生将能够按照专业新闻的标准，以合适的风格和正确的语体撰写和编辑新闻、专题和社论；采用适当的方法对信息进行研究和评估，保证媒体材料的可信性、公正性和准确性；在新闻实践中遵循新闻伦理和法律。① 这蕴含着新闻专业教育的目标和价值取向。

美国职业新闻工作者协会（Society of Professional Journalists，简称 SPJ）认为，所有的媒体及从业者应该遵守以下四项原则：①寻求真相并报道，记者在收集、报告和阐释信息的过程中必须坚持准确和公正；②最大限度地减少危害，记者必须慎重对待信息源，尊重采访对象和公众；③独立思考，为公众服务是新闻从业者的最高和首要责任；④义务和透明，记者向公众负责。②

新闻人才是传媒人才中的特殊部分，是严格意义上的记者，是发挥传媒核心功能的人才。新闻专业的人才更鲜明地承担着推进社会进步的责任，比其他的一般传媒人才要具备更高的社会价值观和社会理想境界。故此，新闻专业人才培养目标与传播专业人才培养目标应该有所不同。新闻教育的根本目的是培养新闻人才特有的社会使命感、责任感和特有的社会价值观，以及相应的专业技能。③

---

① American River College Catalog 2014-2015, http://arc. losrios. edu/catalog/Section3. pdf.
② SPJ Code of Ethics, http://www. spj. org/ethicscode. asp.
③ 吴信训：《世界新闻传播教育百年流变》，《新闻与传播研究》2009 年第 6 期。

（二）媒介素养教育

培养大众如何认识媒介的素养教育发端于 20 世纪 30 年代英国学者对媒介的反思。20 世纪 60 年代，英国、加拿大、美国和澳大利亚等国家逐渐将媒介素养教育纳入中小学的教育体系，开展针对青少年的媒介教育。后来此类教育逐渐向普通公民扩展，1992 年美国媒介素养研究中心给出了如下定义："媒介素养是人们对各种形式的媒介及信息的接触、分析、评估和生产的能力。"①

媒介素养教育主要涉及三个核心问题：①大众媒介，指的是有形的实体、传递信息的载体；②大众建构和消费媒介信息的过程；③大众建构和消费媒介信息的目的意义和效果。媒介素养教育的主题主要有四个：①学习媒介语言及媒介语言的意义生成；②学习媒介信息的特质、价值取向，尤其是媒介的再现本质；③学习媒介与受众的关系，特别是研究媒介如何锁定其目标受众，以及受众对媒介的反作用；④学习媒介传播的流程。

媒介素养教育与媒体从业人员教育是完全不同的。媒介素养教育的对象是全体公民，旨在培养人们对媒体本质、媒体常用的手段以及这些手段所产生的效应的认知力和判断力，使人们既了解媒体自身如何运作、媒体如何构架现实，也知道怎样制作传媒作品与媒介信息。其对大众媒介的质疑性和批判性的倾向极为强烈，受众是作为大众媒介的审读者和质询者存在。

三　自媒体记者需要提升传播素养

毋庸置疑，两类教育都承认媒介尤其是大众媒介在社会中的巨大作用和力量，但是它们隐含着传者和受者之间的内在矛盾。专业新闻教育目的是打造传媒的公信力，而媒介素养教育对传媒的公信力提出了质疑。这种矛盾由于新的媒介形式不断地产生和发展出现了新的变化。

在 Web2.0 环境下，传播范式正在经历一场前所未有的变革，网络和手机正在成为公民新闻的主要阵地。社会化媒体快速崛起，数码摄像机、

① Media Literacy：A Definition and More，http：//www.medialit.org/media-literacy-definition-and-more.

智能手机、iPad 等新型传播工具提供了物质上的支持，而博客、微博、维客、播客等社会化媒体提供了形式上的支持。新媒体降低了新闻信息传播的门槛，促使更多的公民以一种更加积极、主动的传播姿态参与数字时代的媒介信息传播，增强了公民参与社区和社会活动以及进行新闻报道和信息传播的主动性。人们可以随时将自己在事件现场所获取的信息传播出去，也使他们从"媒体受众"变成"自媒体记者"。

"自媒体记者"对周围社区发生的事件或重大社会事件感兴趣且具有新闻敏感性和信息传播能力，能够采取积极行动，"采、编、发"相关信息。但另外，互联网和手持终端的结合使媒介第一次变得无处不在，网络虚拟环境又使人们的身份具有了隐匿性，强化了自媒体记者的随意性，使"随时随地，随心所欲"成为可能。媒介个人化加剧了信息传播内容的泛滥，使网络信息真假难辨。他们甚至偏离了自媒体新闻的定位而追求"眼球"注意力，更有将渲染炒作和虚假新闻交织在一起，追求经济利益。这不但会误导公众，还有可能引发突发性社会群体事件。

新闻是一种特殊的信息产品，其因"生产过程"的特殊性成就了新闻业，而记者也是新闻行业中固守新闻专业理念的一个行为者。公民新闻的弱把关性降低了新闻传播的公信力。鉴于新闻本身所产生的巨大的社会舆论影响力，"自媒体记者"是否也需要有专门的职业准入制度与职业规范等种种问题接踵而至。"事实上，目前迫切需要在世界范围内为公民记者建立职业道德守则。专业记者和公民记者必须寻求一个他们一起共同努力的基点。"①

如何维护职业新闻的专业性和保护公民新闻的"新闻敏感性"是一个值得思考的问题。相对于建立专门的职业准入制度等规制，让公民拥有专业新闻理念和规范的操作方法更能符合自媒体和公民新闻的特点。公民如何获得新闻来源并叙述一个新闻故事？如何掌握新媒体的报道技能？如何确保信息的真实性和客观性？如何成为对公共事务负责任的公民记者？这些都是迫切需要解决的问题。

---

① Nanda Armoogum: Can Citizen Journalists Produce Professional Journalism? http://www.cimethics.org/home/newsletter/jun2013/Nanda%20Armoogum_EDITED.pdf.

　　可见，公民在新闻媒介上的双重性折射出两种教育形式的冲突和矛盾，对当前的新闻媒介教育的格局提出了挑战。媒体融合的传媒生态要求实施融合教育体系，将两者辩证统一地结合在一起，打造高素质的融合传媒人才。

　　基于参与性新闻的公民记者已经成为信息传播的主体之一，其传播素质和能力必须得到高度的重视。对其进行新闻传播教育也必须纳入教育体系之中。

　　参与式新闻是在新技术的帮助下产生的演变，新闻的角色没有发生变化，只不过产生了一个新的资源。公民新闻只是业余新闻报道的一种新说法。受众报道不具有职业记者的强制性而具有"新闻敏感性"；具有突发性和激发性而不具备固定性和长久性。在网络虚拟环境下，人们的身份具有隐匿性，互联网和无线终端设备的结合使"随时随地，随心所欲"的传播成为可能，强化了受众的随意性。受众不同于专业记者，本身缺乏新闻专业理念和技能。媒体个人化及弱化的社会责任感加剧了信息的泛滥，使得新媒体信息真假难辨。

　　大众参与新闻信息传播反映了公民对社会事务的关注。媒体融合为保护公民对公共事务参与的热情提供了条件。同时，新闻是一种特殊的信息产品，其"生产过程"的特殊性成就了新闻业，而记者也是新闻行业中固守新闻专业理念的一个行为者。尽管自媒体平台为公民新闻的兴起和繁荣注入了新鲜的血液，为公众提供了传播新闻信息的平台，但新媒体的低把关性带来的新闻传播公信力的丧失也需要引起国家和主流媒体的高度关注。尤其是在媒体融合的背景下，受众的信息已经融合进了传统媒体的信息渠道，效果也会更大。当前英美法系都对"公民新闻"进行了必要的规制，这是必不可少的也是势在必行的。如前所述，目前迫切需要在世界范围内为公民记者建立职业道德守则。专业记者和公民记者必须寻求一个他们一起努力的共同的基点。而这首先要通过媒体融合和协作新闻的方式有效地整合受众新闻，在集传统媒体和新媒体于一体的融合平台上，以主流媒体信息为主导，以受众信息为补充，及时、有效地传播好新闻；其次要将专业新闻记者和公民记者，即积极参与新闻发布的受众同等看待，对所有的传播群体进行必要的专业新闻的教育和培养。

第三节　媒体融合教育体系的建构

媒体融合的进程在不断向纵深推进，新闻传播的业态已经发生极大的改变。融合平台的建构以及融合新闻的常态化，增强了受众参与社会公共活动、进行信息传播和新闻报道的主动性，传者和受者之间的界限被打破。"新媒体的勃兴，把人类带入大数据、微传播的新时代，尤其是'三微一端'（微信、微博、微视，客户端）变革着传播方式、传播环境，一个全新的、立体的、多维的传播体系正在形成，对意识形态传播是机遇也是挑战。"① 这是当前新闻传播领域需要认真应对的挑战，也是媒介教育必须重视的现实课题。

在新媒体时代，新闻报道原则不但不过时，反而更加珍贵；不但专业新闻工作者需要重新审视这些新闻报道原则，社会公众同样需要学习和理解这些新闻理念。"作为新闻的消费者，受众分化的速度不断加快；作为新闻生产者，新闻工作者面临的信任危机也有所加剧。然而这些变化使我们更加相信，新闻的基本原则依然重要而且稳定。"②

一　媒体融合对新闻传播专业教育的要求

媒体融合的浪潮给新闻业带来了前所未有的变革，并对新闻传播人才提出了更高的要求。基于传统新闻业的结构和运行方式而形成的传统新闻人才培养模式，正在面临更为复杂的局面和更为强烈的变革诉求。

我国新闻传播教育在改革开放三十多年以来发展迅速，培养了一大批优秀新闻传播人才，为我国政治经济发展创造了良好的舆论环境，为在国际化传播中提升本国的影响力做出了重要贡献。但是，技术发展带来了媒介格局的巨大改变，社会化媒体对大众媒体形成了强烈冲击，新闻传播的国际化竞争不断加剧。在这种新形势下，我国高等新闻传播教育并不能完

① 蔡泉水、刘建光：《新媒体对我国主流意识形态传播的挑战与回应》，《南昌大学学报》（人文社会科学版）2015 年第 6 期，第 47 页。

② 比尔·科瓦齐、汤姆·罗森斯蒂尔：《新闻的十大基本原则：新闻从业者须知和公众的期待》，刘海龙、连晓东译，北京大学出版社，2014，前言第 27 页。

全适应新闻与传播业发展的需要，人才培养模式相对单一和陈旧，在培养具有全面的技术能力、能够适应媒体融合发展需要的应用型人才，特别是具有复合型知识背景和跨文化传播能力的高水平专业人才方面明显存在不足。提高新闻传播人才培养质量成为我国高等新闻传播学教育改革的紧迫任务。①

（一）确立新闻传播教育变革的定位

在新媒体时代，媒体融合以及媒体技术革命为新闻传播教育者带来了前所未有的挑战。新闻传播教育的转型与变革、融合与创新，以及其应对挑战的新方法和新途径值得关注，新闻学在新媒体时代的传播教育任重道远。"香港浸会大学传理学院在新媒体情境下对于新闻传播教育的创新模式归纳了三点经验：一是顺应时代形势，以'融合'应对融合，包括技术与理念的融合、理论与实践的融合以及本土与世界的融合；二是以'细分'贴合细分，发展新专业及特色专业，即增设新的数字媒体专业或网络传播专业，并打造自己的优势特色专业；三是以'不变'应对万变，承续优秀教育传统，即新闻传播教育当中应该坚守的'一个根本'与'三个不变'。"②"即从根本上培养出具备学习力、行动力、创造力、建构力、整合力和团队力的给力人才。"③

新技术引发媒介生态深刻变革，传统的中国新闻业态受到了前所未有的冲击，而作为新闻业人才培养的源头——"新闻教育"也面临崭新变革。"'融合技能、智能素养、价值坚守'是身处多元时代的中国新闻教育面向未来的变革方向。"④

我国新闻与传媒业进入新的发展时期后，人才需求方面的变化有两个方面值得关注。一是专业新闻媒体所需要的人员结构出现变化，特别是新闻采编人才的选拔越来越多地由以往侧重新闻传播学科转向更广泛的学科

---

① 蔡雯：《试论新闻传播的变化与新闻教育改革》，《文化与传播》2013年第2期。
② 黄煜：《变？不变？新媒体时代新闻传播教育——香港浸会大学传理学院的变革与创新》，载张昆主编《新闻与信息传播论坛》第4卷，华中科技大学出版社，2018。
③ 黄煜：《变？不变？新媒体时代新闻传播教育——香港浸会大学传理学院的变革与创新》，载张昆主编《新闻与信息传播论坛》第4卷，华中科技大学出版社，2018。
④ 栾轶玫、何雅妍：《融合技能　智能素养　价值坚守——多元时代的中国新闻教育变革》，《新闻与写作》2019年第7期。

领域，政治学、经济学、法学、社会学、历史学等学科培养的学生都是新闻媒体单位的选择对象，而且越是重视专业性新闻传播的媒体在这方面越是需要有与所报道领域相关的专业背景的从业人员。因此，新闻与传播学科的本科教育规模相对于这种变化明显表现出过剩态势。我国新闻传播学科本科教学点过千的情况近几年已经成为学界与业界热议的话题，对新闻传播学科毕业生出路的担忧普遍存在。二是随着新媒体的兴盛，非专业新闻媒体对新闻传播人才的需求出现了高涨的趋势，政府机构、事业单位、社会团体和各类企业都纷纷创办了自己的官方媒体，包括网站、微博、微信公众号、客户端等，这些媒体作为机构对外传播的工具，需要具有新闻传播专业知识和技能的人来管理和运营，近年来这类岗位已经在吸纳大量的新闻传播学专业的毕业生。[1]

从新闻传播人才培养自身的规律来看，专业细分并不利于人才培养，应该鼓励和支持以新闻传播学一级学科来招收本科生和设计培养方案，淡化专业间的区分。而且应该鼓励各教育单位根据自己的资源优势规划设计培养目标，设立不同的教育项目。在一级学科的教育框架里，可以通过不同专业方向的课程包的设置，方便学生自主选择课程和跨专业方向进行课程组合，使他们能够全面掌握本学科的基础理论和知识，同时又能根据自己的兴趣和能力侧重某些专业领域的学习。[2]

（二）重视网络及新媒体新闻传播教育

媒体融合根本的和直接的诱因是数字技术和信息技术的成熟。新媒体是依托网络技术、数字技术、移动通信技术等，以网络媒体和手机等移动媒体为代表，以网站、手机报、短信、博客、微博、播客、即时通信软件等为形式的信息传播方式。在信息传播上具有平等性、交互性、互动性等特点，能对不同需求的大众同时提供各种个性化内容服务，也能够满足他们对各种不同传播形态的特别要求。

媒体行业随着融合的深化，特别需要两类新型人才：一是能够对多种介质的媒介平台进行综合管理的高层次管理人才；二是能够运用多种技术

---

① 蔡雯：《新闻教育亟待探索的主要问题》，《国际新闻界》2017 年第 3 期。
② 蔡雯：《新闻教育亟待探索的主要问题》，《国际新闻界》2017 年第 3 期。

工具、掌握各类传播技能的全能型记者和编辑。多年来中国新闻传播教育工作者已经基本形成共识，即需要对新闻传播类专业的学生进行通识教育，奠定坚实的知识基础，拓宽专业口径，培养科学的思维习惯和良好的专业技能。应对媒体融合的变局。这一共识还应坚守，相关专业应注重对学生进行两个方面的引导和培养：一是更新知识、培养继续学习的能力；二是培养其因时制宜、积极进取的境界。这既是对传统的继承，更是因应传播媒介发展变化的对策。[①]

媒体融合要求新闻传播教育高度重视网络和新媒体内容。"目前全国约有百所院校已开办或正在申办网络与新媒体专业，办学模式主要有四类，分别为面向互联网各类应用需求的专业、实践型培养模式，突出重点方向和能力的应用型人才培养模式，以数字新闻为方向的宽口径、厚基础培养模式，以及国际化、外向型数字传播人才培养模式。"[②] "各个院校仍然需要依托各自的资源和情况，摸索出适合自己的教学体系和培养模式，快速跟上这一波媒体转型浪潮。除此之外，随着网络与新媒体专业的发展，必须加强联系和沟通，就专业本身的核心概念、核心课程、核心能力达成共识，这样才能确立这个专业的独特地位和学科边界，起到对业界的引领作用。"[③]

实践证明，在新媒体发展和媒体融合过程中，高等院校要利用自身学科优势、合理实施文化和学科交叉，实现高校新闻传播教育的跨越式发展。华中科技大学秉持"文工交叉、应用领先"的教育理念，1999 年，新闻与信息传播学院创办了全国首个网络新闻传播专业，拥有数字媒体等学术硕士点，已经形成了完整的新闻传播类高级专业人才培养链；坚持"文理交叉见长，复合特色取胜"的宗旨，倡导学生在独特的文理交融氛围中全面发展，培养既有扎实的人文社科专业功底又能掌握现代传播工具的复合型新闻与信息传播人才。在媒体融合进程中，跨专业的合作是必由之路。已经有一些高校的新闻传播学院做出了各种尝试，如复旦大学的"2+2"培

---

①　倪宁：《面对媒体融合的新闻教育创新》，《中国记者》2001 年第 3 期。
②　刘宏：《高校聚焦网络与新媒体专业教育》，《光明日报》2014 年 12 月 30 日第 13 版。
③　刘宏：《高校聚焦网络与新媒体专业教育》，《光明日报》2014 年 12 月 30 日第 13 版。

养模式、中国人民大学新闻学院跨专业联合培养的实验班模式等。复旦大学新闻学院对本科生专业教育采取"2+2"培养模式，即新生入学的第一、第二学年，先学习其他专业知识，第三、第四学年才开始新闻传播专业的学习。这样新闻学院的毕业生将有望至少掌握两门专业知识，真正成为适应媒介变化的复合型新闻人才。中国人民大学新闻学院在调整学院治理结构的基础上，在本科专业教学中推出 6 个专业课程包，让学生能够既打好学科知识基础，又可根据兴趣、发展潜力选择专业课程包。国内对复合型人才培养的关注比较集中地体现在新闻学+法学、新闻学+经济学（金融、财经）、新闻学+国际关系、新闻学+体育、新闻学+计算机等专业复合上，这对培养从事法制新闻、财经新闻、国际新闻、体育新闻、科技新闻和新媒体传播的专业新闻人才具有重要价值。

（三）构建融合的新闻传播教育体系

从世界范围看，今天的新闻传播学科的专业教育包括三个层面的教育，即通识教育、各专门学科基础教育和新闻传播专业教育。

在媒体融合背景下，新闻传播教育要培养具有跨媒体的传播策划力、精深的资讯整合力、多媒体的信息传播操作力的人才，就要走一条学校教育与传媒业界培养相融合、新闻教育与其他相关专业教育相融合的"融合型"创新路径。因此，在媒体融合的大趋势下，新闻教育只有与时俱进，才能培养出适应媒体变革的新闻人才。

从国际高校的实践来看，融合的新闻传播教育体系应包括以下方面。

1. 学科融合

2010 年秋，美国西北大学麦迪尔新闻学院更名为麦迪尔新闻、媒体与整合营销传播学院。2011 年 4 月，科罗拉多州立大学博尔德分校的新闻与大众传播分院进行战略重组，目的是建立一个新的学院或研究机构来处理信息、传播、媒体和技术的融合问题，重新发展该学科的教育，并于 2012 年秋季实施了双专业计划。双专业不同于双学位，双专业的学生需要在 4 年内修完 120 学时的课程，而双学位则需要在 5 年内修完 145 个学时的课程，由此学生将在较短时间拥有更多机会进入跨学科的项目研究和课程学习。

2. 教学和实践融合

美国北卡罗来纳大学教堂山分校新闻与大众传播学院建立了一个由学生设计、开发、制作和运营的新闻网站（reesenews.org），他们利用这一平台试验各种不同的报道和叙事方式，通过对用户数据的实时监测和分析测量不同方式的传播效果。一方面，网站为所有相关课程提供了实践基地；另一方面，网站实验研究的结果也可用于指导专业媒体的新闻实践。[①] 在南加州大学安南伯格传播与新闻学院，为培养学生适应媒体融合时代的技能要求，2010 年成立了安南伯格创新实验室，为学生提供更多的与学界专家、企业管理者的合作与交流的机会。在安南伯格创新实验室，学生可以参与技术创新的研发工作，以及一系列议题的分析与探讨，通过这些跨学科的训练，学生获得的不仅是新闻与信息采集技能，而且是知识管理与知识创新技能。[②]

3. 产学融合

哥伦比亚大学新闻学院的办学思路是积极寻求与媒体的合作，形成良性互动关系。在哥大新闻学院，全职教师有 20 多人，但从各大新闻媒体聘请的兼职教授超过 120 人，许多主干课程也是由兼职教师担任。[③] 密苏里方法作为培养应用型新闻人才的一种办学模式受到关注。密苏里方法依据的是这样一个理念，即学生通过新闻实践而不是仅仅谈论这个职业学到更多的知识。密苏里大学新闻学院与业界有非常密切的关系，几乎支撑了 KBIA 广播电台、KOMU 电视台和《密苏里人报》等专业媒体的运作。课堂上经常请来新闻第一线的人员给学生讲述实践经验，形成与理论教学的有益互补。

4. 国内和国际融合

2011 年复旦大学新闻学院与密苏里大学新闻学院开展"双学士学位"合作项目，主要针对复旦大学新闻学院本科二年级各专业（包括新闻学系、广播电视新闻学系、传播学系和广告学系）学生。完成项目的

① 韦路：《新媒体时代新闻传播教育的四大转型趋势》，《今传媒》2013 年第 1 期。
② 郑素侠：《媒体融合下美国新闻传播教育变革的经验与启示》，《编辑之友》2012 年第 9 期。
③ 蔡雯：《如何加强学界与业界的联系与合作——对美国新闻教育改革的调查及思考》，《中国记者》2005 年第 8 期。

学生被授予复旦大学的新闻传播学学士学位、密苏里大学的新闻学学士学位。①

从国内学者的研究来看，融合的新闻传播教育体系应包含以下几点。

1. 建设拥有跨学科知识、跨文化思维、跨媒体技能的师资队伍

师资队伍的素质是保证教育质量的核心环节。今天新闻教育事业需要的师资队伍，既需要精通新闻传播专业的知识，也需要拥有跨学科背景知识的支撑；既需要了解专业理论知识，也需要掌握实务工作方法；既需要了解人类的经典知识体系，也需要洞察学科前沿的发展；既需要深刻理解和把握中国的国情与传统，也需要准确把握世界的前沿动态和趋向。

2. 建设宽口径、厚基础、跨媒体、精专业的课程体系

从新闻传播学科应用型人才培养目标上看，专门学科基础教育体系的引入和跨媒体工作能力教育体系的打造是中国新闻传播教育体系改革的两个重点。从新闻传播学科研究型人才培养目标上看，我们需要加大跨学科课程的比重，加大科学研究方法课程的比重，优化课程结构，改良教学方法，给学生更多的知识以滋养其智慧，给学生更多的方法以增强其能力，给学生更多的自由去探索其未知。

"融合技能"课程已经成为中国新闻教育课程体系不可或缺的内容。"融媒技能"课程主要可以分为两类：第一类是理论型课程，如"媒体融合概论""新媒体技术导论""网络传播概论""融合新闻学"等；第二类是技能型课程，如"新媒体传播与应用""融媒体报道出镜主持""新媒体新闻实务""新媒体视听节目制作""融合新闻编辑""新媒体创作基础"等。②

3. 建设多功能、跨媒体、可扩展的教学平台

今天的新闻教育需要建成"融合性平台"系统。这种融合性体现在两方面：其一是教学、实验、实习的融合；其二是多种媒体技术平台的融

① 岳芹芹：《媒体融合时代中国新闻教育的发展出路——美国密苏里新闻教育的启示》，《河北经贸大学学报》（综合版）2014 年第 4 期。

② 栾轶玫、何雅妍：《融合技能 智能素养 价值坚守——多元时代的中国新闻教育变革》，《新闻与写作》2019 年第 7 期。

合。每一门课程的教学或实践都可以成为大系统中的一个单元，每个单元都可以充分调用各个实验室的资源，各个单元之间也都可以实现资源的共享、流程的衔接。①

新闻人才培养机制改革已经到了紧要关头，培养高水平的新闻人才需要在机制上进行三方面的探索。

一是探索新闻传播专业与其他专业联合培养的机制。加强新闻传播学专业与其他相关专业之间的合作，通过教育资源整合、课程体系重组、教学模式创新，探索联合培养具有多学科专业背景、复合式知识结构的专业化新闻传播人才的机制。②

二是探索高校与新闻传播单位联合培养的机制。加强高校与新闻传播单位的合作，双方共同制定培养目标，共同设计课程体系，共同开发优质教材，共同组织教学团队，共同建设实践基地，探索常态化、规范化的卓越新闻传播人才培养机制。

三是探索国内与海外合作培养的机制。加强国内新闻传播学院校与海外高水平新闻传播学院校的交流与合作，积极推进双方的教师互派、学生互换、学分互认，积极利用海外优质新闻传播学教育资源，探索形成灵活多样、优势互补的卓越新闻传播人才培养机制。③

建立媒介实验室是促进教育界和业界合作的重要途径。中国高等院校新闻教育媒介实验室布局已逐渐成形，形成"新闻实验室+媒体+技术公司"的合作模式，主要特征为"多媒体、跨学科、可扩展"。④ 目前，中国高等院校新闻教育媒介实验室按照其功能可被划分为五类：第一类是传统媒介教学实验室，第二类是媒体融合实验室，第三类是人工智能、大数据、脑科学等跨学科实验室，第四类是创新实验室。媒介实验室布局逐渐成熟，大大促进了中国新闻教育的专业化发展。

---

① 高钢：《媒体融合趋势下中国新闻教育的改革思考》，载《新闻学论集》编辑部编《新闻学论集》第 29 辑，经济日报出版社，2013。
② 蔡雯：《试论新闻传播的变化与新闻教育改革》，《文化与传播》2013 年第 2 期。
③ 蔡雯：《试论新闻传播的变化与新闻教育改革》，《文化与传播》2013 年第 2 期。
④ 栾轶玫、何雅妍：《融合技能 智能素养 价值坚守——多元时代的中国新闻教育变革》，《新闻与写作》2019 年第 7 期。

二　媒介素养和能力教育体系的实施

在 Web2.0 时代，传受双方在协作新闻的平台上实现了专业新闻和公民新闻的合作，两者之间的对立关系变成了合作关系，受者对传者的侵入使其本身发生了角色的转变，两类教育的基点发生了动摇，对立的教育模式必然走向融合的教育模式，因此我们必须提出针对新闻传播主体的新的教育模式。

对于作为公民新闻主体的受众来说，单是在媒介素养教育中将批判倾向变为参与倾向显然是不够的，媒体融合要求将公民的大众化新闻教育提升到新的高度。首先要通过培养公民的"公民意识"来提高公民的"公共意识"，从而提高其"参与意识"和"表达意识"。其次要使公民具有专业的新闻理念意识和道德意识，能够将新闻信息的真实性放在第一位。最后要使公民掌握现有的融合媒体的传媒技能，以及新闻传播报道的相关知识和能力。

媒介素能与其说是媒介素养内涵的升华，不如说是对媒介素养的再造。它是建立在专业新闻教育和媒介素养教育基础上的一个独立的融合体系，更是媒体融合环境下新闻传播教育理念的创新。

媒介素能针对融合媒体，兼顾传统媒体形式和新媒体形式，兼顾大众传播和人际传播。其主题主要有：①学习作为公民应具备的知识，明确其作为国家管理的主体和客体的辩证关系，加强其对公共事务的监督意识和参与意识，同时明白其权利和义务；②学习新闻传播的理论和知识，培养新闻专业的理念和操守；③明了媒介信息的意义和价值，学习传播信息的知识和技能，学习媒介信息生产和推广的知识；④学习新闻信息传播的法规知识和政策意识，严格遵循相关的法律法规进行信息传播活动。

总之，媒介素能教育的目标是使来自专业媒体和自媒体的传播者具备社会公民意识和专业新闻工作者的意识，具有信息价值的判断能力，具有媒介生产的知识和技能；共同担负起新闻传播的责任，既保障传统媒体的新闻时效性和公信力，又保障普通媒体接近权和使用权，从而对公共事务实施参与和监督，并承担相应的义务和责任。

实施媒介素能教育，须整合政府、媒体、高校和其他的社会机构的力量，使其共同参与新闻传播教育，改变当前新闻专业教育和媒介素养教育相分离的局面，实现专业教育和媒介教育的融合，打造与媒体融合相适应的融合教育体系。

政府可以主导整个融合教育体系的一体化建构，合理布局各个要素，并且提供一定的专项经费支持。高校可以发挥其学术优势和科研优势，在培养未来专业新闻工作者的同时，为公民记者提供高层次的专业新闻教育机会。媒体可以发挥人才优势和设备优势，成为受众接受新闻培训的平台。诸如图书馆等社会公益机构可以利用藏书的优势和专家资源优势，联合以上机构开展公民教育和新闻传播教育等。这样的一体化教育体系的建设可以使专业记者和公民记者获得全面的知识，实现传播群体素质的提高。

美国已经开始这方面的探索。美国纽约市立大学布鲁克林学院在广播电视系开设假期班，为在校学生和社区居民提供电视片拍摄和制作方面的培训。两类学生混合编班，合理搭配，接受严格的专业新闻教育。美国纽约布鲁克林信息和文化中心是一家拥有四个电视频道的社区电视台。它为普通的社区居民开设了以电视和网络新闻业务为核心的新闻培训班，利用晚上和周末的时间对居民进行培训。学员在学习之后可以获得证书，可以参与电视频道节目的制作，或者向中心提供节目。布鲁克林公共图书馆则与布鲁克林信息和文化中心展开合作，利用下辖的多个社区图书馆为该中心的培训提供场地；同时也举办相应的讲座，邀请哥伦比亚大学新闻学院的学者或获得普利策奖的名记者做讲座。

2013 年 12 月，中宣部、教育部启动了各省（区、市）党委宣传部门和中央主要新闻单位与高等院校共建新闻学院的工作，掀起共建新闻学院的高潮。人民日报社与清华大学、新华社与北京大学、光明日报社与中国政法大学等纷纷共建新闻学院，这种合作共建新闻学院的模式是对新闻教育教学改革的探索。党委宣传部充分发挥政治、组织优势，媒体从业人员发挥专业、实践优势，高等院校发挥科研和学术优势，强强联合、相互借力，共同打造新闻人才的核心竞争力。这些举措为建设中国特色的媒介素能教育融合体系奠定了良好的基础，为下一步拓展到对受众的新闻教育培训提供了前提条件。

　　总之，应该充分认识到后 Web2.0 时代媒体融合的特点，有效地把握当前传媒的业态，高度重视媒体融合带来的受众角色的变化及传受关系的变化，充分认识媒体融合的发展趋势。传受双方的沟通和融合至关重要，对受众的新闻信息传播素质的培养更是必须实施的基础性工作，而提高传播群体素质的核心在于对传者的媒介素能教育。

第八章　媒体融合的传媒经济效应

第一节　新媒体融合广告经营

广告发展早期主要是通过大众传媒即报纸、广播、电视等进行传播，数字传播技术的发展、新媒体的出现为广告业搭建了新型的传播平台，以互联网、手机等为代表的新兴广告媒体平台不仅在观念上颠覆了传统媒体广告的相关概念，也在实践上进一步推进了不同广告形式的融合。

一　新媒体广告的融合

所谓新媒体广告就是将新媒体作为传播载体的广告。新媒体广告是伴随着新媒介技术的产生而产生的。[①] 新媒体广告是通过以数字技术、网络技术为基础，以多媒体作为信息呈现方式的传播媒介，依靠受众的即时互动而深入展开的信息传播活动。新媒体广告的出现不仅使得广告传播有了新的平台，还颠覆了广告的生产方式、呈现方式、传播方式等众多方面。

新媒体广告主要依托网络和手机媒体，新型广告的媒介形式日益丰富多样并且不断发展。新媒体广告主要分为两种形式：网络终端广告和移动终端广告。

---

① 高丽华、赵妍妍、王国胜：《新媒体广告》，清华大学出版社 & 北京交通大学出版社，2011，第 26 页。

（一）网络终端广告的主要形式

传统网络广告的形式主要有：全屏广告、横幅广告、对联广告、文本链接广告、电子邮件广告等。

1. 全屏广告

全屏广告一般出现在门户网站的首页，门户网站的首页打开时，有时会暂时显示屏幕大小的广告，广告几秒钟后会自动消失，网站的内容正常显示。全屏广告能够第一时间抓住浏览者的"眼球"。

2. 横幅广告

横幅广告是网站中重要的广告形式，一般位于网页的上部和中部。横幅广告多是以 GIF、JPG、SWF 等文件格式建立的图像或动画文件。

3. 对联广告

对联广告是位于网页的两侧以对联形式呈现的广告形式。由于对联广告出现在网页的两侧，所以这种广告不影响网页的主题内容。对联广告上设置有关闭按钮，用户可以单击关闭按钮来关闭对联广告。对联广告通常也是以 GIF、JPG、SWF 等文件格式建立的动态或静态图片文件。

4. 文本链接广告

文本链接广告通过一排文字作为链接，用户点击可以进入对应的广告界面。文本链接广告对浏览者干扰少，但拥有更多的内容。

5. 电子邮件广告

电子邮件广告是将广告发送到用户电子邮箱的营销形式。电子邮件广告具有目的强、送达快、花费小的特点，除此之外广告内容受限少。电子邮件广告针对特定群体发送，比其他网络广告形式优势明显。

此外，网络终端广告还有按钮广告、弹出式广告、插播式广告等形式。

（二）移动终端网络广告的主要形式

随着移动互联网的快速发展和智能移动终端的广泛应用，移动终端网络广告由最初的短信推送向主要依托社会化媒介平台进行传播的形式转变。该类广告主要有微博平台推送、微信平台推送和 App 应用推送等。

1. 短信推送

短信，尤其是彩信广告以其强大的展现形式以及丰富的内容极大地提升了创意空间，将图片、动画、语音、视频等元素以生动、快捷的方式精准传递至用户手中，从而成为性价比很高的广告形式之一。

2. 微博平台推送

微博广告就是通过微博平台发布商品或服务信息的广告形式和活动的总称。其作用就是传递产品信息、刺激购买、引导消费，本质上是一种广告行为，能为微博网站和博主带来经济收益。目前微博广告的传播形式主要有以下几种。

①微博内置功能传播。微博上有着丰富的服务和互动功能，这种形式的广告是在第三方应用功能中植入能产生关联的广告，通过用户对应用的使用和转发使广告内容得到更多的关注。这类内置小应用也有着较强的用户黏性，因此植入广告就有了实现赢利的可能。

②微博营销式广告。许多企业都入驻了微博，并拥有自己的官方账号，可以在微博上进行宣传、发布新产品信息和进行各类活动，还可以与用户进行互动。

③软文植入广告。软文广告偏向于产生一种浸入式的潜移默化的影响，往往对公众来说也有着更高的可信度，是一种不容易引起反感的广告形式。名人微博内容中出现的产品往往能够引起大众的好奇和关注，很容易引发跟随效应，粉丝间裂变式的转发和散播所带来的广告效果是不同凡响的。

3. 微信平台推送

微信平台推送广告的前提是受众对其微信平台进行关注。商家会利用人们关注的热点事件推送广告以吸引消费者眼球。目前微信的广告形式有微信二维码广告、微信公众号广告等。

①微信二维码广告

微信二维码广告是用户通过微信的"扫一扫"功能扫描其他二维码而接收广告主的广告信息。常见的是商家吸引受众扫描二维码，这种广告形式需要线上线下的策划和推广。

②微信公众号广告

微信公众号广告，即在微信公众号里所出现的含有广告主的传播信息的广告，主要有软文植入、原生广告、活动赞助等。软文植入相对隐性，不易被受众察觉。微信公众号一般是受众根据自己的兴趣爱好而主动订阅，受众对其心理接受度大。

4. App 应用推送

App 是应用程序 Application Program 的简称。App 应用推送的广告通常是通过下载指定应用或使用捆绑服务获取相应的积分或抵用券等达到传播效果。App 广告一般有 App 植入、品牌 App 两种基本模式。

①App 植入模式

即将产品、品牌的名称、标志以及相关信息植入应用程序，当用户点击广告时，应用程序会进入预设的效果状态。下载量巨大的应用程序将带给广告信息相当高的曝光率，从而使广告主实现产品品牌宣传或者其他营销活动的目的。

②品牌 App 模式

品牌 App 即企业为品牌量身定制应用程序。企业将它发布到应用商店内，通常会以免费或低价的方式提供给移动用户下载。这种应用程序既能够为用户提供特定的工具，也能够有效地将企业信息传达给用户，实现产品销售及品牌宣传的效果。

二　新媒体广告传播特征

通过对融合新媒体广告形式的分析，我们可以看出新媒体广告具备以下传播特征。

（一）受众导向性

在传统媒体下，广告的信息流具有强制性，是由发送者强制推送给受众的，因而受众是被动接受的，容易产生反感。新媒体技术实现了传者和受者之间的互动传播，打破了过去单向的信息传递模式。传者与受者的界限日益淡化，传者和受者之间的交流更加容易，体现受众导向性。在互联网络高度发达的今天，广告已经进化为"双向的、互动的、参与式的、数据库驱动的"沟通行为，甚至消费者已经成为"需求广告"的发布者，各种发讯者构成的"粉丝"圈群形成，其对各种品牌体验主动出击表态，形成舆论社群，全面摆脱企业主通过广告发布实施的话语控制权。[①] 在新媒

---

① 刘国基：《新媒体广告产业政策的应对》，《广告大观》2008 年第 6 期。

体环境下，受众不仅表现对广告信息的需求，更体现主动搜索品牌信息、双向沟通、主动发布需求的特点。至此，新媒体广告的主导者已经由传统意义上的广告主、广告代理公司、广告媒体，转变为广告受众。所以，新媒体广告表现鲜明的受众导向的互动性特点。

（二）多元呈现性

新媒体在发展过程中表现动态的特点。一方面，已有的新媒体不断地自我更新，希望提升用户体验；另一方面，不时有各种新媒体诞生，以满足更多用户个性化的需求。这些都使得新媒体的质量不断提升、数量不断增长，广告传播渠道的选择变得更为多元和广阔，也更加方便受众接触广告信息，以及利用合适的渠道互动反馈信息。

新媒体技术是以多媒体为基础的，支持文本、图形、声音、图像等多种信息呈现方式。这使新媒体广告的创意不再受载体限制，增加了新媒体广告内容表现的更多可能。新媒体广告通过对受众听觉、视觉、触觉等的多种刺激，使受众重新建立起感官的平衡。

新媒体广告传播体现多种信息形态并存、多种媒介载体并用的趋势，传统媒体与新媒体融合形成聚拢、集合的效应。形态与形态之间、媒介与媒介之间还会有一定的延伸、互动与沟通，广告信息整合式、复合性的呈现有效地促进了品牌传播在广泛性和深入性方面的发展。

（三）传播互动性

互动性是新媒体广告区别于传统媒体广告最根本的特点。互动性是新媒体广告最重要的特性之一。新媒体环境下受众与信息、受众与受众的互动沟通存在于信息传播活动的任何一个环节，比如受众可以定制个性化的广告，选择具体的推送信息、推送时间与场合；受众若对广告内容产生兴趣，可以通过电子邮件、即时聊天工具等向广告主咨询，也可以通过搜索引擎检索信息；受众若想得知该广告中涉及的品牌、产品、服务等的口碑，可以通过社会化媒体、电子商务网站加以验证；受众最终产生购买行为后，也可以在相关的电子商务网站、社会化媒体、网络社区等反馈使用体验或进行使用评价，与其他受众进行沟通。信息传播的即时性不仅能使受众与信息、受众与受众之间的互动沟通在各自的平台上顺利地展开，使整个广告信息的传播流畅化，而且提升了用户的体验，强化了广告的效果。

（四） 信息发布即时性

受传统媒体下广告制作模式的影响，普通广告制作周期较长，再加上传统媒体广告投放平台的发布门槛较高，不利于灵活控制广告的投放和广告信息的进一步传播。基于数字化信息传播技术的新媒体改变了传统媒体下信息发布的滞后性以及信息传播的延时性。

由于信息发布的即时性，新媒体广告更加注重借用社会的热点与动态的连带关系，引导受众关注新媒体广告的传播，从而创造巨大的传播效果。

（五） 效果评估可控性

一般而言，报纸、杂志通过发行量，广播电台通过收听率，电视台通过收视率来进行广告效果评估。报纸、杂志、广播电台、电视台的受众数本身无法代表真正的广告受众数，影响到广告的评估效果。在新媒体环境下，受众对广告的接触行为可以通过计算广告点击的方式了解。评估的结果可以实时监测，及时反馈给广告主，从而使其检验当下广告投放策略的有效性，以完成广告投放的目标。更重要的是，新媒体还可以追踪广告受众，通过对访客流量的统计不仅可以判断广告受众的数量，还可以了解访客的登录时间、登录次数、地域分布、年龄职业等重要信息，这有助于对受众群体进行清晰划分。根据这些受众信息，还可以建立完整的用户数据库，让广告主对受众有更加准确的把握，而且可以了解到更多的受众行为用来判断其偏好，从而实现信息的及时、精准推送，达到提升广告效果的最终目的。

无论是对广告效果更精准、更实时的统计，还是对受众行为更清晰的追踪，都体现了新媒体技术赋予新媒体广告在效果评估方面的可控性，这也是新媒体广告区别于传统广告非常重要的一个特点。

三　新媒体广告是融合广告

新媒体广告具有典型的融合特征，是融合广告。随着互联网技术的发展，多种新媒体广告形式受益于融合技术，向富媒体广告、原生广告、信息流广告汇聚，广告产品迭代周期越来越短，变化速度越来越快。

（一）富媒体广告是广告元素的融合

富媒体（Rich Media）并不是一种具体的互联网媒体形式，而是指具有动画、声音、视频和/或交互性的信息传播方法。富媒体广告属于宽带广告的一种，除了提供在线视频的即时播放之外，内容本身还可以包括网页、图片、超链接等其他资源，与影音同步播出，为网络公司和网民提供一种全新的媒体体验。[①] 富媒体广告采用先进的视频流或音频流技术并结合 Flash、Java 等程序，将广告作为一种服务，加强了受众与广告主之间的互动，是优秀的广告策略和高效的网络技术的完美联姻。[②] 作为电子传媒各种技术的融合形态——富媒体广告的出现，在以往基础上，进一步将网络广告的创意推向前进。它可以使视频广告即时在线播放，幅面大，曝光度强，目标客户选择能力准确，又具有网页、图片、超链接和互动平台等资源。[③]

富媒体广告是将视频、动画、图片、声音、文字等多种媒体及互动的内容全部或部分融合于一则广告中，网络用户浏览网页时，不需要安装任何软件或插件就可以播放和收看的广告应用形式。富媒体广告目前主要有视窗类广告、流媒体广告、超载广告、响应类广告等几种形式。富媒体广告大大丰富了横幅广告、弹出式广告、插播式广告等原有网络广告的内容和表现效果。它尽量与受众的经验结合，创意充满乐趣、设计更吸引人，受众可以依据个人喜好触发广告和参与在线互动，把富媒体广告看成一种非常有趣的网络对话，这彻底改变了网络广告的传统形象。[④]

富媒体广告在互联网中的应用已非常广泛，有着多样的展现优势，既有对传统网络广告形式的改进，又有自己特有的展示形式，而当前的富媒体广告也形成了一些固定的表现形式。常见的富媒体广告形式大致分为以下五类。

嵌入类。占用传统网络广告位置，但嵌入的广告格式更为丰富。代表形式有视频画中画和超载通栏富媒体广告。

视窗类。在网络用户打开页面时，该广告形式自网页右下角浮出并进

---

① 朱松林：《富媒体：网络广告的新选择》，《传媒》2006 年第 3 期。
② 朱松林：《富媒体：网络广告的新选择》，《传媒》2006 年第 3 期。
③ 殷晓蓉：《富媒体广告：将网络广告的创意推向前进》，《广告大观》2006 年第 5 期。
④ 潘云华：《富媒体广告的设计与表现研究》，《艺术与设计》2010 年第 5 期。

行视频播放，具有功能完备的独立广告播放器。视窗类富媒体广告多是直接利用广告主现有的视频素材进行基本无损伤的压缩处理，而在广告播放完毕后，视窗会自动收回，并可提供给用户下载视频。代表广告形式有标准视窗、外框定制视窗、片花视窗等。

扩展类。扩展类富媒体广告能够实现用户鼠标的响应，当用户鼠标滑过或点击广告时，扩展广告即被触发，当鼠标移开时，扩展部分播放完毕后自动消失。代表广告形式有扩展通栏、扩展对联、扩展擎天柱、扩展画中画等。

浮层类。当用户打开网页时，浮层富媒体广告以不规则动画形式突然出现在网页上，动态的形式很容易吸引人的注意。代表广告形式有撕页、超大流媒体、疯狂流媒体、视频流媒体。

自媒体型。自媒体型主要是指出现在个人网站、博客、空间、邮箱、微信朋友圈等个人媒体中的形式。①

富媒体是指以多媒体技术为基础，伴随宽带技术不断升级而发展起来的一项互联网新技术。富媒体广告的技术优势有以下几点。

1. 大容量的多媒体内容

在富媒体广告出现之前，一则网页广告只有 30～40K 大小，表现的是简单的文字信息或图片。而现在富媒体广告的容量可达 300K 甚至 2M 以上，为设计师提供了足够大的数据量来实现创意。富媒体广告以图、文、声、像的形式传送多感官的信息，能同时具有电视广告的影音娱乐性、平面广告的文字力量与情感，从而更好地展现品牌形象，增强网络广告的实效。

2. 强大的交互功能

富媒体广告支持丰富的互动形式，如 3D 互动演示、互动游戏、在线互动调研等互动内容。这种实时的互动可以最大限度地调动用户的各种感官，带给用户一种完全交互的虚拟现实体验，让其更全面地感受广告产品的特性。

3. 实时广告效果监测与信息反馈

富媒体广告的实时统计系统可以对广告的投放情况进行全面的监测，

①　郑建华、解基程：《富媒体广告中的用户体验研究》，《科技视界》2014 年第 22 期。

包括对总体播放次数、完全播放次数、点击数、点击率、下载次数、下载率等的统计；还可以通过用户的信息反馈，挖掘、分析用户的上网习惯，追踪用户兴趣和关注行为。这种数据分析能保证广告准确地送达到真正感兴趣的消费者面前，让企业收到最佳的广告效果。[①]

（二）互动广告是广告主和受众的融合

从传播的形式来看，新媒体广告的互动性是其典型特征。广义的互动广告指的是广告媒体或者广告本身具有直观的可操作性和参与性，能够引发受众行为上的互动反馈，广告受众有意或者无意地参与广告中，从而完成广告的传播；狭义的互动广告指的是受众能够自发参与广告当中，同时根据自身的体会对广告的内容提出一定的反馈和建议，以实现两者之间的有序沟通。[②]

H5 技术在互动广告设计中得到广泛的运用。H5 全称 HTML5，指第五代计算机网页编程语言。它具有超强的兼容性、强大的存储性，以及图文、音频、视频等多媒体的融合性，是一种高级的网页技术，集文字、图片、音乐、视频、链接和丰富的控件、技术、动效等于一体。而 H5 广告则是品牌广告主为了宣传或推广自己的商品、文化理念等，在付费的基础上，以 H5 技术为表现手法进行广告创意设计，通过移动端社交媒体平台向广告受众进行商品信息互动传播的活动。基于移动社交媒体平台的 H5 广告具有与生俱来的互动性，其表现形式也颇为多样，有简洁的图文视听互动，也有集触感、重力、跨屏、3D、VR、AR 等技术于一身的多重技术混合互动，还有游戏的趣味互动等，这对品牌推广、产品宣传等具有重要作用。

HTML5 广告设计表现形式可总结为以下几种类型。

1. 图文结合。图文结合是 H5 广告设计中最为基础和常见的表现形式。"图"的运用和展现不局限于静态的图片，动画和视频的介入更容易引发视觉冲击。丰富多态的图片展示搭配相关文案说明就可清楚明了地传递广告内容。这一表现形式的 H5 广告设计通常通过点击、滑动等行为来进行页面切换，操作简单，实用性强。

---

① 杨洁：《论富媒体广告的用户体验创意设计》，《大众文艺》2010 年第 18 期。
② 吴佳妮：《新媒体环境下推动互动广告传播策略的研究》，《科技传播》2015 年第 17 期。

2. 情境故事。情境故事是"以情动人"的广告设计表现形式。它通常在 H5 广告设计中建立场景或以某个故事为主线。用户在体验时被设计师带入设定好的情境中，变身为故事的"主人公"，身临其境，引发情感共鸣，激发记忆触点，从而形成长久而深刻的回忆。设计师在制作情境故事形式的 H5 广告时，需要对目标人群进行深入的剖析，寻找用户关心和敏感的热点和话题，发觉共性痛点，用户体验的过程则成为情感寄托的过程。

3. 互动游戏。互动游戏 H5 广告设计形式是大众乐于接受的表现形式。将 H5 广告变身成小游戏，通过设置关卡让用户闯关，可以激发用户参与和互动的积极性，从而让其享受游戏的乐趣。这种广告表现形式通常深受商家的喜爱，游戏的介入使广告由硬式填鸭变为趣味渗透，用户的态度也由抗拒抵触转变为积极参与。互动游戏形式的 H5 广告设计将整个营销过程转变为游戏体验的过程，商家通常将相关产品的优惠券或代金券等作为游戏的奖励，无形中激发了用户消费，实现了利益的最大化。[1]

（三）原生广告是内容和广告的融合

原生广告是近几年互联网新传播形态中的广告形式，其本质是将媒体内容与广告内容无缝融合。原生广告更多是基于数字营销时代对用户体验的考量，所要传达的是一种理念和思维方式。2011 年 9 月联合广场（Union Square）风险投资公司的创始人弗雷德·威尔逊（Fred Wilson）在 OMMA 全球会议上提出：新的广告形式将存在于网站的原生变现系统（Native Monetization Systems）当中。英国的原生广告服务商 Content Amp 认为："原生广告是与上下文背景高度相关的广告；它在传递过程中整合了付费媒体（Paid Media）、自有媒体（Owned Media）和免费媒体（Earned Media）；它是对商业属性做出明确标签的品牌化内容；原生广告是由用户启动的广告。"[2] 喻国明认为："简而言之，内容风格与页面一致、设计形式镶嵌在页面之中，同时符合用户使用原页面的行为习惯的广告，被称为原生广告……如果从狭义来看，原生广告应当是网站独特且原有的体验。形式上融入媒体环境，内容上提供用户价值，促成产品与用户之间的关联与共

---

① 刘春雷、高研：《基于情感体验的 HTML5 广告设计研究》，《工业设计》2019 年第 10 期。
② 康瑾：《原生广告的概念、属性与问题》，《现代传播》2015 年第 3 期。

鸣，是原生广告必须满足的条件。"①

移动互联网时代，伴随着移动产品的不断创新，原生广告也有了新的变体，具体可以分为内容原生与形式原生。内容原生是指以广告为中心的内容表达，实际上就是内容营销，但是伴随科技的发展，它的表现形式不局限于文字，也包括创意中插视频广告、音频广告、图文植入广告等。例如丰田汽车以"幸福"为主题的一期视频广告，爱奇艺通过它的"剧情站"产品将该期广告投放到"亲吻""拥抱""高兴""开车"四个场景中来诠释幸福。形式原生是指广告与媒体所承载的内容在风格和形式上保持一致，包括信息流广告和搜索关键字广告等。关键字广告在展现形式上包括了标题、描述和网址等，与搜索引擎蜘蛛索引的网站信息在前台所展现的样式是相同的，用户如果没有注意到右上角添加的"广告"两字便很难区分。而信息流广告与之类似，以百度信息流广告为例，广告前台展现的形式包括标题与图片，与手机百度 App 的新闻资讯形式一致，如果没有左下角的"广告"标记也很难区分。

（四）信息流广告是信息和广告的融合

信息流广告也称 Feeds 或 News Feed 广告。"所谓 Feed 流广告，即在用户查看的好友动态中插入推广信息，并依据社会群体属性根据用户喜好进行智能推荐。"② 可以认为："信息流广告是原生广告的一种，它穿插在资讯信息流中展现，且与整体的页面在风格和形式上保持一致，增加了赞助商推广等标签以便于用户识别。"③

信息流广告以原生态的方式融入用户语境。信息流广告依托海量的用户数据和信息流生态体系，可精准捕捉用户意图，有效降低用户干扰，将广告展现给目标客户，并且容易激发受众的主动性，促使其主动接受、分享。这种广告以推荐引擎为核心，被嵌入用户日常浏览的资讯、社交动态或视频流中，通过用户的刷新行为而不断变化，更易于用户接受。展现方

---

① 喻国明：《镶嵌、创意、内容：移动互联广告的三个关键词——以原生广告的操作路线为例》，《新闻与写作》2014 年第 3 期。

② 崔艳岩：《微信 Feed 流广告浅析》，《新闻研究导刊》2015 年第 10 期。

③ 孟琴：《百度信息流广告的优势及投放策略研究》，硕士学位论文，安徽大学新闻传播学院，2018。

式以文字图片加链接为主，通常采用按点击的 CPC 或按展示的 CPM 模式收费。

信息流广告最早于 2006 年出现在 Facebook 上，后来延伸到 Twitter 和 Instagram。后来国内的 QQ 空间、微博和微信等社交媒体也纷纷推出信息流广告。2012 年新浪微博开信息流广告先河，在短短几年内，不仅百度、腾讯、阿里巴巴、搜狐等老牌互联网企业纷纷布局，今日头条、陌陌等互联网新星企业也快速涌入。在社交领域兴起的信息流广告，也被搜索、资讯等领域迅速引进，由此形成了以百度为代表的搜索信息流广告，以微信为代表的社交信息流广告和以一点资讯为代表的基于兴趣标签的信息流广告。

第二节　融合营销的运营

新媒体营销是指在电子化、信息化及网络化环境下所开展的营销活动。新媒体营销以微信、微博等线上社交平台，电子刊物，网站或软件，网络视频等作为载体，运用现代营销理论和互联网的整体环境进行的营销方式。新媒体营销以现代营销理论作为理论基础，通过高科技的运用，最大限度地满足客户的要求，进而实现开拓市场和增加利润。

一　新媒体营销的演进

（一）Web1.0 阶段的营销

新媒体营销是依赖于新媒体进行的营销活动，网络营销是新媒体营销的第一阶段。网络营销（On-line Marketing 或 E-Marketing）又被称为网上营销、在线营销、网络营销、互联网营销等，是指为实现营销目标，借助联机网络、电脑通信和数字交互式媒体进行的营销活动。

网络营销以互联网为载体，用符合网络传播的理念和方法实施营销活动，以实现组织目标或社会价值。常用的网络营销方法有：网络广告、交换链接、信息发布、邮件列表、许可 Email 营销、搜索引擎注册、个性化营销、会员制营销、病毒性营销，等等。从广义上讲，凡是为达到一定营销目标、以互联网为主要手段进行的营销活动都可称为"网络营销"或

"网上营销"。网络营销贯穿企业开展网上经营的整个过程，包括信息收集、信息发布、开展电子商务、网上售前售后服务等。它不仅是一种技术手段革命，还包含了更深层的观念革命。它是目标营销、直接营销、分散营销、顾客导向营销、双向互动营销、远程或全球营销、虚拟营销、无纸化交易和顾客参与式营销的综合。

网络营销产生于20世纪90年代，随着网络信息技术的发展、网民数量的激增、消费者价值观的改变，网络在人们的日常生活中扮演着越来越重要的角色。激烈的商业竞争促成了网络营销的产生和发展。网络营销也必然成为企业的一种主要营销模式，并成为企业整体营销战略的一个重要组成部分。

网络营销的载体主要是网站营销，基本形式有以下几种。

1. 细分网站营销

包括内容分类网站营销和社区细分网站营销。内容分类网站即将类似的产品和广告聚集在一起进行展示的网站。分类网站类似报纸的分类广告，但具有低成本以及数据库容量大的特点。类似的广告要想获得被用户点击的机会，必然要想方设法出现在用户搜索结果的前列。社区细分网站营销是随着消费者的分众趋势兴起的，它基于各种各样特定用户的网络社区，如老年网络社区、学生社区、女性社区，以及各种时尚社区等，对网民及其需求的细分也越来越精准。

2. 搜索引擎营销

搜索引擎在网络营销活动中具有举足轻重的地位。搜索引擎营销是一种利用排名来提高品牌、产品或服务的市场知名度和曝光度的过程。随着新媒体环境下企业对网络营销活动重视程度的提高，搜索引擎可以实现目标用户精准定位，实现目标用户精细化管理，通过目标用户分析有针对性地投放精准广告，提升产品展现量和点击量，提高产品转化率。搜索引擎营销将创造更多的市场机会。

3. 电子刊物营销

电子刊物具有自己独立的官网或软件，除了图片和文字之外，还具有传统纸质刊物所不具有的影像、音频等动态元素，因此电子刊物的版面设计可以更加丰富，更加具有吸引力，这也为电子刊物营销提供了一个更好的平台。对某个或某些特定的电子刊物信息的搜索行为往往是消费者主动进行的，因此电子刊物具有比较固定的受众群体，能够在进行商品营销的过程中更加有针对性地满足受众群体的消费需求。

（二）Web2.0 阶段的营销

随着互联网进入 Web2.0 时代，社会化媒体崛起，新媒体群形成，新媒体营销也具有了更广泛的形式。社会化媒体营销成为新媒体营销的基本形式。

1. 社交媒体营销

社交媒体具有的参与、公开、交流、连通性、社区化等特点，可以激发感兴趣的受众主动地贡献和反馈信息。社交媒体营销是以信任为基础的传播机制，通过消费者自愿参与的方式来影响其他消费者的消费决策，使产品品牌快速在用户中传播扩散。社交媒体用户黏性高，目标客户群定位清晰，为产品品牌提供更加精准的用户群。社交媒体营销占有的市场份额还在不断增长，成为一种全新的商业竞争模式。

（1）博客营销

博客营销简单来说就是利用博客这种网络形式开展网络营销。博客是个人互联网出版工具，是网站应用的一种新方式。它为个人提供了信息发布、知识交流的传播平台，博客使用者可以很方便地用文字、链接、影音、图片建立起自己个性化的网络世界。博客内容发布在博客托管网站上，如博客网、Google 属下的 Blogger 网站等，这些网站往往拥有大量的用户群体，有价值的博客内容会吸引大量潜在用户浏览，从而达到向潜在用户传递营销信息的目的。博客营销具备成本低廉、时效性强和互动性强等特点，商家能够通过博客，第一时间发布产品信息，并实现与消费者之间的互动，取得良好的营销效果。

（2）微博营销

微博营销是指通过微博平台为商家、个人等创造价值的一种营销方式，也是商家或个人通过微博平台发现并满足用户的各类需求的商业行为方式。微博营销具有很强的时效性，而且借助微博网站进行营销可以节省营销成本，从而使企业获得更大的收益。一些商家通过注册自己的微博账号，将商品信息发布到账号平台，使关注者在第一时间了解到最新的商品信息。

（3）微信营销

微信凭借其独特的产品定位及良好的用户体验，已经成为移动端用户的必备应用。企业微信公众账号为企业与其目标消费群体进行互动营销提供了切入点，企业利用微信营销可以发挥一对一的优势，实现个性化推送，为客户提供个性化的服务。微信平台的分享功能为营销信息提供更大的覆盖范围。微信所带有的支付功能更加方便快捷，因此企业借助微信平台进行营销能够收到更有效的回报。

2. 视觉化营销

视觉化营销是通过视觉实现产品营销或品牌推广的目的。随着网络视频形式的发展，其种类也越来越丰富。视觉化营销的目的就是使商品的价值和效果最大化，打造一个让目标顾客容易看、容易选、容易买的在线购物场景。

（1）视频播客营销

现存的视频播客类网站已经出现了较有影响力的市场领导者。视频作为一种丰富多彩的网络内容在网络带宽不断发展的大环境下，已经逐渐成为网民上网娱乐的一种主要选择。现有的视频网站，通过与视频上传者分享广告收入激励用户上传视频，从而不断丰富网站的视频内容。

（2）微视频营销

短视频占据了网络大量的流量，引起了各大电商平台的关注。短视频、微电影因适合碎片化观看而被广大网友热捧，并吸引各大企业在视频广告上投入大量的资金。企业通过轻松愉快又不乏新意的广告短片吸引消费者的眼球，聚焦消费者的注意力。

（3）微电影营销

微电影是指在新媒体平台上播放的、适合在移动状态和短时状态下观看的影视作品。微电影既是加长版的广告片也是精华版的电影，它是广告，同时传递了电影的剧情。在紧张的生活节奏中，它如同快餐一样满足了受众的需求。

（4）直播营销

随着互联网的发展，网红成为消费者购买产品的主要风向标，微博、小红书和抖音等 App 的网红甚至拥有数千万个粉丝，通过网红进行网络直播就是一个很好的营销策略，可以有效吸引粉丝的注意，从而带动产品的销售。网红所拥有的粉丝群体一般在某一方面具有相同的价值观，因此直播可以实现传播者和用户之间的双向沟通。

二　新媒体营销的特征与特点

新媒体环境下的网络营销活动将新媒体特色与营销活动相结合，更具个性化特征，更契合用户的需求。新媒体环境下的网络营销活动是企业软性渗透的商业策略的体现，通常借助媒体表达与舆论传播使消费者认同某种概念、观点，从而达到企业品牌宣传、产品销售的目的。通过新媒体传播的产品信息更容易受到消费者的信赖。

（一）新媒体营销的特征

新媒体环境下的网络营销区别于传统媒体营销，主要特征体现在以下几点。

1. 多点对多点营销

随着社交网络时代的来临，信息传递实现了多点对多点的传播，彻底颠覆了传统媒体中一点对多点的单向传播。传统营销主要是通过单向强制性活动，在消费者心里留下强烈印象，从而影响消费者的购买行为。新媒体环境下的网络营销以用户为中心，关注用户的消费需求和产品体验。在多点对多点的传播方式下，信息的传播速度快。传统的营销模式基本上是一个卖家多个买家，因此很难满足每一个顾客的需求。网络营销可以采取一对一的营销模式，解决了顾客的个体需求，是消费者主导的、非强迫性的、循序渐进式的，而且是一种低成本与人性化的促销。

2. 微营销

Web2.0 时代提供了一种碎片化传播，或称裂变式传播。首先是切片营销。它要求对内容进行切片化处理以实现高效传播，其核心是"微"——微内容、微动作、微表达、微成本等。其次是微链运转。微链是一个没有中心的世界，无数的微链把网民链接在一起，把握话题导向，引发行动。

3. 关系营销

新媒体营销的基点在于关系，与用户建立关系才能够触发他们的行动。情感是建立并维护关系的重要手段，企业通过追求情感共鸣的营销方式，可以使新媒体广告从一般认知记忆逐渐转移到个性心理记忆的方向，在满足受众心理需求的前提下，激发其购买欲望，进而产生更好的营销效应。

4. 虚拟体验营销

结合"互联网+"时代的先进技术，为消费者提供虚拟体验服务，丰富用户的产品体验，提高消费者对企业的满意度，有助于消费者购买行为的产生。增强现实（AR）技术是一种将通过计算机技术生成的虚拟物体与现实生活相结合的技术，目的是达到对现实的增强，带给用户更加真实、有趣的感官体验。AR技术满足了用户对于趣味性的需求。AR技术的使用过程是一种商家与用户间游戏式的互动过程，用户在"游戏"的过程中主动接受商家的信息，游戏的趣味性有助于扩大传播效果。

（二）新媒体营销的特点

新媒体技术的互动性、开放性、参与性为新媒体营销开辟了新的空间。新媒体营销具有以下鲜明的特点。

1. 超越时空性

新媒体营销活动能够超越时间约束和空间限制。人们能随时随地网上购物，并借助新媒体社交圈与其他人沟通，使得网络营销脱离了时空限制。网络的连通性决定了新媒体营销的跨国性，网络的开放性决定了新媒体营销市场的全球性。新媒体营销是在一种无国界的、开放的、全球的范围内寻找目标客户。

2. 互动性

新媒体营销作为以互联网为载体的营销方式，可以很好地进行双向互动。在新媒体环境下的营销模式，消费者不是被动地接收信息，而是有针对性地选择信息，并实现与商家之间的实时互动，使营销更加具有实效性和针对性，大大提高了营销的效率与质量。互联网通过展示商品图像，商品信息资料库通过提供有关查询，来实现供需互动与双向沟通。

3. 精准性

新媒体可以精准统计受众的人数，包括用户的渠道来源、用户浏览时长等，而且后台数据库可以根据用户多次浏览情况推送顾客喜欢的产品信息。很多企业在推广相关品牌之前，会通过网络平台创建话题，让消费者通过话题进行讨论和交流，充分了解消费者的需求。这不仅可以使企业率先占据市场，也有利于企业根据消费者的需求及时调整营销方案和策略。企业可以通过大数据技术进行行业产品信息的挖掘，实施精准营销。可以结合消费者在网络上的信息进行消费行为和消费习惯的分析，有针对性地进行产品研发和产品销售；结合企业目标客户群的消费需求，制定相应的产品营销策略，提升企业产品的营销效果，为企业创造更多的利润。

4. 整合性

新媒体营销对多种资源进行整合，对多种营销手段和营销方法进行整合。可以整合多种社交媒体，综合利用网站、博客、微博、微信、客户端和微视频等手段进行营销。互联网上的营销可将售卖、收款、售后服务连成一体，形成一种全程的营销渠道。网络营销可以借助互联网将不同的传播营销活动进行统一设计规划和协调，以统一的传播资讯向消费者传达信息。

三　新媒体融合营销策略

新媒体营销吸纳了众多营销理念的精髓，但又不同于任何一种营销理念。计算机科学、网络技术、通信技术等多学科的综合技术给予了网络营销以技术铺垫；近半个世纪以来多种营销理念的积极探索，给了新媒体营销以丰富的内涵。

（一）新媒体营销的导向

传统营销以到达率和受众接受程度为目标，比如报纸和杂志重视发行量、电视重视收视率等；新媒体营销不仅能够准确掌握用户的访问量，还能掌握用户的访问时间、访问地点、消费习惯等。新媒体环境下网络营销与传统营销的价值理念有着很大的不同。

1. 分享观点，寻找更默契的认同

传统营销是单向、强制性地向消费者进行产品营销，力图向受众灌输观点，但是未必能得到消费者的认可。新媒体营销讲究的是互动和分享。营销者可以把自己的观点分享给受众，并且和其建立起紧密的联系，从而形成观点互动，最后达到相互的认同。大量社交网络平台的兴起，不仅为企业和消费者搭建了一个合作交流平台，而且还转变了品牌与客户之间单向的信息传播模式，加强了双方间的互动。

2. 以消费者为中心，寻找更具价值的受众

新媒体营销重点从产品本身移到消费者身上，营销者必须比任何人都清楚消费者的喜好、思维模式。随着互联网的发展，网络受众规模正在不断扩大，网民从年轻、低收入群体逐渐向较高学历、较高收入的人群转变。无论对耐用消费品、高价值消费品，还是对快速消费品，精确营销可以获得最有价值的受众和消费者。这种优势对于推动消费品市场中优秀品牌、强势品牌、高端品牌的塑造非常有价值。

3. 更积极地感应，寻找有效流量

网络受众具有开放、积极、尝试、冒险的心态，而且对环境和市场敏感度很高，这意味着网民更愿意在不同的品牌间进行转换，网民愿意挑选的余地更大。过去的营销主要是抢渠道，如今渠道的地位变弱。互联网的流量入口在不断变化，移动端的流量变得不容忽视。受众的这些特征在市场营销中发挥着独特的价值。

流量池简单来讲就是针对特定行业利用一种有效的社交渠道吸引相对精准的粉丝关注的载体。在这个流量池中，大家所关注的焦点基本相同，并且每天通过有效互动带动潜在的流量流转，使其为特定的营销目标提供动能。现在几个主流的平台都有自己的流量池，例如：腾讯流量池有微信、QQ、腾讯游戏、腾讯音乐等；阿里巴巴流量池包括淘宝、天猫、支付宝、优酷、虾米等；小米流量池涵盖小米手机、小米电视、小米音乐、小米游戏、小爱音箱、小米手环等。流量裂变就是借助社交平台（微博、微信、朋友圈、社群、QQ群）的力量，来触发身边的连接点，将人与人的关系网络打通。当一个产品的用户达到一定量级的时候，裂变效应就会喷薄而出。在新媒体形势下，利用意见领袖的力量获得流量变成了营销的重中之重。

（二）新媒体营销的实施方式

媒体融合为新媒体营销注入了新的活力。新媒体营销的主要方式是融合营销。

1. 新媒体营销与传统营销融合，打造立体化的营销策划方案

虽然新媒体营销在当前的营销类型中形式最新，效果较好，覆盖面广，也取得了消费者和企业的一致认同，但是绝不能忽略传统营销方式的惯性给人们带来的影响。传统营销手段与新媒体营销手段并不是对立关系，而应该保持有机统一、共同发展的良性关系，两种手段应该相辅相成。要将新媒体和传统媒体在开展营销的过程中有机结合起来，互相帮助，互相补充。实现两者的优势互补，从而采取高效的媒介组合策略，将有利于整合营销传播，构建注重用户体验、人性化的营销体系，从而进一步的增强企业核心竞争力。

2. 重视多屏融合，兼顾多种媒体营销模式，实现分屏跨界营销

随着互联网技术的不断发展和创新，新媒体营销在一定程度上打破了传统的营销模式和营销手段，从根本上对多媒体信息传播方式和渠道进行了系统化的规划，充分实现了多屏整合、跨界营销。通过这样的营销模式，企业可以根据对消费者在不同的营销平台上的浏览习惯、购买习惯及生活习惯等的把握，对消费者的消费模式和消费理念进行推算和判断，从而更好地服务于消费者，为其提供切实可行的消费方案。另外这样的营销模式还能够准确把握消费者的消费心理，不断提高企业自身的核心竞争力。

互联网技术和数字媒体技术的出现使传统媒体之间的边界变得模糊。进行新媒体营销要求企业能够系统化思考整个营销过程。要实现真正意义上的多屏整合必须做到各种媒体之间实现无缝化对接，将传播过程中的协同联动融入现实生活。企业也可以用相同的渠道以更加方便和专业的方式获取消费者信息，从而能够以相比过去更加精准而有效的方式将本企业产品的信息传达到受众手中。

3. 线上线下融合，促进线上和线下营销的协调和密切配合

"互联网+"时代新媒体营销要从线上和线下两方面实现资源整合。新媒体相关平台应当充分协调好线上和线下两个营销部分，利用先进的

技术以及优质的服务作为营销保障，促进线上和线下工作密切配合与衔接。新媒体平台要充分重视线上销售与线下物流工作的对接与协调，尽量保证消费者良好的消费体验。平台和企业要以提升品牌效应以及销售业绩作为改进新媒体营销模式的重要目标，争取为企业以及平台带来更多的效益。

互联网时代的新媒体营销要顺利开展，需要构建一套完整的营销传播体系，实现线上与线下的无缝连接，使产品的生产、传播、销售与售后形成良性循环，保证营销方案按照预期计划顺利执行。同时，也要通过不断完善售后、物流等线下环节来优化消费者的购物体验，实现线上与线下良性互动，生产、营销与售后良性循环，形成品牌效益。

4. 积极创建多元化的新媒体营销平台

平台运营是支持新媒体营销的重要因素，也是在现有新媒体广告中需要重点整合的一项管理要素，要以积极创建多元化新媒体营销平台作为重要发展手段。随着物质生活水平以及消费水平的提升，大众更加追求高品质的消费体验。新媒体营销模式要从多角度入手为消费者提供优质便捷的服务。消费者使用新媒体进行购物等活动，不仅要获得优质的产品，同时更要获得贴心的服务以及强烈的信任感。企业应当为客户创建更加多元化的新媒体营销平台，从用户体验度、用户交互性、产品需求、产品优质性以及营销服务等多方面打造营销平台，把消费者的真切需求作为创建平台的宗旨，让消费者获得多重体验，以促进企业以及平台效益的可持续发展。

第三节　媒体融合语境下品牌传播

现代营销理论将品牌的建立和管理作为了营销策略中的重要部分，如科特勒在《营销管理》一书中所言，每一个强有力的品牌实际上代表了一组忠诚的顾客。品牌形象具有极大的经济价值，形成媒体品牌资产。"媒体品牌资产可界定为：媒体品牌知识对于受众对媒体营销活动反应所产生的差异化的影响作用……媒体品牌资产是由品牌忠诚、品牌意识、主观质量、品牌联想和其他资产组成的一个多维度概念。"①

一　品牌的维护和延伸

随着媒体融合的推进，新媒体已成为融文字、图片、音频、视频等多种表现形式为一体的传播形态。"新媒介不但有内容做渠道，而且其触角深深植根于人们的'生活圈''消费圈'的环境终端。"② 因此，塑造和积累媒体品牌资产是提升产品影响力和竞争力的关键。

（一）产品品牌的认知要素

产品品牌的目的在于提高品牌的知名度和美誉度以及独特性或特色度，这些都与品牌认知要素密切相关。品牌认知要素包括以下几个。

1. 产品价值

产品价值是品牌资产的核心，包括内容价值、渠道价值、终端价值和衍生品价值等四个维度。其中，内容价值包括传播的时效性、内容挖掘的深度、信息覆盖的广度以及内容的社会影响力。渠道价值涉及传播渠道的差异化和信息流通的速度、效率。终端价值则是测量媒介终端设备的种类、覆盖区域和随动性。衍生品价值包括品牌价值链的延展能力。

2. 品牌认知

完善的用户体验可以强化媒介品牌认知，而良好的品牌认知则推动产品价值的进一步提升。品牌认知可以从品牌吸引力、品牌形象和品牌忠诚三个维度测量。品牌吸引力是用户对品牌的识别程度，品牌形象则反映用户的品牌联想。若要建立用户与品牌之间的稳定关系，需要把握品牌联想强度、有利性以及独特性等重要因素。

3. 营销活动

新媒体产品价值的实现离不开有效的营销活动。产品进入营销环节，必须面向市场和最终用户，基于用户的个性化、定制化来反向思考产品的定位和营销。首先，新媒体产品营销要依托大数据技术，搜集、建构全样

---

① 黄合水、蓝燕玲：《媒体品牌资产的作用机制》，《厦门大学学报》（哲学社会科学版）2010 年第 2 期，第 66 页。

② 程忠良：《"全媒体"时代报业经营之立体渠道策略》，《国际新闻界》2010 年第 6 期，第 100 页。

本用户数据库；其次，信息精准投放包括对用户种类的细分程度以及对用户数据的搜集、处理和分析能力；再次，用户产品定制涉及产品服务的差异化程度和产品在情感和功能方面与用户需求的契合程度；最后，及时对用户反馈信息聚合整理，依此制定新的营销策略。

4. 用户体验

用户的品牌体验是用户在与品牌营销活动互动中的情感反应和态度改变。新媒体品牌体验包括用户互动式体验、平台交互式体验、即时移动性体验以及情感获取体验等四个维度。即时移动性体验是移动互联网时代带给新媒体产品用户特殊的感官和认知体验。情感获取体验则是新媒体带给受众的某种感情和情绪的状态。

（二）打造产品新媒体品牌

新媒体品牌是指个人或团体（企业）以国际互联网为基础，以电子商务为平台，以网络营销为手段而建立的具有可识别性的商品牌号或商标。新媒体品牌有两个方面的含义：一是通过互联网手段建立起来的品牌；二是互联网对网下既有品牌的影响。构成企业品牌的新媒体元素包含企业网络域名，企业的官方博客、微博、微信公众号和客户端等。

新媒体营销的各个环节都与新媒体品牌有直接或间接的关系，新媒体品牌是新媒体营销效果的综合表现。因此，可以认为新媒体品牌建设和维护存在于新媒体营销的各个环节，从网站策划、网站建设、网站推广，到官方微博、微信公众号和客户端的建立无不与新媒体品牌相关。

1. 新媒体品牌要有一定的表现力

一个品牌之所以被认知，首先应该有其表现形式，也就是可以表明这个品牌确实存在的信息，不管是网站还是社会化媒体形式，都要经过精心的设计。企业应以成熟概念的企业形象识别系统为基础，呈现产品的价值观念：设计风格贯穿在 VI 识别层面，内容风格属于 MI 层面，交互体验与产品 BI 紧密相关。

2. 新媒体品牌需要一定的信息表达方式

新媒体营销的主要方法如网络广告、新媒体广告、搜索引擎营销、网站营销、社会化媒体营销等，都具有网络品牌信息传递的作用。内容和形式具有内在的联系，企业在进行网站和微博、微信等推广的同时也达到了品牌推广的目的。

3. 新媒体品牌要有一定的价值转化

新媒体品牌的最终目的是获得忠诚顾客并达到增加销售的目的。网站访问量的上升、注册用户人数的增加、微博粉丝量的提升、微信朋友圈的扩大，都对销售有促进效果，这都是新媒体营销活动的过程。

二　品牌的推广和传播策略

随着新媒体的不断发展，品牌在进行传播的时候必须合理地进行改革：结合新媒体的特点，建设专业团队，逐步构建良好的策略管理系统，实现线上和线下的全面融合，更好地发挥新媒体的重要作用，做好品牌的全面传播，实现品牌影响力的提升。

新媒体品牌的推广必须注重以下几个方面。

1. 建立新媒体品牌个性，实现品牌差异化传播

首先，新媒体品牌应在目标受众心目中树立一个明确的、有别于其他品牌、符合目标受众需要的感知形象。其次，新媒体品牌要具备体现"以人为本，强化媒体服务理念"的核心价值观，明确目标受众的核心需求。品牌核心价值观是品牌向消费者所承诺的具有差异性和持续性的理性或感性价值。新媒体应把自身定位为"为受众提供有价值服务的工具"，通过满足目标受众需求，增加品牌对目标受众的吸引力。

2. 新媒体品牌接触点传播

让受众尽可能多地接触每一次品牌信息的传播，使受众在持续的体验中，清晰地感受到品牌内涵和核心价值观，这是品牌接触点传播的实质内容。社交网络为新媒体品牌信息的即时推送、品牌与受众的互动提供便利，也有利品牌接触点在社区内的快速展开。企业可以对所有接触点实现有针对性的信息推送，使"媒体提供服务"成为可能。

3. 新媒体品牌内容营销：关联性和流动性

内容是媒体品牌的核心，是直接与受众接触、满足受众需求的利益点。向目标受众传递有价值的内容，从而影响消费者行为的内容营销模式，在社会化媒体时代成为品牌营销的重要选择。关联性强的内容是媒体明确定位后，基于与目标受众的平等关系传播的、有针对性，同时又与媒体品牌目标一致的内容。流动性强的内容是指具有趣味性，能激发受众参与互动的创意内容，能给消费者带来实用价值，储备相关知识的信息，这类信息容易在受众以及各媒体形式之间流动，有利于品牌信息的传播。①

Web2.0时代，社会化媒体成为信息传播的重要载体，点对点的沟通机制为企业品牌精确定位目标群体、与用户开展互动和关注潜在用户提供了可能。企业利用博客、微博和微信以及客户端进行品牌推广，不仅可以有针对性地向某一类用户发送特定信息，同时能帮助企业发掘潜在市场和新的市场需求。这要求做到以下几点。

1. 使用新媒体用语，与目标群体平等对话

在社会化媒体模式中，信息更容易在关系密切的朋友之间分享和传递，媒体适合以某一领域的"顾问"的角色与目标受众开展对话和互动，与受众分享有价值的内容，充当受众思想上的引导者。在社会化媒体模式中，新媒体以一种平等的身份与受众进行对话，微博、微信用语就是与目标群体平等对话的基础。

2. 讲与目标群体需求有关的"故事"

当故事的内容与目标群体的需求相关，或能提供对他们有价值的信息或服务时，就能引起他们的共鸣。互动让媒体挖掘出用户新的需求，同时又产生出新的内容，能创造出新的"故事"。用户之间的互动沟通、经验分享等可以影响更多的用户群。内容的质量直接决定媒体品牌信息传达到受众的效率，带有"知识营销""兴趣营销"色彩的内容营销方式，便于受众理解、接受和互动参与。②

虚拟社区是互联网上相互交流信息、具有共同兴趣和需求的群体的集合。建立品牌虚拟社区符合品牌关系营销的本质，品牌虚拟社区有助于提高品牌和用户的亲密度，提高用户参与度，最终达到双向沟通、合作共赢。

3. 搭建内容应用场景，高效地连接用户

新媒体品牌营销成功的关键在于将用户体验植根于品牌的价值观中。

---

① 李薇：《基于微信的新媒体品牌传播——以"她生活"为例》，《新闻知识》2014年第6期，第52页。

② 李薇：《基于微信的新媒体品牌传播——以"她生活"为例》，《新闻知识》2014年第6期，第52页。

充分考虑用户在特定场景中的本能性、现实性和社会性需求，通过分发、推送相应的内容产品，碰触用户的内心，体现了新媒体的人文关怀，能够实现媒体价值。为了更好地发挥品牌的重要作用，必须建立品牌推广的专业团队。新媒体属于新事物，必须采用先进的团队对新媒体全面地进行引导和应用，打造新媒体语境下的品牌。

4. 优化个性化推送方式，为用户推送真正合适的资讯

在个性化推送中，要明确媒体属性和用户的需求。新媒体在进行个性化推送时不能仅以用户兴趣为参照点，还必须兼顾媒体的公共属性和用户的多元化需求，在算法和编辑推荐上做好平衡，为用户推送真正合适的资讯。有效利用 Email、微博、微信等手段进行推送，把品牌信息发表在访问量比较大的博客、微博网站上，这样的信息不仅被阅读的机会增加，且在一定程度上更容易获得读者信任。电子邮件是网民最经常使用的互联网工具，是互联网时代进行品牌营销的有效工具。

5. 完善已有的内容分发方式，形成多级分发

一是完善内容分类。面对海量的内容资源，新媒体应采取多级分层分类，将相关内容归类汇总，方便用户查找。二是完善站内搜索。在关键词搜索基础上，为信息排序提供更多选择，既可以按照时间顺序排列，也可以按照相关度高低或推荐程度甚至点击率进行排序，提高站内搜索的有效率。三是完善超链接。要重点做好关键词链接、背景链接和同类信息链接，提高已有信息的使用效率，降低用户深度信息获取的费力程度。[①] 在进行品牌推广的时候，在做好线上的新媒体宣传的同时，还需要实现线上消费和线下体验的融合。通过线上和线下的融合使用，企业可以较为明显地提升品牌的综合推广水平，更好地发挥新媒体的宣传作用。

第四节   媒体融合的经济学分析

从长远上看，媒体融合改变了传媒产业形态，从传媒经济机制上看，媒体融合使得传媒产业从追求规模经济转向追求范围经济，拓展了传媒的

---

① 韩冰：《论新媒体品牌信任的内涵与构建》，《现代视听》2018 年第 4 期，第 38 页。

产业链条。

一　媒体融合追求媒介范围经济

在经济学里，大规模的生产带来的经济效益简称规模经济（Economics of Scale），具体指的是产出水平的提高或者生产规模的扩大引起企业生产或经营的产品单位成本下降，企业的长期平均成本降低。规模经济形成的大规模生产，使得企业越大，成本就越低，规模效益就越高，从而在市场上具备了更强的竞争能力。

媒介规模经济是指媒介因扩大某种产品的生产规模或经营规模而使收益增加的现象。[①] 传媒业是一个规模经济效应显著的行业。皮卡德发现，随着报纸印刷的份数增加，报纸的平均成本会降低。主要是因为报纸的生产需要大量的物力、人力，这些投入成本都是固定的，即使报纸的产量减少甚至为零，这些成本仍然不变，没有了这些成本的存在报纸就无法进行生产。但是当一份报纸印刷出来之后，复制的成本就非常低，可以进行大规模的低成本生产。这种规模经济理论也能用于分析其他媒体，因为广播电视网络等媒介产品也具有相同的生产性质。这就说明媒介产品的生产成本多数使用在原始制作上，而每增加一个单位产量所引起的总成本变动值往往很低。所以只要边际成本低于平均成本，随着媒介产品数量的增加，平均成本就会不断下降，规模经济效益就会存在。

范围经济（Economics of Scope）指的是，当一个企业对某一产品的投资达到一定界限之后，将这种资金投放转移到与本企业原来生产经营的产品有一定关联的行业产品，把各个不同的部门、产品、行业组合在一起，使企业成为一个混合体。在这种具有关联性的多种产品生产经营过程中，生产资源在相当大程度上得到共享。在这样的前提下，利用自身的资源去生产经营另外一种产品，成本比较低。而能够产生范围经济的前提就是企业拥有的资源和技术能够满足两种及以上产品的生产经营需要。

一般来说，具有规模经济的企业容易拥有范围经济。一个企业凭借其资本实力增加投资，扩大某一产品生产经营规模取得规模经济，但这种产

---

① 邓向阳：《媒介经济学》，湖南大学出版社，2006，第 80 页。

品的市场需求和本身的生产规模具有一定的限度，如果超过了这个限度就容易导致企业的不经济。所以企业通过规模经济累计起来的资本就不能再用于原产品的生产经营，而是需要转移到其他生产方向，企业进入新的投资领域开拓新产品，取得范围经济。范围经济的获得，进一步扩大了企业规模。规模经济和范围经济是相互作用的。

不同媒介产品可以分享相同的资源，对一种产品的投入也可以为其他产品所用，这就是媒介产生范围经济的原因。比如在一个传媒集团之中，一个相同信息经过不同的编辑制作之后，可以通过报纸、电视、广播、网络等多种渠道提供给受众，不同的传播过程通过对"消息"这个共同原材料的应用，生产出了不同形态的信息产品。这样的传媒集团经营信息产品的总成本，就能低于单独的报纸集团、广播集团、电视集团等分别生产不同信息产品的成本之和。

媒体融合和规模经济理论和范围经济理论密切相关，可以说规模经济和范围经济是媒体融合的重要经济动因。媒体融合之所以成为媒介发展的重要方向之一，是因为媒介通过有效的整合所获得的收益大于成本，这种收益的来源就是媒体融合之后产生的规模经济以及范围经济。富勒认为，规模经济和范围经济的存在，可以让融合的媒介机构通过报纸、电视、广播和网络等载体，将信息产品的成本分摊至多个信息传递平台和受众群体，同时这些信息载体也能够使得融合媒介的收入来源变得多样化。

总的来说，媒介通过融合而获得规模经济和范围经济主要有以下原因。第一，媒介产业具有高固定成本和低边际成本。只要第一份传媒产品被生产出来，其复制成本就很低，而且其再加工成为其他形式产品的成本也低于原始生产成本。第二，媒体融合可以共享资源，提高资源利用率，降低生产成本。通过媒体融合，不同的内容信息可以更加自由地流通，这些信息通过相关的组合、加工，成为适应不同载体的媒介产品。通过媒体融合，企业对资源的利用效率大大提高，降低了生产成本，提高了经济效益。第三，媒体融合后，随着规模的扩大，媒体企业能够降低购买原材料的价格，增强在市场中的议价能力。第四，传媒产业规模的扩大，意味着产品生产过程的延长，传媒从业人员就能积累更多的传媒生产经验以及知识，产生学习效应，降低生产成本。第五，媒体融合使媒介集团能够加强内部专业分工协作，增强媒介组织内部的协同效应。

二　媒体融合拓展产业价值链

1985 年，迈克尔·波特（Michael Porter）在《竞争优势》一书中提出了"价值链"（Value Chain）的概念。波特认为，每一个企业都是在产品的设计、生产、销售等过程中进行种种活动的集合体。所有这些活动可以用一个价值链来表明。他进而指出：这些活动可分为基本活动和支持性活动两类，基本活动包括进料、生产、发货、销售、售后服务等；辅助活动则包括采购、研发、人力资源管理和企业基础设施建设等。这些互不相同但又相互关联的生产经营活动构成了一个创造价值的动态过程，即价值链（见图 8-1）。

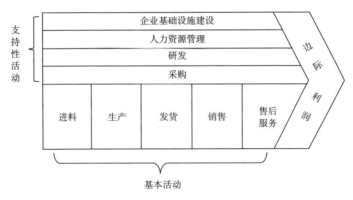

图 8-1　企业价值链

按照迈克尔·波特的逻辑，每个企业都处在产业链中的某一环节，一个企业要赢得并维持竞争优势不仅取决于其内部价值链，而且还取决于更大的价值系统。一个企业的价值链同其供应商、销售商以及顾客价值链之间的连接称为产业价值链（Industrial Value Chain）（见图 8-2）。产业价值链是由产业链内各个企业的价值链整合而成的，各企业的价值链由联结点衔接。构成产业价值链的各个组成部分是一个有机的整体，相互联动、相互制约、相互依存，上游产业和下游产业环节之间存在着大量的信息、物质、资金方面的交换关系（见图 8-2）。

图 8-2　产业价值链

传媒产业价值链把内容生产、销售发行、技术开发等环节结合在一起，对整个传媒产业起到有机整合的作用，让整个传媒产业或者产业链中的传媒企业增加价值。中国学者卜彦芳认为，传媒产业价值链上包含了内容供应商、发行商、媒介平台、传输网络、相关产品开发商、媒介服务商等多个环节。

在媒体融合的过程中，媒介产业得到进一步的发展，而产业的发展也就是产业价值链的分化与整合过程。媒体融合会使传统产业链发生延伸、分化或者整合，并且能重新优化组合核心价值要素。在媒体融合过程中，传媒企业追求规模经济和范围经济效益，会不断地寻求对自身产业价值链的整合以及拓展，导致产业价值链的重新优化。除了这一点，传媒产业价值链的主要变化还体现在以下两个方面。

1. 注重纵向延伸的同时，重组横向产业价值链

在传统传媒业中，不同形态的媒介产业常常具有纵向一体化的结构。例如在报刊产业中，报纸的出版、印刷、发行通常由一个掌握内容资源的报刊媒介组织加以控制；在广电产业中，节目频道的制作、播出也都是有一个掌握内容资源的广电媒介组织进行控制。随着媒介产业的发展，传媒产业开始了纵向分离的趋势，产业价值链上每个链节的价值活动都分别由相应的专业化组织来进行控制。随着媒体融合进一步发展，传媒产业的价值链有了由纵向分离向横向功能聚合深度转变的表现。有研究者认为，在媒体融合时代，传统的报纸、广电、网络、电信等不同形态的传媒纵向一体结构被解构重组，至少有五个横向产业链节将其取而代之。这五个横向的产业链节为：（1）内容，包括各种形式的媒介产品；（2）包装，主要指内容的集成和呈现；（3）传输，即信息传输的物理基础设施；（4）操作，指智能资源的提供，包括网络和独立终端机上处理和储存用的硬件和软件；（5）终端，指各种输入输出设备。随着媒体融合的不断深入，传媒产

业价值链不仅有纵向延伸的趋势，而且被分离重组出来的横向产业链接都会不断扩宽，它们所带来的竞争优势在整个产业价值链中的作用将变得举足轻重。

2. 产业链下游价值增值空间日趋扩大

虽然价值是由产业链中所有关联环节共同完成的，但是由于每一个链节的价值不一样，所以每一个价值链节上的价值活动在整个价值链中的位置是不一样的。处于产业价值链的高端往往价值增值量大，处于产业价值链的低端通常价值增值空间小。这是因为传媒产业是一种信息资源产业链，产业价值链中每一个链节在价值链中价值增值空间的大小与其掌握优势信息资源的多寡有密切关系。媒体融合前，位于整个产业链上游的内容供应环节由于掌握了内容资源这一核心价值要素，价值增值空间大，在整个产业价值链中处于高端地位。而位于下游位置的发行环节，因为内容资源不足，价值增值空间小，从而处于产业价值链的低端地位。而在媒体融合的过程中，传媒产业价值链上的价值增值有向下游环节聚积的趋势。在产业融合过程中，最初掌握内容资源的内容供应环节向下控制能力大为削弱，对其他处于中下游位置的印刷和发行环节施加控制显得鞭长莫及，甚至作为内容生产的出版环节因为缺少能够满足受众多样化需求的设备终端以及有效的传播渠道和营销手段，常常受制于终端制造商和内容发行商；原来处于下游位置的印刷环节，在媒体融合后与之相对应的是接收终端设备制造环节。这一环节由于能够研发和生产多样化的终端设备，间接掌握着庞大的受众资源，反过来又影响出版环节的内容形态和内容生产方式，从而成为出版产业价值链中向上延伸的重要力量；发行环节由于与其他产业的相应链节进行整合，掌握了丰富的渠道和市场等优势资源，实力不断壮大，逐渐居于强势，进而逐渐走上传媒产业价值链的高端。

媒体融合的过程就是媒体集团和传媒产业的价值链不断分化与整合的过程。对于媒体集团来说，报纸、广电、网络、电信等不同形态的媒介建立的纵向一体结构的价值链条，让整个媒体集团产业链中的各个媒介环节能够增加价值。同时，媒介集团能够加强内部专业分工协作，增强媒介组织内部的协同效应。对于传媒产业来说，媒体融合会使传媒产业链发生延伸、分化或者整合，并且能重新优化组合核心价值要素。

第九章　媒体融合的研究载体

在传统媒体时代，对于新闻传播的研究主要由高校和媒体的新闻研究所承担。在国外，有由美国各地区新闻媒介联合创办的新闻从业人员的研究机构——美国新闻研究所，由牛津大学和路透社联合创办的牛津大学路透社新闻研究所等。在国内，有中国社会科学院新闻与传播研究所、新华通讯社新闻研究所等。新媒体时代，媒介实验室成为新媒体事业和产业的创新研究的重要载体，也是媒体融合研究的主要平台。

第一节　媒体实验室的定位与效用

在信息传播的"数字化"大潮中，媒体实验室成为媒介研究的新平台。新媒体的快速发展，使得媒体实验室的研究视野不断得到拓展，对于媒介和传播研究的作用越发凸显。

"媒体实验室"的概念由尼葛洛庞帝等提出并实践。"数字化"是传媒发展的重要节点，也是一个转型点，媒体实验室正是随着数字化大潮而兴起的。当今，随着新媒体的快速发展，媒体实验室的内涵和外延都得到了快速的拓展。

一　媒体实验室的研究定位

美国最早建立了媒体实验室，也在媒体发展过程中不断丰富和拓展媒体实验室的功能。

（一）数字化大潮中的麻省理工学院媒体实验室

麻省理工学院媒体实验室诞生于数字化时代到来时。20 世纪 80 年代初，由"比特"带来的数字化迅速地改变着人们的生活，正逐渐创造出一种全新的生活方式。因此，实验室的重点是提高人类的适应性，着力营造数字化的生存方式。

"媒介是人体的延伸"是麦克卢汉"理解媒介"的核心所在，它辩证地论述了媒介和人的关系，这种理念在麻省理工学院媒体实验室得以体现，实验室的"媒介"概念早已经超出了狭义的范畴，其研究视点是"媒介"，研究的主题却是"拓展人类"。媒体实验室的宗旨是："不为当前技术所限，发明和创造性地利用新的媒体，以改善人类生活和满足个人需要。"① 当今它已经发展成为一个跨学科的实验室，会集了不同学科、不同学术背景的专家学者，研究的领域跨越计算机科学、人工智能、电脑视觉艺术、人际界面设计等。

（二）新媒体环境下的时代华纳媒体实验室

时代华纳是一家跨国媒体和娱乐集团，涵盖 CNN 和 HBO 等知名媒体。它的媒体实验室意在建立一个具有洞察力的研究中心。

2012 年，时代华纳在纽约公司总部推出美国最先进的消费行为实验室，该实验室拥有 9600 平方英尺的空间和大量先进的科研设施。媒体实验室包含眼球跟踪实验室、模拟居家环境实验室、可用性实验室、焦点访谈实验室、零售结账实验室和放映厅实验室六大部分。实验室一方面采用生物识别监测技术和眼球追踪技术，通过测量参与者对内容的生理反应和关注重点，将消费者的情感纳入媒体内容的研究之中；另一方面通过建立节目、游戏和零售等模拟环境，采用焦点小组、现场体验等研究方法，营造一个接近自然消费的环境，观察和测试受众无意识的身体反应。媒体实验室主要研究人们如何理解、欣赏和消费媒体，致力于对消费者进行全方位的消费行为研究，从而洞察受众的内心，为受众提供最优的内容产品和媒介形式。

针对数字化新媒体带来的媒介新态势，时代华纳进行了针对性的研究，重在确定消费者喜欢哪些媒体内容，他们怎样消费媒体以及他们更喜欢什么样的媒体形式。时代华纳媒体实验室进行了一系列的"多屏收看"

---

① 〔美〕尼葛洛庞帝：《数字化生存》，胡泳、范海燕译，海南出版社，1997，第 1 页。

行为的研究。2012 年 11 月总统大选之夜，媒体实验室将 60 位观众分为两组进行不同的视觉体验。一组观众一边观看长达 15 小时的 CNN 竞选直播，一边用 iPad 使用 CNN 的 App；另一组观众观看同样的 CNN 现场报道，但不能使用 iPad。实验室时刻检测两组观众的情感变化和投入，结果发现双屏收看 CNN 新闻报道的电视广告上升了 30%。

二　美国媒体实验室的特征

从美国麻省理工学院和时代华纳公司的媒体实验室的研究可以看出，它们具有以下一些共同的特点。

（一）以"以人为本"为研究宗旨

在传统媒体占据主导地位的时代，新闻传播是媒体组织利用媒介而进行的信息传播活动，媒体组织对新闻和信息的采集、编辑、整合、把关、发布等活动构成了新闻传播的内涵与外延。因此，新闻研究的重点在于传者。虽然传播研究逐步意识到了受众在信息接收中的作用，但受众真正作为研究的重点还是在数字化时代新媒体兴起之后。

数字化重塑了媒体，也拓展了媒介的概念，更使得人们使用媒介的形式发生了变化。可以看出，麻省理工学院媒体实验室高度重视媒介与人之间的关系，并为此开展了大量的探索性和独立性的创新研究，其研究视点虽然是"媒体"，但着眼于探索新的媒介形式，以改变人们的生活方式，提高人们的生活质量。

时代华纳媒体实验室以研究消费者内容消费的行为为着眼点，更多地将研究的重点放在了媒体和信息的"消费者"身上，以"受众"为核心，重在确定消费者怎么样消费媒体和信息，以及更喜欢什么媒体形式。通过多屏实验，媒体公司可以将一个 IP 产品合理地布局到电影、电视、手机和 iPad 上，在频道和节目策划环节增加了试验性的预演，从而避免了出现重大的失误。这实际上是再造了节目和内容生产的流程，建立了自己全媒体的价值链条，形成了一个完整的信息和内容传播体系。

（二）以"科学化"为研究特点

文本是信息的承载方式，因此，新闻学历来重视新闻文本的研究，无论是新闻史料的考证、新闻理论的演绎还是新闻稿件的采写，其目的是总结历史的经验和现实的实践，界定新闻的内涵，以丰富的语言和合适的表达方式来将信息有效地传播给受众。

麦克卢汉充分认识到了媒介的重要作用，提出"媒介即信息"的观点，揭示了媒介与信息之间的辩证关系。尤其是进入互联网时代，随着宽带网络和无线网络的依次崛起，新媒体形式层出不穷，极大地改变了新闻传播的业态。不同的新媒体具有自身的传播特征，这使得新闻传播学不但要研究新闻文本的变化，更要追逐媒介自身的传播特征。

文本分析最重要的是对新闻作品的语言和结构进行解析与诠释。媒介研究则需要对媒介的技术属性、传播属性都有全面的了解和把握，对其符号特征进行开拓和运用。因为涉及信息技术和媒介形式、媒介特征以及媒介服务样态的关系，因此文本分析的实验性和探索性会更强。

无论是麻省理工学院媒体实验室还是时代华纳媒体实验室都采取了跨学科的研究方法，计算机科学、人工智能、神经生物学等多学科的方法被引进新闻传播研究中。通过生物识别监测和眼球追踪技术，研究者可以测量参与者对内容的生理反应和关注重点，将消费者的情感纳入媒体内容的研究，并采用模拟环境和焦点小组等研究方法，营造一个接近自然的消费环境，观察和测试这种无意识的身体反应，从而洞察受众的内心，为受众提供最优的媒介形式和内容产品。

（三）以"探索性"为研究导向

媒体实验室强调的是创新，包括研究理念的创新、研究方法的创新、研究设备的创新等，以此为项目创新奠定基础。

在媒介传播特征上，创新要求把信息技术和传播载体结合起来，和人的消费行为结合起来，致力于将新技术转化为新媒介，并找到和人的结合点。在媒体实验室，媒介的概念在不断地扩大，智能化已经成为新媒介发展的方向，这正是麻省理工学院媒体实验室的启示。

在媒体内容生产上，创新就是通过完善和优化媒介产品生产流程，对媒介产品实施预演和测试，通过受众反馈完善传媒产品，采用合适传播途径，制定有效营销渠道，从而提供更多的产品和服务改善客户体验。

创新要结合技术的手段，致力于信息新语法的建构、媒介新符号的开发与运用。如 App 的开发、HTML5 的使用等都大大降低了受众获得信息的门槛，增强了传播的精准性和可视化。

创新要求不仅要满足受众的显性需求，还要满足其隐性需求。这就要用创新的方法去了解受众，了解消费者。要以客户的需求为导向，不断对媒介产品进行改进，更要通过突破性的研究提供全新的产品和服务，为终端客户提供不断更新换代的产品。

无论是麻省理工学院还是时代华纳的媒体实验室，都采用了生物学、心理学、统计学、计算机科学等学科的知识，从而将媒介的属性准确地测量和描绘出来，将媒介的应用开发出来并且产品化，将受众对内容的心理反应、对媒介产品的销售情况定量地测算出来。

（四）以"数据化"为研究方法

在传统媒体时代，受众需求主要是对信息的认知性需求，对受众的研究主要是采用问卷调查、焦点访谈等社会学方法进行，以求得到客观的结论。但在新媒体时代，受众需求还包含对群体的社会身份认同性需求，心理因素、行为因素必须得到重视。

近年来媒体越来越重视对用户进行数据分析，诸如 Omniture、Chartbeat 和 NewsWhip 等数据分析工具被广泛使用。媒体希望通过对用户视听行为的大数据进行系统的分析，提升用户的参与度，并改善编辑部的工作流程。在欧洲，BBC 用"数据引导决策"，让每一个记者都能够理解数据分析结果所传达的信息，并改善自己的报道。在美国，《纽约时报》《华尔街邮报》和美国国家公共电台（NPR）等纷纷在内部组织专门的数据分析团队，希望运用数据分析来赢取更多的用户。可见，内容是媒体吸引受众的主要因素。从时代华纳媒体实验室的做法来看，除了采取社会学的研究方法之外，还采取了心理学、生物学、计算机学等其他学科的研究方法，其力图在自然和非察觉的状态下更好地了解媒介消费者的需要。

三　美国媒体实验的启示

国内的媒体实验室是随着新媒体技术的快速发展而建立起来的。除了高校新闻传播学专业用于教学目的的传统媒体实验室之外，一些高校和媒体开始建设用于新媒介研究的研究型、探索性的新型媒体实验室，如百度的大数据实验室和百度云创新实验室。百度大数据实验室的使命是通过大数据使人民的生活更美好，将研究重点放在大规模机器学习算法、搜索技术、图像识别技术、深度学习技术等上面，打造大数据生态圈。百度云创新实验室研究领域专注于可穿戴设备、智能家居、智慧健康领域等前瞻科技的创新研究，打造物联网领域的健康生态。而网易的新媒体实验室对新闻业务层面进行了探索，并推出了数据新闻、可视化新闻、动态新闻等新的新闻形式。HTML5形式的新闻策划以生动有趣的形式大大提升了用户体验，增强了新闻内容可读性、互动性、趣味性与可传播性等。其他的高校和新闻媒体的媒体实验室则还处于探索阶段。

传统主流媒体把媒体实验室作为拓展新媒体业务的重要推动力量。如新华网的新媒体实验室研发了"新华炫闻"移动客户端、"新华炫视"视频产品等新华网新媒体产品，中国日报社新媒体实验室建立"三个平台"，即全球媒体数据搜集及处理分析平台、媒体传播影响力分析平台、事件传播影响力评估平台。百视通新媒体实验室是百视通新媒体研究院下设的专门研究机构，承担着新媒体应用、多媒体终端产品等的研究与创新，并孵化更多科研成果应用于"一云多屏"的产业平台。中国传媒大学新媒体研究院先后建设了移动媒体中心、网络视频创新实验室、新媒体数据研究中心、云技术与传媒实验室等新媒体实验室。这里的实验室其实已经具有了媒体实验室的架构，构成了研究院的核心。

这些实验室或和麻省理工学院媒体实验室有着相似的追求，或带有时代华纳媒体实验室的研究趋向。它们的建设极大地丰富了国内对新闻传播尤其是新媒体的研究。

四　媒体实验室的地位和作用

新闻传播研究逐渐形成了以新闻研究所为主导的研究体制。1845年，在海德堡设立了世界上最早的新闻学专门研究机构——新闻研究所。1918年，北京大学成立北京大学新闻学研究会。1929年，日本学者在东京帝国大学创立新闻研究室，后改为东京大学新闻研究所。当前著名的新闻研究所有英国的路透社新闻研究所、美国密苏里大学新闻学院的雷诺兹新闻研究所，以及国内的中国社会科学院新闻与传播研究所、新华社新闻研究所等。

　　研究所通常是为特定主题的研究而创办的专业化组织或机构。实验室是配备了研究设备人员、可以进行实验的机构。两者都是为研究而设置的，但是也有不同的特征。研究所的特征是规范性，而实验室的特征是探究性。从上面的分析可以看出，媒体实验室具有实践性强、技术性强、操作性强、探索性强、创新性强等特征，并且呈现多学科交叉融合的样态。在新媒体蓬勃发展的今天，媒体实验室的作用越来越凸显。当前大规模的媒体实验室的创立预示着在新的媒体生态下新闻传播研究正在走向转型，并呈现科学化的倾向。主要表现在以下方面。

　　（一）确立"创新性"研究定位

　　路透新闻研究所基于对全球 12 个国家 20000 名新闻消费者的调查，发布了《数字新闻报告 2015》调查报告，调查显示数字新闻消费有如下新趋势：从智能手机获取新闻的消费者在过去 12 个月内显著增长，在调查的所有国家，使用智能手机获及新闻的消费者比例已从 36% 上升到 46%。在多数国家，人们在使用新闻源方面有一致的模式：电视新闻和在线新闻是最经常使用的新闻源，而印刷版报纸已明显衰退，社交媒体正在快速增长。社交网站担负新闻发布的重要角色，在线新闻视频消费显著增长。①

　　数字化的快速发展，尤其是新媒体的迅速崛起，给新闻传播研究带来一系列新课题。传媒和信息技术的突飞猛进在信息传播上不断突破传统媒体的传播边界，无论是新闻把关、议程设置等新闻传播理论还是倒金字塔的写作结构，都面临来自网络、手机等媒体形式和微博、微信等表达形式的挑战。

　　媒体实验室和新闻研究所（院）有着不同的特点和要求。新闻研究所在新闻传播体系的规范上承担着重要作用，媒体实验室则通过探索，实现新闻传播形式的创新。随着新媒体的快速发展，业界需要对媒体实验室的建设有一个科学的定位和准确的评估，需要对研究所和实验室进行合理的配置和分工。这就要求提升媒体实验室的位置，让其达到和新闻研究所一样的地位；在研究机制上从新闻研究所单点支撑向新闻研究所和媒体实

---

① 路透新闻研究所：《数字新闻消费新趋势》，人民网，http：//yjy.people.com.cn/n/2015/0917/c245079-27600258.html。

室双轮驱动转变，从而发挥各自的优势，凸显自己的特点。

媒体实验室创新型研究定位要求建立开放合作的研究体制。新闻研究所的研究虽然也向外界开放，但是研究人员主要还是来自业界的记者、新闻院校的学者等；媒体实验室研究人员的构成相对复杂，他们往往来自多个学科领域，在工作中更多地引入了新的学科知识和技术以及科研手段。

（二）确立"一体化"研究特征

当前随着新媒体的崛起，媒体传播的内容朝着分众化、类型化、模块化、个性化方向发展，传媒市场被细化分割，自媒体、视频网站等成为传统媒体的竞争对手，内容的产业化已经成为媒体生存的核心环节。

媒体实验室将媒介、内容和受众融为一体，三者之间的关系也就是媒体、市场和价值的关系。如何将信息技术转化为新媒介，如何让媒介更好地承载信息内容，如何让媒介和受众联系起来，如何利用受众流量创造新的市场需要，等等，都必须统筹考虑和规划。媒体实验室要具有转化为生产力的能力，研究项目首先围绕先进的信息技术实现传播新技术工具化、渠道化，进而使其成为传递信息的新媒体，从而吸引受众，拥有市场，体现价值，形成产业。

媒体实验室要求构建以媒介为载体，以媒体产品为主体，以受众为目标，以市场为导向，产、学、研相结合的媒体研究全价值链和生态系统。通过媒体实验室的工作，让媒体组织成为技术创新投入、产品孵化投入和创新成果转化投入的全产业化的主体。

第二节　国内媒体实验室的探索

国内的媒体实验室是在新媒体发展过程中建立起来的，有着明显的新媒体特色，许多国家级和省级的大型媒体集团都开展了相关的探索，"新媒体实验室""传媒梦工场""新媒体联合实验室""未来实验室"等以新媒体为研究核心的研究机构涌现。

一　国内媒体实验室的建设历程

国内最早的媒体实验室始于 2010 年。发展的目标主要有：探索移动新媒体形式，促进媒体融合和大数据、人工智能以及 5G 技术在媒体业的运用。现在媒介实验室已经聚合成为一个重要的媒介创新渠道。

（一）新媒体探索阶段

新媒体诞生和发展的过程，实际上就是网络技术和信息内容相互结合与发展的过程。二者有机结合便可成就互联网思维下的媒体创新。新媒体逐步成为最主要的媒体并改变了信息传播方式。许多媒体组织开始了新媒体运用的探索，带动了媒体实验室的建设。

2009 年 9 月，《中国日报》iPhone 新闻客户端首次登陆苹果应用商店；2010 年 5 月，《中国日报》iPad 新闻（世博版）跟随第一代 iPad 登陆苹果商店；2010 年 10 月，《中国日报》iPad 电子杂志平台研发完成，并发布两款文化类电子杂志应用；2010 年 12 月，《中国日报》安卓版新闻客户端上线，并完成新媒体运营体系建设；2012 年 10 月，《中国日报》与微软 Win8 同步发布，是第一家登陆微软应用市场的国内媒体，并完成苹果、安卓、微软三大主流平台全覆盖。

2010 年 1 月 19 日，湖南卫视金鹰网与易传媒合作成立视频广告联合实验室，重点研发跨平台广告投放技术，分析受众行为、开发高效互动广告形式，以及建立更完善的视频广告行业标准和衡量体系。2010 年 4 月，北京电视台搭建基于三网融合、多屏联动的新媒体实验室，整合北京电视台节目内容系统，多屏联动。2011 年 10 月 31 日，浙江日报报业集团创立传媒梦工场，下设实验室，立足于构建媒体转型的科技创新平台，开展关键技术攻关，为集团战略转型提供技术支撑。2011 年 11 月 9 日，山东网络广播电视台发起成立中国社交电视实验室，联合三网三屏产业与行业的权威、专业机构和企事业组织，共同探索研发多媒体—跨媒体—全媒体—融媒体的全新业态的社交电视实验室。

（二）媒体融合阶段

2014 年，中央《关于推动传统媒体和新兴媒体融合发展的指导意见》出台，媒体融合从行业发展趋势上升为国家战略，新媒体逐步成为最主要的媒体并改变了信息传播方式。基于媒体融合的新媒体实验室则为媒体组织把握新闻传播渠道的变化、更加科学合理地融合发展奠定了坚实的基础。

2014 年 10 月，网易新闻客户端成立新媒体实验室，其定位是"创新和开拓更适合移动端阅读的新闻策划，让新闻更'好看'"，其出品的多期 HTML5 作品热转于朋友圈与微博。深圳报业集团"媒体融合及数字产品实验室"于 2014 年 12 月成立，围绕数字产品的市场需求进行创新。

2014 年 11 月，中国社交电视实验室、山东网络广播电视台面向全国县区台、地市台推出"县区手机台"和"掌上区县"轻快 App 合作项目，助力县区广播电视台以极低成本实现高效的移动互联网转型、新旧媒体融合发展。2015 年来临之际，浙江新闻客户端的用户数成功破万人，一举成为国内省级媒体中用户数最多的新闻客户端。

（三）大数据、人工智能和 5G 阶段

大数据、人工智能和云计算是当前具有代表性的新技术，这些技术的发展和运用深刻影响着生产和生活，为创新新闻生产开辟了广阔空间。而 5G 技术的快速发展又提供了强有力的支撑。

2012 年中国日报社新媒体实验室成立，其初衷是基于大数据和云计算技术，构建中国日报社的全球媒体云平台，在这个平台之上，再构建面向全球的"融媒体"传播研究平台，对新技术形态、媒体传播渠道与趋势变化、媒体传播效果、新媒体受众行为、全媒体舆情等方向进行跟踪研究。

中国日报社新媒体实验室的研究，结合先进的信息科学技术，充分利用实验室在新媒体理论方面的研究成果，融合专家知识，基于在媒体传播领域的经验积累，对媒体的传播效果进行定量评估和分析。中国日报社新媒体实验室作为报社融合发展技术驱动的创新平台，深入研究新的格局下媒体传播渠道和规律的变化，基于分布在全球的媒体云数据网络，对超过 4000 家主流英文媒体的数据进行采集、处理和分析，构建媒体大数据应用模型。在传播效果评估中引入 ACP（人工系统+计算实验+平行执行）方法和"社会计算"框架体系，对评价指标进行加权计算，建立起相对科学的媒体传播效果定量评估模型，对媒体传播效果、媒体议题设置能力等进行量化评价和分析。2015 年，中国日报社新媒体实验室的"基于媒体大数据的传播效果评估体系及实现系统"荣获第七届王选新闻科技奖一等奖。

此外，2015 年 8 月，第一财经成立媒体实验室，探索智能化的财经内容生产方式。2015 年 11 月 12 日，新浪新媒体实验室启动。目前，新浪新媒体实验室在新浪网开设"未来媒体"专页，主要是对媒体的一些报道进行数据重现和解读。2016 年 10 月，今日头条成立媒体实验室，用数据服务记者的工作。2017 年 1 月 17 日，南方都市报社、凯迪网络和北京大学计算机科学技术研究所联合成立"智媒体实验室"，对机器写作、文本实体识别、智能摘要、立场分析、智能服务等方面进行研究。智能机器人"小南"是该实验室的首个重要成果。4 月 17 日，南方都市报社与科大讯飞签约共建"智媒体实验室"，探索利用语音识别、语音合成、机器人播报等技术和场景，全面实现智能媒体服务。2017 年 2 月 19 日，由人民日报社新媒体中心和电子科技大学共同发起的人民日报社新媒体实验室启动，将人工智能、大数据等新一代信息技术应用于新媒体领域，形成领先的"电子信息+新媒体"的产品和服务，面向国内外互联网企业、高等院校、研究机构等开放。2017 年 5 月 4 日，封面传媒发起的"人工智能与未来媒体实验室"成立，致力于人工智能与传媒技术相融合的创新研究，探索"AI+移动媒体"的未来，促进媒体行业的整体转型。"跨界研发合作"是"人工智能和未来媒体实验室"的行动准则。

2019 年 9 月 19 日，人民日报社与百度共建人工智能媒体实验室。第一期的研究方向是利用百度成熟的语音、图像、自然语言处理、知识图谱等技术，为人民日报社打造一个智能化"编辑团队"，辅助媒体的新闻生产，提升编辑的生产效率。2019 年 10 月 20 日，新华网与中国移动咪咕共建 5G 富媒体实验室，双方宣布将瞄准建设国际一流 5G 富媒体实验室的目标，共同开展 5G+媒体产品形态、技术应用和业务模式等前沿课题研究，打造优质数字内容产品，推动 5G 富媒体技术应用和业务模式创新。

二　国内媒体实验室的定位

媒体行业是一个与技术关联程度很高的行业，如今又是一个信息传播技术发展日新月异的时代，媒体行业需要与时俱进，才能跟上传播技术发展的步伐。媒体实验室需要担负起这个职能。目前国内的媒体实验室大致可分为两类：一类是传统媒体主办的，主要是为自己的融合转型提供技术支持，如湖南卫视金鹰网的视频广告联合实验室，成立的初衷是探索网络视频广告的发布；另一类是新媒体主办的，意在为传统媒体的新闻生产助力。

（一）新媒体实验室作为媒体转型升级的引擎

新媒体实验室的出现正是传统媒体在经历了一系列的转变和阵痛之后的标志性产物，其反映出的是传统媒体对新媒体的技术特征和传播特征的清醒认识。从媒体单位构建新媒体实验室的目标中不难看出，新媒体实验室必将是一个以技术为先导，以服务为宗旨，链接市场、用户、渠道和终端，为用户提供全方位信息集成服务，拉动传统媒体转型升级的强力引擎。相应的，新媒体实验室所创造研发的产品包含了"内容""渠道""终端"等各个环节。

南方+新媒体实验室探索把硬新闻做"软"，把时政新闻做"活"。通过 3D 动画让视频产品"潮起来"，通过 AR、MR 技术让产品"炫起来"。网易新媒体实验室对新闻报道进行了全方位的探索，将"动画视频"作为一种载体样式在新闻报道上进行应用；对可视化新闻进行策划，改进可视化新闻产品的阅读体验；致力于做移动端适配的数据新闻，让数据新闻在移动端突破页面限制；将音频加入 H5 新闻专题，让新闻专题具备更丰富的感官体验和更真实的多媒体感受。今日头条媒体实验室用大数据辅助新闻生产的所有环节，通过数据挖掘和分析，捕捉、预测新闻热点，生成关于某项主题的可视化图表、数据报告等，并且描摹主题或文章背后的受众画像，为媒体创作者的内容生产提供数据支持。

（二）新媒体实验室作为新产品孵化的摇篮

新媒体与传统媒体的区别不仅仅在于媒介形式的不同，关键在于受众的阅读和消费习惯、媒体与受众的接触方式都发生了根本性的变化。面对受众需求的多样化、个性化、纵深化发展，媒体必须以市场为导向，以用户为中心、服务于用户。新媒体实验室在研发新产品的过程中采取了孵化的机制。

2011 年 11 月 1 日，浙江日报报业集团明确将传媒梦工场定义为中国首个媒体孵化器，并以"传媒梦工场，文化新硅谷"为目标，计划打造一个全国一流、具有标杆意义的新媒体内容与技术应用孵化平台。2012 年 3 月 27 日，新华网新媒体实验室在北京大兴产业园区揭牌，集产品研发、创意制作、体验展示、产品检测于一体，作为新华网核心产品创新研发的孵化平台。2012 年 7 月 19 日，中国日报社与中国科学院自动化研究所成立新媒体联合实验室，将"建设成为面向全球的新技术研究、孵化的开放式平台"作为目标，在新技术形态、新媒体传播渠道与趋势变化、新媒体受众行为分析、全媒体舆情预警、引导技术、数据挖掘技术、新媒体运营推广等方向进行跟踪、研究、孵化。

作为中国最大的财经媒体公司，第一财经媒体实验室致力于以人工智能驱动内容生产。第一财经将人工智能与编辑部智慧结合，根据移动互联网时代金融市场的特点，从专业化与原创出发，旨在生产相关性更强、实时性更好、覆盖面更大的财经资讯与内容产品，为投资者提供权威、准确、及时的资讯与数据。

第一财经媒体实验室成立后，在人工智能技术和财经新闻智能化应用需求方面展开了许多研究。近年来陆续孵化出众多的作品。2016 年 1 月，投资咨询服务类 App 产品"有看投"上线，目的是为投资者提供实用精准的投资咨询。它把第一财经电视上的粉丝尤其是资本市场的散户观众导流到移动端，推出付费型的投资者教育产品，目前看来收入不错。2016 年 5 月，第一财经媒体实验室联合阿里巴巴推出智能写稿系统"DT 稿王"，在数据时代帮助财经记者迅速写稿，主要对股市行情与相关意见领袖发表的内容进行编辑发布。同年 12 月，DT 稿王 2.0 版本进入研发测试。它采用机器学习算法，由机器完成实时监控信息源、抽取信息等工作，以模板和知识库的方式对信息做出判断，输出相应内容，从而完成新闻写作。2017 年 4 月，财经视频及资讯集成应用上线。应用入口位于第一财经 App 首页醒目位置，完全打通移动、电视、PC 以及未来任何可能的联网设备。它集成了实时视频、即时资讯、优质评论和社群交流，24 小时全天候滚动图文资讯和进行可视化播报。①

（三）新媒体实验室作为媒体融合的承载体

互联网新媒介是社会运作不可或缺的"引擎"和"基础设施"。媒体深度融合是传统媒体与新媒体、媒体与社会、媒体与人之间的高层次融合，全媒体的发展根植于当代社会的信息化过程，在这个媒体形态大融合的新媒体时代，媒体融合意味着需要传统媒体和新媒体的大分工与大合作。

---

① 鲁颖：《第一财经媒体实验室：助力第一财经智能化转型》，《传媒评论》2018 年第 3 期。

2019 年 11 月 13 日，科技部下发关于批准建设媒体融合与传播等 4 个国家重点实验室的通知，指出：国家重点实验室是国家组织开展基础研究和应用基础研究、聚集和培养优秀科技人才、开展高水平学术交流、具备先进科研装备的重要科技创新基地，是国家创新体系的重要组成部分。

为适应全媒体时代发展需求，推动媒体融合向纵深发展，强化科技支撑，经专家评审，科技部决定批准教育部、人民日报社、新华通讯社、中央广播电视总台分别承担建设"媒体融合与传播国家重点实验室""传播内容认知国家重点实验室""媒体融合生产技术与系统国家重点实验室""超高清视音频制播呈现国家重点实验室"等 4 个实验室。

国家级重点实验室的建设使得媒体实验室有了国家队，势必推进媒体实验室的科学化、规范化建设，也将推动媒体行业在融合媒体生态和新媒体环境下的基础性、战略性研究。

第十章　媒体融合的规制与监管

第一节　新媒体对新闻传播的冲击

新媒体的诞生使媒体由"第一媒体时代"进入了"第二媒体时代"。"第一媒体时代"的特色是单向传播，由媒体机构掌握内容制作权及发布权；"第二媒体时代"的特色是互动，由公众分享内容制作权及发布权。因此，新媒体不再仅仅涉及传播技术本身，还涉及人们的使用行为以及社会环境因素的改变等，是一个全面的综合体。

一　新媒体文化的特征

媒体融合改变了原有媒介形式、功能和结构，直接导致缔造媒介文化的人类传播发生了重要的改变。新媒体时代，信息主体的多元化带来的是信息内容的多样化，形成了以文本、声音、图像等多媒体融合的新传播局面。依靠信息技术、计算机技术、移动通信技术支撑起来的新媒体，因其全新的信息传播方式，在短短时间内对当代世界文化生活产生了极大影响。随着新媒体产业的繁荣发展，它的文化色彩也愈加浓厚，新媒体文化以一种时尚、个性和开放的表达形式已经被人们普遍接受。新媒体文化以新媒体技术手段为载体，最大限度地反映了大众日常生活实践、观念、经验、感受，因而能够成为在社会大众中广泛传播、为大众所广泛接受和参与的文化形式。概括地说，新媒体文化是随着新媒介的出现，以新媒介为载体、以新媒介的表达方式为特征的当代社会特有的文化现象，具有强烈的草根性价值取向、感性张扬的精神特征以及双向互动的传播特点。①

目前，新媒体文化非常丰富，在计算机技术、通信技术、网络技术、虚拟现实技术等新技术的基础上，存在着许多非主流文化和隐性文化现象。在形式上有"网络文化"和"手机文化"，在结构上有"亚文化"和"微文化"等子文化形式。

（一）网络文化

网络文化是人们以网络技术为手段，以数字形式为载体，以网络资源为依托，在从事网络活动时所创造的一种全新形式的文化。② 网络文化以网络技术为基础，形成了一个多元的文化体系。网络文化是由于网络技术的发展和广泛应用而逐渐形成的一种现代人类文化，包括网络技术基础文化、网络制度文化、网络行为文化、网络心理文化、网络内容文化。③ 因此，网络文化是网络空间中呈现的文化内容、文化方式和文化形态，包括网络空间中的文化产品、技术样式、组织形式、行为方式、制度规范、意识形态、知识观念，等等。④

（二）手机文化

手机文化是一种新型的、特殊的文化形态，是在现代信息技术条件下产生出来的，以手机为依托，以手机文化产品为载体，面向社会大众的，拥有各种表现形式且具有一定功能的新型文化形态。手机文化是指人们在使用手机的过程中形成的一种独特的价值、行为规范、符号体系及社会关系，它是依托技术文化、传播文化和流行文化等，形成了包括短信、手机文学、手机游戏、手机电影、手机电视、手机电台、手机广告、手机报等多种形式的新兴文化。⑤ 手机文化具有以下基本特征。一是大众性。随着手机的迅速普及和应用，智能手机功能和社交平台的增多，手机"微文化"已经极大吸引了大众的注意力，"碎片"式的传播交流方式使大众的

---

① 侯巧红：《国外新媒体文化发展的现状及启示》，《中州学刊》2014 年第 6 期，第 173 页。
② 姚伟钧、彭桂芳：《构建网络文化安全的理论思考》，《华中师范大学学报》（人文社会科学版）2010 年第 3 期。
③ 周鸿铎：《发展中国特色网络文化》，《山东社会科学》2009 年第 1 期。
④ 刘兴华、李冰：《国际安全视域下的网络文化与网络空间软实力》，《国际安全研究》2019 年第 6 期。
⑤ 鲍俊杰：《手机文化对"90 后"大学生的影响及对策》，《出国与就业》2011 年第 16 期。

意识和行为在手机文化所形成的大环境里不断发生着改变。二是便捷性。手机文化传播载体的便携性及其主要应用的网络环境，使其具有强大的信息扩散和人际传播功能，打破了时间和空间的局限，极大拓宽了人际沟通的渠道，强化了人的社会化程度。三是自主性。手机文化的自由属性使人们具有更大的自主性。①

（三）微文化

微文化是一种由于新兴网络平台的产生和普及而衍生出来的注重向微观和个体发展的文化现象，主要表现形式有微博、微信、微视频、微电影、微支付、微公益等，这些以"微"打头的新兴事物即为"微文化"的典型代表。微文化的核心在于"微"，一个表情、一声感叹、一张图片、一段文字都是"微文化"的主要内容构成。由于生活节奏加快，"微文化"以短小精炼的形式满足了公众的碎片化时间需求，公众可以利用碎片化时间关注自己喜爱的文化内容，这就促进了"微文化"的进一步传播。相比传统的文化传播，"微文化"的传播渠道更加多元，网络普及让"微文化"呈现多向、互动、网状、裂变式传播，并且有着"一次采集、多形态生产、无限次传播"的特性，微博、微信、各类 App 都是传播途径，点赞、转发、评论都是传播方式，"微文化"实现了个体与群体、虚拟与现实的同步文化传播，让信息的获取与传递更加便捷，形成了纵横交错的立体传播生态。②

（四）亚文化

亚文化是网络催生的一种新的文化现象。网络亚文化是与网络主流文化相对而言的，是一种在网络虚拟空间中存在的边缘文化，是网民在网络中逐渐形成、信奉和推行的一种特有的文化价值体系、思维模式和生活方式。

新媒体时代，多种新信息传播技术的普遍使用以及网络所具有的隐匿性、平等性和开放性特点，使当代青年的主动性、创造性和参与性得以充

---

① 聂仁东：《手机文化视域下高校辅导员创新网络育人工作的有效途径》，《山东青年》2019年第 10 期。

② 周艳红、伍友龙：《"微文化"的表现特征与发展指向》，《人民论坛》2018 年第 29 期。

分发挥，他们能够主动构建自身的文化理念和文化风格，因而相继出现了各种新的青年亚文化"部落"和青年亚文化样态。[①] 在网络亚文化领域中，传统的话语体系被瓦解，符号被当作可随意组装的零件重新组装使用。青年网民甚至可以通过对亚文化资本的"反抗"将文化资本转换成为政治、经济资本，青年网民在这里尽情享受主流文化未能赋予的实现感。可以看出，网络亚文化的流行是一种必然。作为一种新型文化形态，它形塑着青年网民的价值观，对青年人的学习方法、人际交往手段、各种价值观及思想行为方式产生了重大影响。这些影响既有积极的，也有消极的，值得我们高度重视。积极的网络亚文化能够被网络主流文化所接纳，成为网络主流文化的重要组成部分，而消极的网络亚文化会对人们，尤其是对青少年产生不良影响。在网络亚文化发展的过程中，主流文化应当引导网络亚文化的健康生长。

归纳起来，新媒体文化的含义有四个层面。第一，新媒体文化是多层次的文化体系。新媒体文化借助大众传播媒介进行议程设置，寻找话题，捕捉热点，传播社会主流文化，并含有多样化的亚文化，它能生产不同品种、不同风格、不同层次的文化产品，满足不同人的精神需要。第二，在新媒体文化中，媒体文化同媒介方式共存，媒体是它呈现和运载信息的方式，媒体的特点决定了媒体文化覆盖面广、社会影响大。第三，新媒体文化是一种产业文化，它所生产出的文化产品也是商品，和其他商品一样要纳入市场的轨道，通过商品的交换来实现它的使用价值；作为文化商品它与受众的文化消费密不可分。第四，新媒体文化是一种新型的、开放的、可以平等交流的、可以与受众充分互动的文化模式。[②] 新媒体文化的特征主要表现在以下几点。

（一）数字化、交互性体现了新媒体时代的物质文化特征

数字化是新媒体文化的根本特征，网络上的一切信息，包括各种文本、图片、声音、视频、动漫、游戏等，最终都以二进制形式存储在计算机中。这意味着，以前千差万别的信息现在都可以按照一种统一的机器

---

① 林峰：《网络青年亚文化的转向、症候及发展》，《新疆社会科学》2019 年第 4 期。
② 侯巧红：《国外新媒体文化发展的现状及启示》，《中州学刊》2014 年第 6 期。

"语言"被组织起来，从而消除了不同媒介之间的差别，实现了不同媒介形式的融合。

（二）虚拟性、开放性体现了新媒体时代的行为文化特征

在互联网中，人们不但能以具身化的存在方式享受现实生活，同时也能够以离身化的存在徘徊于虚拟空间之中。在虚拟空间之中，人们形成新的"数字共同体"，以新的传播方式进行社会交往，享受虚拟化的生活。互联网用户具有虚拟的身份，从而减少了现实生活中的压力；用虚拟身份和不同的人进行对话，可以相对轻松地发表观点和参与交流。新媒体文化的结构是高度开放的，在这种开放的环境中人们可以探索各种文化形式，为新媒体文化的发展提供了强大的推动力。

（三）平等性、自律性成为新媒体时代制度文化特色

互联网推动了用户参与传播过程的平等性，实现了传播的扁平化。互联网用户依靠互联网媒介的赋权，作为新的信息主体开始登场，可以自发地持有一定的主题，进行文化产品的生产以及分配。新媒体传播使得人与人之间的交流更加频繁，人们充分发挥自身的主观能动性，自由表达意见，新媒体文化呈现个性化、多元化特点。这种高度自组织的传播形式又要求人们有高度的自治性、自律性，不做违背法律、道德的事情。

（四）全球化、共享理念正逐渐演化为新媒体时代的精神内涵

通过网络平台，人们的分享与交流不受物理空间的限制，地球成为一个"地球村"，人们可以通过互联网足不出户地了解世界各地的文化，全球化是信息文化发展的必然趋势。无论在什么地方，人们都可以随时随地进行交流。人们能够在新媒体文化的生态环境中共生共存，不同的思想观念、价值取向、风俗习惯、生活方式等也在新媒体文化的影响下有了比较、融合和共享的可能。

二　新媒体传播的失范

"失范"这一概念最早是由法国社会学家埃米尔·涂尔干提出来的。"既然规范体系是各种社会功能自发形成的关系所构成的一个确定形式，那么我们可以说，只要这些机构能够得到充分的接触，并形成牢固的关

系，失范状态就不可能发生。"① 由此可见，埃米尔·涂尔干将"失范"注释为：一种社会规范缺乏、含混或者社会规范变化多端以致不能为社会成员提供指导的社会情境，也即社会行为规范处于非常模糊不清或基本失效的一种社会状态。美国社会学家默顿认为，社会价值结构的不同组成部分之间的分离和文化所规定的目标与意欲达到这些目标所采取的制度化的合法手段之间的分离，是造成人类不幸的原因。当人们不能用合法手段去实现这些目标时，可能会采取不正当手段和形式，于是失范就产生了。

所谓的新媒体传播失范，是指在新媒体传播过程中基本规范的不健全或缺失所导致的道德调节作用弱化甚至失灵，并由此产生的传播过程的混乱无序。从传播学角度来看，被大众认定为传播失范的某一传播现象一般而言具有以下特征。第一，它是客观存在的非正常传播状态。第二，它给部分社会成员的利益带来损害。第三，它容易得到公众的普遍关注。第四，它需要社会的共同努力才能得以控制。

新媒体传播失范主要表现在如下方面。

（一）信息污染

由于新媒体的普及和盛行，信息资源非常繁杂，处于无序发展和膨胀状态，因而又出现了日益严重的信息污染问题。这种充斥于媒体传播信息资源中的冗余、虚假和各种有害信息严重影响信息传播效率的现象就是信息污染。当前，信息污染的主要表现形式是信息超载、信息垃圾、信息病毒、污秽信息等。

1. 信息过载

近年来，互联网终端快速发展，信息量激增，大大超过了人类利用信息的限度，出现了信息过载。信息过剩、贬值，最后成为信息垃圾，典型的例子有垃圾邮件和垃圾短信。自媒体发展迅速，其中也出现了大量信息垃圾。

2. 不良信息

目前，互联网、手机等新媒体上不良信息的传播已经从门户网站、搜

---

① 〔法〕埃米尔·涂尔干：《社会分工论》，渠敬东译，生活·读书·新知三联书店，2007。

索引擎向微博、微信扩散。这些不良信息传播有着巨大的经济利益。一些电信运营商和广告联盟、增值内容服务商联手，以增加自身流量，吸引广告投入。在利益的驱使下，一些网站和自媒体也会铤而走险，增加对于低俗内容的制作、推荐，此类信息有泛滥的趋势。

3. 传播谣言

网络传播的虚拟性和匿名性，手机传播的便携性和流动性，各种图像软件在新媒体中的普及，加之互联网和手机信息发布和传输没有严格的检查和核实系统，操作方式的方便与私密，使得新媒体传播在一定程度上成为谣言传播的乐园。许多网络谣言以传播信息和知识的面孔出现，增加了识别的难度。

(二) 信息安全威胁

1. 网络病毒

网络病毒是一种人为恶意编造的程序，具有自我复制能力，通过非授权入侵而隐藏在可执行程序和数据文件中，容易获得使用者的数据和信息，造成使用者隐私的泄露。一般来说，信息病毒具有传染性强、更新传播速度快、传播范围广、破坏性强等特性。

2. 网络诈骗

网络欺诈主要集中在以下方面：其一，是虚假商品销售欺诈；其二，是无风险投资欺诈；其三，是中奖欺诈；其四，是信用卡欺诈。这些都建立在对用户信息的获取之上，因为网络的虚拟性、匿名性、流动性和调查取证的困难，相关部门需要不断加大打击网络欺诈行为的力度，反网络欺诈行为还任重道远。

3. 信息泄露

信息安全包括的范围很广，上至国家政治军事等机密安全，中至商业机密的保护，小至防止个人信息的泄露。首先，网络的本身脆弱性，为黑客等不良人员窃取信息提供了可能性。其次，信息传受双方的随意性、便利性，使得信息泄露机会更多。新媒体的发展在为社会进步、个人生活带来便利的同时，也给信息安全带来了更严重的威胁。

在媒体融合的情况下，新媒体失范问题有了新的载体，以融媒体的形式出现，游走在传统媒体的边缘，却不受到传统媒体的监管，使得新媒体的失范问题加剧。

在新媒体视域下，网络自制剧、短视频、微电影和弹幕直播等视听新媒体得到长足发展。这些视听新媒体形式并不是网络和内容的简单相加，而是带有融合的意味，无论从内容制作、播出平台还是用户人群等方面都具有很强的互联网属性。从根本上是一个内容产品，具有制作简单、用户准入门槛低、社交互动属性强、碎片化等传播特点，表现出强大的生命力，同时也诱发了诸多问题。

1. 缺乏底线

网络自制剧作为一种媒介产品存在着明显的负外部性，相较于传统电视剧，一些网络自制剧存在色情低俗、暴力血腥、封建迷信、不尊重史实等情况，很大原因是制作方在创作过程中的擦边球行为，对于网络内容的把关意识不强，为了迎合部分受众的偏好而更多地选择低级趣味内容。弹幕式直播平台是典型的娱乐社交类自媒体，其运营的基础是建立在主播与受众之间的粉丝经济模式。弹幕式直播平台对社会产生了负面影响，主要集中在众多违法直播事件，主要有涉黄类、暴力类、谣言与迷信类、诈骗与传销类等方面，尤其是一些借助于慈善、公益事件进行的诈骗，其行为的影响会不断发酵，造成了社会风气的腐化，道德伦理开始出现裂痕。

2. 新媒体侵权

新媒体侵权主要有侵犯个人隐私权和侵犯知识产权两种形式。隐私权是每个公民具有的基本权利，我国法律规定，是任何自然人享有的私人生活安宁与私人信息秘密依法受到保护，且不被他人非法侵扰、知悉、收集、利用和公开的权利。直播的"私域公化"导致直播者的生活情景被带入大众视线内，导致个人隐私无形中更容易受到侵犯。

知识版权保护问题一直是新媒体文化市场发展的一大障碍。近年来，无论是软件开发，网络文学作品创作，还是音视频节目制作，市场上涌现了许多优质的作品，音视频等网站凭借各自的优质内容吸引了大批的付费观众，建立了付费模式，但是盗版问题一直悬而未决，始终对制作方的辛苦努力、视频网站付费模式的建立产生很大的威胁。

第二节　新媒体传播中的博弈

"随着以互联网为代表的新信息传播技术的全面普及，人类的传播行为几乎与真实空间和虚拟空间形成一种技术上的平行关系。一方面，如何建构社会主体间的关系取决于信息传播的行为效益，信息博弈是传播权力社会化膨胀的表征；另一方面，时空分离的流动结构同时也产生着身份重叠和身份压缩，信息传播的瞬间效益驱动人类行为的快餐化。"[①]

从传播思想的角度来看，"自由"与"责任"两个理念的辩证关系实质上是理性与非理性博弈的关系。传统媒体或者"第一媒体时代"新闻理念的哲学基础是理性主义的，就是排除新闻生产活动中的非理性因素，实现个人理性和社会理性的统一与和谐。新闻场域一直致力于培养和造就"一个自由而负责任的新闻界"，被称为"一个理性目标"。自此，新闻记者成为具有职业化技能和精神的专业人员，新闻媒体通过记者的道德自律以及媒体科层机构的"把关人"和行业的"议程设置"来实现社会的理性。

从"第一媒体时代"到"第二媒体时代"的跨越，不仅仅是传播技术形式和资讯传递方式的飞跃，更是促进了对人自身主体性认识的不断加深。"第二媒体时代"新闻理念的哲学基础是理性和"非理性"互溶的，非理性因素不断融进理性的社会进程中，表明传播从大众走向小众、从群体走向个体、从社会走向自我的一个过程。

新媒体是一把双刃剑，由此形成了网民的理性和非理性传播行为的交织。一方面，网络、手机等新媒体的话语权掌握在普通民众手中。新媒体文明对普通大众的低门槛，使得每个人都有可能成为新闻发布者，文化创造者、传播者，学术评论者和各种各样的发言人，而且新媒体的传播亦即各种信息的声音，较之印刷媒体和电视广播传播更广泛、更迅捷、更本真、更现场、更喧哗和更多元，指向性更强。另一方面，虚假信息泛滥，

---

① 〔英〕安德鲁·查德威克：《互联网政治学：国家、公民与新传播技术》，任孟山译，华夏出版社，2010，总序第 001~002 页。

各种谣言、流言有时也会无端制造恐怖气氛。短信诈骗、盗取个人信息、色情视频等网络犯罪成为新的犯罪模式，体现传播的理性和非理性的博弈。

一　传播博弈理论的变化

传统媒体和新媒体博弈的突出表现是在大众媒体下的传播理论出现了新的变化。

（一）新媒体传播"把关人"的弱化

在大众传播过程中，负责收集、过滤、处理、传播信息的传播者被称为"把关人"。实际上，"把关人"可以是个人，也可以是集体。从整个社会的角度来看，传播媒介是全社会信息流通的把关人。从传媒内部来看，不同的媒介具有不同的把关人。从报纸、广播、电视等传统大众媒介来看，在新闻信息的提供、采集、写作、编辑和报道的全过程中存在着许多的把关人，其中，编辑对新闻信息的取舍是最重要的。在新闻实践中，"把关"标准是：新闻信息的客观属性；新闻价值和新闻要素即专业标准和市场标准；媒介组织的立场和方针。可见，媒介的"把关"是一个多环节、有组织的过程，其中虽有记者、编辑个人的活动，但是"把关"的结果在总体上是传媒组织的立场和方针的体现。

在新媒体环境中，把关的制度性日渐削弱，把关的权威性被降低了。"与传统把关人相比，网络语境中的把关人在具体主体上更为多元，从权威和功能两个维度来看，包括政府层次、产业规制者层次、网络服务商、媒介工作者、个人层次。"[①]

总体上说，新媒体环境让"把关人"面临了多层挑战。互联网是一种"去中心化"的新型互动媒介，传播者和受传者的区别在减小。新媒体传播信息的迅捷性和无障碍性大大降低了"把关"的可行性，"把关人"这一传统角色在逐渐弱化。在新媒体传播中，传统意义上的把关人被分解为网民个人、社区版主、平台编辑、媒体外部组织及环境（主媒介制度），

---

① 罗昕：《结构性缺失：网络时代把关理论的重新考察》，《新闻与传播研究》2011年第3期，第68~69页。

造成"把关人"主体的多元化，最终，把关的效果取决于各主体之间如何良性互动，相互促进。

（二）新媒体传播"议程设置"的互动

随着新媒体的发展，议程设置的媒介环境发生了巨大的变化。

新媒体议程设置的弱化。新媒体的双向互动交流模式使传受双方身份不断易位，新媒体传播也出现了去中心化现象，人人都可以平等自主地选择、处理信息，议程设置对于个人或者专业媒体来说是一项颇具挑战的难题。在海量的网络信息里，想要突出一个议题并得到大众的普遍关注和传播具有相当的难度。

网络议程设置的主体多元化。在传统的议程设置中，主体往往是由专业的大众媒体担任。而在新媒体中，任何人都可以是传播者，意味着每个人都有机会进行议程设置，任何引起公众兴趣的事情不论大小都有可能发展成为议题，公众在网络议程设置中有着越来越举足轻重的作用。

网络议程设置的影响更广泛。在传统媒介中，公众接收到的议题都是媒体经过过滤筛选的信息，议程设置需要一个较长的过程。在新媒体中，信息的即时发布和即时回馈机制使得热点话题很快引起公众的高度注意，并随之扩大蔓延，公众对议题的反应及议题本身的影响力马上就能明确。

总体说来，新媒体的出现对议程设置理论有着双面的影响，既可能加大其效果，也可能增加其难度。新媒体也可以同传统媒体联合设置议程，利用新媒体的深入影响和传统媒体的权威报道共同为公众设置议题。

（三）新媒体传播"沉默的螺旋"的变异

与现实世界相比，一方面，网络空间的虚拟性在一定程度上可以减弱或消除个人对孤立的恐惧，给个人提供了更大的自由度，网络群体的人际关系更加宽松，面临的群体压力减轻，使个体能够通过互联网更为充分地表达真实的思想；另一方面，网络空间又和现实社会有着密切的关联，由于实名制的实施和相关的 IP 网络技术等，网民的身份并不是真正匿名的，使人即使在以各种马甲发表观点时，也会受到约束，心理压力甚至更加突出。可以看出，沉默的螺旋在新媒体环境下并没有消失，但互联网对传统大众传播中"沉默的螺旋"理论的主要前提——从众心理、群体压力产生了冲击，在一定程度上会降低沉默的螺旋发生的概率。

在新媒体中引起关注的话题、主题或事件等，大多为敏感、尖锐的社会问题，相比传统媒体，网民在表达观点时所持的非此即彼的观点更能吸引人们的注意，网民的态度显得更为偏颇和激化，温和、中立的观点往往没有生存空间。新媒体还表现为传播的"圈层化"，微信具有"朋友圈"和"关注"功能，对自己感兴趣的人、组织等，只要"关注"或进入"朋友圈"就能获取自己渴望得知的信息，并在这个平台上形成各种各样的"圈子""小群体"。在共同关注某一议题或事件时，通过"评论""转发"等与博友互动形式发展成为具有一定规模的群体传播，形成一定的规范和共同归属感。组织内部高度一致的群体成为"微群"或"围裙"或"朋友圈"，其中不乏"意见领袖"，意见领袖的信息有很高的可信度，同时，表现出意志的坚定性、主张的一贯性和态度的强烈性，常常引发针对某一事件意见的群体性倒戈，形成对大众媒体的反沉默螺旋模式。

从把关人到议程设置，再到沉默的螺旋，构成一个递进的新闻传播的架构，显示了大众传播中传播者对信息传播的控制作用，在新媒体的环境下，这些都被弱化，并且呈现互动或反制的新特点，充分显示新媒体的传播特征。

二　传播博弈情态的变化

"博弈"是研究决策主体在给定信息结构下如何决策以实现自身效用最大化，以及不同决策主体之间决策的均衡，讲究的是"理性选择的相互依赖性"。社会（政府）和个体（延伸至企业）作为博弈的双方，随着媒体的演进，博弈的模式也在发生着变化。

（一）传统媒体时代：理性—理性的博弈策略

在传统媒体时代，是个完全理性的博弈，即理性的社会对理性的个体。大众传播的形式，组织性的科层媒体结构，奠基于广告及发行的商业模式，使个人的理性通过社会的理性表现出来，表现为"把关人"和"设置议程"的博弈策略。"把关人"使人们能够接触到的新闻是有限的，传播的信息经过理性的选择，"设置议程"让大众传播通过调动受众的注意力，安排问题的轻重次序，从而间接达到影响舆论，左右人们的观点和思想的目的，而"沉默的螺旋"揭示了理性社会对非理性情绪的抑制。非理性的因素只有在理性的权力审查框架中被选择表现，从而保障了一个理性的社会的最大利益。

在新媒体时代，传播媒介环境发生了变革，公民新闻网站、新闻网志、维基百科、YouTube 等草根媒体则由社区网络组成，内容由公众提供，重视对话、写作、平等。对于利润，是下放式及民主化的运作模式，非理性的情绪得以张扬，甚至成为提高流量，获得利润的保障。

"把关人"在网络传播中将被弱化，职业传播者不再是"议程设置者"，而仅仅是成为寻找并发布新闻的人，"议程设置"功能在网络传播时代的淡化使得在大部分的问题上，不再有所谓的主流观点，解除了传统社会中使大众害怕孤立和趋同的心理，"沉默的螺旋"已经失去其受众心理基础，人们可以在网络上畅所欲言，"沉默"的人将越来越少。在这种情况下非理性和理性获得了同样的地位，两者的价值判断和利益冲突激烈了新闻场域中的斗争。这种传统媒体下以规范协议为基础的合作博弈形式，在新媒体情况下是一种失效的结果，新媒体的博弈策略需要重新界定。

（二）新媒体时代：理性—非理性的博弈策略

理性社会和非理性的个体之间的关系，体现为宏观的理性与微观非理性的结合，是一种非合作博弈的形态。理性和非理性如何获得博弈的最优策略问题，归根结底是应该以什么样的行为方式来满足"自由"和"责任"的关系，是主要利用法制的威慑还是呼唤道德的力量。在媒体融合传播生态下，往往是来自传统媒体的新闻和来自原创的博客、微博融合在一起，既体现不同媒体形式信息的结合，也反映出信息传播在理性和非理性的博弈中舆论引导的重要。1996 年，欧洲委员会颁布的《互联网非法和有害内容管理条例》试图通过用"非法"和"有害"信息的"二分法"把互联网的内容进行分类处理，"非法的内容属于法律的领域，有害的内容则关注未成年人保护，基本是属于道德的范畴。"这样一来，人们可以理解成有害的内容留给了媒体"自律"，"非法"的内容则分配给了法律来"他律"。① 这种分配本身就容易引起争议，但却是目前各国政府

---

① 　鲁曙明、洪浚浩：《传播学》，中国人民大学出版社，2007，第 171 页。

的普遍做法。

在新媒体场域中，只有全面提高个体行为者（网民）、平台行为者（企业）和管制行为者（政府）的媒体素养，才能整体提高新媒体场域中参与者的媒体参与水平，改变相互间的权力制约关系。无论是新媒体产品的生产者，还是消费者，乃至管理者，都应该充分认识到媒介素养教育的重要性，因为公众媒介素养的提高，意味着公众的信息吸纳能力和使用能力的提高，也意味着公众对媒介自身的要求将不断提高，使新闻伦理社会化。将非理性表达融化在理性的表达中，而不是形成对立关系，将是新媒体博弈的最优策略。

第三节　融合媒体的传播效应与应对

融合媒体是不同于传统媒体的全新传播媒介，拥有自己独特的传播结构和传播特点，融合媒体构成了新闻传播的一个闭环，改变了传统媒体的线性传播模式，其反馈既包含负反馈，更包含正反馈，由此带来了比传统媒体更复杂的传播效应。这些特点决定了融合媒体传播的传统大众媒体所不能具备的"乘数效应"和"蝴蝶效应"的产生。

一　融合媒体的传播效应

蝴蝶效应（The Butterfly Effect）强调的是微小变化造成的巨大影响。最早来自 20 世纪 60 年代初美国气象学家洛伦茨的一项发现，并把它形象地表达为"一只蝴蝶在巴西扇动翅膀会在得克萨斯引起龙卷风"。后来这个概念经常被运用于混沌学，是指在一个动力系统中，初始条件下微小的变化能带动整个系统长期的巨大的连锁反应，证实了事物的发展具有复杂性。

"新媒体传播呈现明显的'蝴蝶效应'。新媒体具有互动性、开放性、主动性、跨地域性、草根性等传播特点，过去媒体被政府控制，公众要表达自己的言论非常困难。随着互联网、手机媒体的迅速普及，一篇博客、一条短信，甚至是一句简单的留言，都可能被网络迅速转载。新媒体是危机的放大器，任何人都可以通过新媒体随便地发表评论，使得危机传播的风险性成倍地放大。在新媒体传播中，一个微小的信息，如果不加以及时的引导、调节，会给社会带来非常大的危害，被称为社会'龙卷风'或'飓风'。"① 互联网每时每刻都有无数信息产生、流动，在这些海量信息中，有信息会引起人们的关注，并迅速地蔓延传播，等相关政府部门意识到某个话题或事件成为热点，它的影响往往已经非常大，成为全社会所关注的热点舆论。

新媒体传播的信息库中存在着大量或优或劣的信息，传播量赋予了信息影响公众看法的力度，积极信息在经过大量转载后产生积极效应，但消极信息在经过大量转载后将产生消极效应甚至极大的负面影响。相关部门应该做好实时监控工作，避免"蝴蝶效应"的产生，将不良信息扼杀在摇篮之中，从源头斩除。

同样，对于新媒体传播"蝴蝶效应"下的政府危机管理对策，可以采取：在新媒体突发事件的初期，建立突发事件预警系统；在新媒体突发事件的中期，以疏通为主；在新媒体突发事件的后期，亡羊补牢。②

乘数效应和蝴蝶效应有类似的表达，但是更强调整个系统的整体效果，强调所产生的效益或效果是当初投入的数倍。乘数效应（Multiplier Effeet）的理论源于美国经济学家约翰·梅纳德·凯恩斯对宏观经济效应的研究。乘数效应的内涵是，由于在一个复杂的系统中，各个环节相互联系，首尾相连，纵横交织，一个也许微小的变化会导致系统环节的连续变化，导致系统最终所表现的倍增或倍减效果。

二　融合媒体传播效应的效果分析

（一）媒体融合使信息具有扩张效果

融合媒体传播是多维的网状结构。在传统媒体的传播理念中，传者和受者是严格区分的，前者主动地传播信息，后者被动地接收信息。网络媒体突破了大众传播的框架，改变了单一的线性传播的模式，可以是一点对一点，一点对多点，也可以是多点对多点或者多点对一点。双向的交互传

---

① 匡文波：《新媒体传播中的"蝴蝶效应"及其对策》，《国际新闻界》2009 年第 8 期，第 72～73 页。

② 匡文波：《新媒体传播中的"蝴蝶效应"及其对策》，《国际新闻界》2009 年第 8 期，第 73～74 页。

播和网状的交叉传播，是网络媒体最大的优势。因此，网络可以使用多种的传播方法来丰富信息的内容，博客和其他网络传播新形式的出现，更为信息的发布提供了广阔的空间和便利的条件。在信息技术高速发展的今天，新媒体具有开放性、自主性、跨地域性等特点，对使用者的身份没有限制，人人都有"麦克风"，对信息的发布和传播也没有严格的限制，使用者偶尔的一条微博、一张图片、一条评论、一段视频都有可能会瞬间发酵，被广泛传阅传播，大量转发转载。这样由一到多的过程，就是一个快速扩张的过程。

（二）媒体融合使信息具有催生效果

虚拟的匿名身份使网民可以自由地发布信息，可以自由地搜索、储存和加工信息。或是关于新闻信息的背景介绍，或是主题人物，或是深入的评析，或是同类事件的对比，网民还可以对有些新闻进行补充，或针对新闻信息发表不同的看法和言论，这都是网络新闻信息的裂变作用。融合媒体传播具有时效性。与传统媒介相比，网络信息的制作与传播的速度要快得多，网络新闻使新闻从"几小时前"到"几分钟前"，到"几秒钟前"乃至"即时性"。网络信息流动性强，使网络占领了信息来源的前端，颠覆了信息传播的顺序。网络借助于传统媒体的影响，使新闻信息的效应不断提升，衍生出来的后续新闻信息，又成为网络媒体的来源。这样周而复始的互动和融合，使网络信息具有催生效果。

三　融合媒体传播效应的效用分析

总的说来，融合媒体的"乘数效应"主要表现是在不断的传播过程中量的倍增和质的丰富。这里的丰富，是在充实的过程中也包括一部分变异。因此，在网络传播上，乘数效应是把双刃剑，有着正面作用和负面危害。

（一）融合媒体传播的"乘数效应"的正面作用

通过网络传播的"乘数效应"，使新闻信息的数量倍增，而且涉及新闻事件的背景、发生、过程、正反面的看法等等，对一个新闻事件来说，使受众更能获得全面的真实的信息，有利于真实全面地传播新闻信息。

通过"乘数效应"可以扩大一条新闻的影响，使其广受关注，成为议程，成为人们关注的焦点。"议程设置"指的是传媒的新闻报道和信息传达活动赋予各种"议程"不同程度的显著方式，影响人们对社会事件的判断。也就是说，该事件在公众心目中的重要性受媒体关注程度和"议程"安排影响。"乘数效应"可以极大地扩大新闻信息的数量，可以高强度高密度地对一个事件进行跟踪报道，并且可以在网页上轻松地实现"显著模式"和"优先顺序模式"，从而改变此条新闻的位置和顺序，从而改变此信息的受关注度。

另外，通过"乘数效应"可以引致多方评议，形成社会舆论环境。社会舆论是指多数人对社会生活中有意见的事情发表有一定倾向性的议论、意见和看法。社会舆论可以是有意识、有目地通过大众媒介（如报刊、电视等）广为宣传而形成的，也可以是公众自发形成的。网络传播是匿名的，但更能吸引受众表达真实的愿望和判断，其乘数效应，使其更有可能形成广泛而强大的舆论。这种舆论效应还是主流媒体扩大影响的重要手段。

最后通过"乘数效应"有利于监督。社会问题的热点、难点和敏感点都是网络传播报道的重点，新闻是一种舆论，舆论的力量就在于能够及时地不断地从生活中提出迫切的问题，来引起群众和有关部门的注意，促进问题的解决。网络传播舆论的形成可以对政府行为和执法形成有效的监督。

（二）融合媒体传播的"乘数效应"的负面危害

新媒体的"乘数效应"中的丰富，是在充实的过程中也包括一部分变异，为虚假信息的泛滥同样提供了合适的平台和土壤。网络具有快速性、隐匿性和自由性，网络传播中的信息发布者大多处于匿名状态，对于所传播的信息无须承担责任，而把关人的缺失和弱化，使新闻信息的客观真实难以保障，因而网络信息往往缺乏公信。诸如论坛的"灌水"，即发表无实际意义、没有讨论价值的信息等所产生的垃圾信息、过时信息对有用信息的传播产生干扰，成为网上信息的"噪音"，甚至淹没真实的信息。而伪信息大量充斥，还会导致出现网络谣言。

新媒体的"乘数效应"在放大信息的同时，也放大了包含于信息或衍生言论中的情绪和倾向。虚假性和情绪化会使网络传播更加具有震荡性、冲突性，控制不好就会失控。它会成为一些不安定因素产生和蔓延的根源，从而引发突然事态，更由于其背后深刻的社会矛盾和心理因素，甚至造成了极坏的影响，具有很强的社会杀伤力。在始发于巴黎郊区，迅速蔓延到法国全境，并波及比利时、德国和意大利等其他欧盟国家的大骚乱中，两名青少年因涉嫌在其网络日志中煽动他人参与骚乱而接受调查，给世界各国敲响了关于网络与国家安全的警钟。

新媒体本身具有的交互性使其用户对象具有一定的个性化及社群化属性，用户本身的归属感在某些特定群体中得以体现，用户在自身传播信息的过程中，从众心理使其无法对信息来源进行有效的辨别就进行传播，"跟风""带节奏"可能会因为一定的主观性对复杂的事件产生歧义，妄下定论，导致此类事件后期往往会出现一定程度上的"反转"。

四　应对融合媒体传播效应的对策

"乘数效应"是把双刃剑，处理得正确与否至关重要，对于一些社会问题新闻的报道更是关键。在网络信息传播中也要采用多种途径进行信息的控制。

（一）实施融合媒体传播的全程控制

网络传播是弱管理的传播过程，因此，强化对网络传播的控制可说是第一要义。通过对网络传播实施前端、中期和后端控制，从而发挥网络乘数的正面作用，抑制网络乘数的负面危害。在前端，为应对网络传播的即时性，传统媒体要强占新闻信息的制高点。知情权指的是民众享有通过新闻媒介了解政府工作情况的法定权利。满足大众的知情权，是让大众了解和参与国家的决策制定的需要。在应急状态和突发事件时，群众常常是在猜测、谣传，甚至很多新闻被歪曲报道，夸张扩大，误导受众，造成被动。假如及时发表信息，保证信息公开公正，那么就可以利用网络传播乘数效应的正面影响，使大家了解真相，安定人心。反之则被"乘数效应"扩大而更加难以管制，成为引起社会动荡的祸首。在中期，要做到监控、把关和校正、引导等全程跟踪。要及时把握导向，监控舆情，随时发现"乘数效应"的苗头、方向和规模。要加强舆情信息的综合分析，做好信息工作，确保信息渠道通畅灵敏和信息处理及时准确。真实性是新闻信息的生命，针对网络传播中产生的大量虚假新闻或低俗消息"噪音"，从根本上建立一个把关机制。借鉴传统媒体建立采、编、审、播各程序的严格把关制度，组建网上评论队伍，做好网上舆论的解析和引导工作。在后端，要做到评价和制裁相结合。道德与法律是现代社会规范人的行为、维护社会安定的两大支柱，也是做好网络传播控制的两大工具。对于网络传播的行为进行道德评价和谴责，对违反法律的传播行为进行法律制裁，都是控制网络"乘数效应"的有力工具，也是警示于人、防患于未然的良好措施。

（二）实施对网络传播的反馈控制

根据传播的方向，可以区分为正反馈传播和负反馈控制。正反馈是效果的累积和扩大，但是却将引起震荡和不稳定，负反馈是效果的减负，有利于整个系统的稳定。从网络传播的"乘数效应"上看，整体上是个正反馈效果，因而在带来量的扩张的同时，包含着不稳定因素的增大，假如我们不进行适当的控制，就会形成自激，引起震荡。所以要适时引入负反馈，在传播一个方面新闻信息的同时，也能照顾到另一方面，使新闻信息传播全面、客观、公正，在网络言论集中的同时，也要注意到另一方面言论的展示，使新闻舆论保持理性，健康发展。这些其实都是对网络传播"乘数效应"规模的及时控制处理。

总之，"制定相应的法律法规，健全网络安全体系，从而达到净化网络空间的效果。与此同时，重视舆论导向对社会安全造成的影响力，对公众影响力大的群体加大监管力度，有效控制舆论导向也能有效地维护网络健康安全环境。"①

第四节　新媒体的规制与监管

"要想治愈失范状态，就必须首先建立一个群体，然后建立一套我们现在所匮乏的规范体系。"② "新媒体时代的到来，传播的主体、内容、客

---

① 郝书誉：《新媒体传播中的"蝴蝶效应"及其对策》，《视听》2019年第1期，第168页。
② 〔法〕埃米尔·涂尔干：《社会分工论》，渠敬东译，生活·读书·新知三联书店，2007，第17页。

体、方式、速度和范围等都发生了深刻的变化，传统的信息垄断和舆论控制被打破，公众获得了更广泛的信息生产、传播和反馈的自由。但是，新媒体带来的一系列社会问题也日益显现，如虚假信息、色情信息、诽谤侮辱等信息的泛滥；侵权隐私权、名誉权、肖像权和著作权等权利的现象更加猖獗；利用信息技术跨越国界对他国进行攻击、文化入侵和政治干预等。所以，新媒体规制成为世界各国的研究课题。"[1]

规制，顾名思义，就是规制主体采取一定的措施对被规制对象进行规范、监管、管控，以保障被规制者的良好发展。"规制的主体一般就是政府及相关部门，政府根据一定的法规对市场活动所做的限制或制约"，[2] 媒体融合使得新闻传播业发生了很大的变化，必须针对新的媒介生态，在原有规制和监管措施上实施新的形式。

一 在产业领域实施融合规制

在传统媒体领域，由于不同的媒介形式之间有着明显的界限，所以各国采取的都是分业规制。在20世纪70年代至80年代，广电市场经历了显著的变化。一方面，电台和电视台的数量迅速增加；另一方面，信息和通信技术的进步带来了新的媒体渠道，如有线电视、卫星电视和互联网等。同时，市场也发生了变化，视频需求上升，语音需求下降，有线电视上升，电话服务下降，导致了一系列的技术、需求和市场变化。首先，技术的趋同打破了地域和行业的限制，竞争出现在现有的本地和长途有线运营商以及本地交换运营商之间，它们都使用电路交换网络技术提供语音服务。无线服务与本地和远程线路服务的竞争，VoIP和有线及无线电话的竞争，IP视频和有线电视的竞争，都是作为数字宽带技术在电话和有线网运用的结果，来自不同监管领域的提供者已开始相互竞争。其次，语音和视频服务现在可以使用互联网协议IP提供，却被划为不受监管的信息服务范畴，但这些服务直接与受到监管的传统语音和视频服务竞争。此外，数字技术没有国界，极少受国界的限制。经济政治全球化的趋势导致传播无国

---

[1] 杨丽莉：《规制新媒体的四个维度》，《今传媒》2014年第7期，第107页。
[2] 杨公朴、夏大慰、龚仰军：《产业经济学教程》，上海财经大学出版社，2013，第135页。

境，会受到来自国外的压力。

在这样的背景下，基于不同技术模式的监管与当前的情况已经不相适应。同业竞争的要求反映出此前的规制模式已经对当前的业态形成了阻碍。此前，在一系列技术变化、美国政策的变化以及法院判例发生变化等共同推动下，允许竞争进入一些电信和广播市场的探索。在这种情况下，修订电信法的目的是通过消除不必要的监管障碍来开放市场以允许竞争进入。

从世界范围来看，基于广电行业和电信行业进入同一产业竞争的现实，世界各国都采取了同业监管的模式，实现了规制融合。三网融合的规制模式，按照交叉程度可以分为完全融合和不完全融合的两种监管模式。

完全融合：在全世界范围，越来越多的媒体和通信管制机构趋于融合。英国通信管理局（Office of Communications，OFCOM）是在合并五个机构的基础上成立的，包括电信部、广播标限委员会、独立电视委员会、无线电局和无线电通信局。澳大利亚通信管制局（ACA）和澳大利亚广播管制局（ABA）正式合并为澳大利亚通信和媒体管制局（ACMA）。意大利、瑞士、加纳、南非、文莱在最近几年内已经建立了融合的管制机构。

不完全融合：目前法国的电信和广播电视彼此是对称开放的，在市场准入方面，法国电信业和广播电视业并不互相排斥，三网融合发展是主旋律。但到目前为止，法国的电信部门与广电部门还没有像英国一样建立统一独立的电信和广播电视监管机构，仍然存在电信行业与广电行业多头管制。法国设有专门的广电监管机构最高视听委员会（CSA），主要监管内容，尤其是视听业务的内容。而电子通信与邮政管制局（ARCEP）在电子通信运营商之间出现争议时都有权力进行调解。虽然它不具备对广播电视行业的监管职能，却又参与广电关于容量（网络）和管道（频道）的监管，而且根据欧盟规定，广播电视批发市场是电信业的相关市场。因此ARCEP可以对广播电视业的批发市场进行市场分析和评估，并将意见反馈给欧盟委员会。

在我国，管理部门采取了牌照制的方式对相互之间的融合进行政府规制，牌照成为双方接受管理的方式、相互进入的门槛以及业务界定的边界。2005年3月，国家广电总局给上海广播电视台颁发了全国首张集成运营牌照——《信息网络传播视听节目许可证》，上海电视台成为我国最早正式试点电视业务的运营机构。随后中央电视台、南方广播影视传媒集团获得集成业务全国运营牌照，杭州华数、江苏广播电视总台获得集成业务区域运营牌照，中国国际广播电台获得内容服务牌照。这表明，拥有全国性运营牌照的运营商有四家：上海文广、央视国际、南方传媒、中国国际广播电台，其《信息网络传播视听节目许可证》拥有关于电视机的所有相关类别，并且能在全国范围内开展业务。获得全国性牌照的运营机构并不能在全国随意开展业务，如想在当地开展业务，必须由国家广电总局另行审批。拥有地方牌照的运营商有两家：杭州华数、江苏电视台，只能在规定地域内开展相关业务。

2009 年 8 月 14 日，国家广电总局下发《关于加强以电视机为接收终端的互联网视听节目服务管理有关问题的通知》规定，在我国从事互联网电视必须取得"以电视机为接收终端的视听节目集成运营服务"许可证，即互联网电视牌照，也就是说，终端厂商要发展互联网电视产品，不能直接连接公共互联网，都要与牌照商合作，才能获得进入互联网电视的"入场券"。至 2014 年，国家广电总局已发放的 7 张集成播控和 14 张内容服务牌照，其中 7 家互联网电视集成服务机构，分别是 CNTV、百视通、华数、南方传媒、湖南电视台（芒果 TV）、中国国际广播电台（CIBN）、中央人民电台。14 张内容服务牌照除了上述 7 家已经申请集成牌照的机构，还包括单纯的内容服务牌照商 7 家，分别是电影卫星频道节目制作中心、城市联合电视台 CUTV、北京台、云南台、山东台、湖北台、江苏台。2014 年 7 月，国家新闻出版广电总局网络视听节目管理司表示未来集成播控牌照将不再发放，内容服务牌照允许省级广电机构正常申请。

根据业务内容不同，手机电视牌照分为自办内容牌照和集成播控牌照。自办内容牌照只能运营自办音频、视频内容，不能集成或审核其他 CP（Content Provider，内容提供商）的内容；集成播控牌照在具有自办内容资质的同时，还可以集成和审核其他 CP 的内容，又称为全业务资质牌照。集成播控牌照商具有自办内容资质，自办内容牌照商没有集成审核资质。

2010 年国务院在关于《推进三网融合总体方案》的通知中就明确指出，"加快培育市场主体，组建国家级有线电视网络公司，初步形成适度竞争的产业格局。"2010 年电信信息化工作重点即以 3G 为契机全面进入融合时代，包括推进融合型技术和业务发展，向融合化、多媒体化和集成化综合信息服务转型，促进电信和广电业务双向进入。

2012年9月17日，中国电信集团公司被国家广播电影电视总局授予《信息网络传播视听节目许可证》，授权天翼视讯TV189在全国开展互联网视听节目服务，随后又授权其在全国开展手机电视分发业务。

2014年4月16日，中国广播电视网络有限公司正式挂牌运营。工信部于2016年5月5日向中国广播电视网络有限公司颁发了《基础电信业务经营许可证》，批准中国广播电视网络有限公司在全国范围内经营互联网国内数据传送业务、国内通信设施服务业务，并允许中国广播电视网络有限公司授权其控股子公司中国有线电视网络有限公司在全国范围内经营上述两项基础电信业务。由此，中国广电成为第4大电信运营商。

2019年6月6日，工信部正式向中国电信、中国移动、中国联通、中国广电发放5G商用牌照。我国正式进入5G商用元年。值得注意的是，中国广电成为除三大基础电信运营商外，又一个获得5G商用牌照的企业。

三网融合的推进，让电信行业的网络渠道和广电行业的内容有了紧密的结合。双方应共同建立三网融合的双赢共生圈，共赢分享盈利。广电行业和电信行业应该一起设计内容和推广策略，一起设计客户营销和服务的标准，共同把移动互联网新产品和新应用推广到市场中。通过双赢式的合作，建立起以内容和渠道一体化为中心的共生圈，不仅对电信运营商的持续盈利有利，对广电行业的健康发展也有利。

在规制融合的思路下，按照同业监管的模式，实现规制的转型。参照世界的规制模式，可以建构当前中国三网融合的监管模式。我国的三网融合规制模式可以在现有各行政部门分业监管的格局下，采取渐进式交叉规制的方式，逐渐向融合规制过渡，适时建立独立融合的广电行业与电信行业规制机构。

二　在媒体领域实施法律监管

"随着互联网信息技术的创新发展，网络新媒体凭借自身迅速性、包容性和互动性的优势，满足了人们广泛性、多元化的需求，并积极促进我国政治、经济、文化等领域的进步发展。科技为网络新媒体的发展提供了可持续的动力支撑，同时，网络新媒体的创新性特征也对立法规范、社会治理不断提出新的问题和挑战。因此，我们要在充分认识其发展规律的基础上，构建规范有序的管理体系，从而引导和推动网络新媒体的良性健康发展。"① 面对新媒体快速发展所带来的一系列问题，各国都积极应对，制定了许多法律法规，并成立相应的机构来促使新媒体的健康发展。

（一）各国颁布新媒体的基本法律法规

西方发达国家的相关法律法规，重点强调保护互联网信息的安全、设置相应法律监管措施以及应对措施。美国是世界上最早提出并通过法规对隐私权予以保护的国家，美国在 1974 年通过《隐私法案》（*Privacy Act*），1986 年颁布《电子通讯隐私法案》，1988 年又制定了《电脑匹配与隐私权法》及《网上儿童隐私权保护法》（*Children's Online Privacy Protection Act*），分别从互联网通信、个人信息数据不受侵犯、13 岁以下未成年人信息安全、隐私安全等方面做出了媒体监管的法律界定。

1995 年欧盟制定并通过了《个人数据保护指令》，1999 年又制定并通过了《信息高速公路上个人数据收集、处理过程中个人权利保护指南》等相关法律法规。同时，欧洲的各个国家也制定了相应的法律和法规。

1997 年，德国第一个出台专门针对互联网内容管理的《信息和通讯服务规范法》，也被称为《多媒体法》。它涉及有关互联网的方方面面，从互联网服务提供商的责任、保护个人隐私、数字签名、网络犯罪到保护未成年人，等等。根据《多媒体法》，互联网服务提供商应该采取必要技术措施，限制特定出版物的传播，违反者将受到处罚。2009 年德国通过了《阻碍网页登录法》。在德国，根据《刑法》《多媒体法》《商业法》《青少年保护法》等有关法律，内政部对互联网的内容进行监控和调查，对有悖者提起诉讼。管制的对象是互联网上的非法行为，主要指的是煽动极端的言行，包括纳粹主义、恐怖主义、种族歧视、暴力以及儿童色情等黄色内容。制作或传播这些网页将受到严厉处罚，对于传播黄色内容的网吧或个

---

① 林东：《社会治理视域下网络新媒体的法律规制研究》，《决策探索》2018 年第 24 期，第 38 页。

人，最高将处以 15 年的监禁。联邦危害青少年媒体检查处是德国内政部具体负责媒体管制的机构。德国联邦内政部还调集专业人员和技术力量成立了信息和通信技术服务中心，为警方通过网络开展调查和采取措施提供技术支持。内政部下属的联邦刑侦局 24 小时系统地跟踪、分析互联网上的可疑情况。

2004 年，法国议会通过了政府提交的《数字经济信任法》。该法肯定了网络推动社会进步的积极作用，也说明了网络对社会生活、公民隐私权、知识产权以及国家信息安全等方面的潜在威胁，同时阐明了网民享有的权利及相应的责任，提出要保障网上信息传播、通信、电子交易的安全，并实现信息社会的规范管理和有序运转。2009 年 3 月，法国议会通过了《内部安全行动法》，其中数项措施涉及网络管理，旨在加大打击网络犯罪的力度，保障网络信息安全，对窃取他人网络信息、盗用网络身份的犯罪行为，可处以 1 年有期徒刑和 1.5 万欧元的罚款。与此同时，该法案还要求网络运营商屏蔽网络黑名单中的网站，以净化网络空间，并要求网络运营商须对内政部指定的 IP 地址进行内容过滤。该法案还扩大了警方的网络执法权，警方可通过包括远程操控等各种方式进入犯罪嫌疑人的电脑，以获取各类刑事案件特别是有组织偷渡、毒品交易、武器交易、洗钱、谋杀等情节恶劣的犯罪活动的证据资料，可以对潜在犯罪人员的电脑加装监控软件。

韩国有关网络管理最主要的法律是《促进使用信息通信网络及信息保护关联法》。该法律从个人信息、网络用户、产业和基础设施四部分对互联网的使用和信息保护做出了严格规定。韩国政府还出台了《国家信息化基本法》《信息通信基础设施保护法》《网络安全管理规定》等一系列法律，对互联网基础设施的建设和保护予以规范，并对网络安全进行防范。韩国是世界上第一个实行网络实名制的国家，在 2007 年网络实名制开始实施，对欺诈、诽谤、人身攻击等恶性事件切实起到了遏制作用。但是后来，韩国网络用户个人信息泄露事件不断发生，网络实名制越来越受到民众的质疑。在 2011 年韩国宪法裁判所裁定网络实名制违宪，韩国放送通信委员会将根据判决修改相关法律，并将废除网络实名制。

2000 年 6 月，印度颁布了《信息技术法》，为该国网络监管提供了法律框架。该法涉及刑事、行政管理、电子商务等内容。随后，当局建立针对网络犯罪的警察局和电脑犯罪分析实验室等专门机构，中央调查局也开始与美国等一些国家的安全机构共享情报，共同打击跨国网络犯罪。2008年，印度政府重新修订《信息技术法》，特别将移动通信纳入监管范畴，规定对在网上散布虚假、欺诈信息的个人最高可判处3年有期徒刑，对故意利用计算机技术、破坏国家安全或对人民实施恐怖主义行为者，可判处有期徒刑直至终身监禁。2011年印度政府进一步修订了《信息技术法》，重点加大对网站的规范管理，规定印度政府有关部门有权查封可疑网站和删除内容，网站则应当在接到通知36小时内删除不良内容，同时网站运营商还需要在声明中清楚告知用户，不得发布有关煽动民族仇恨、威胁国家团结与公共秩序的内容。2010年9月起，印度政府为维护国家安全，要求对黑莓邮件、即时通信软件，以及脸书和推特等社交网络平台进行监控，并多次要求上述网络运营商协助政府删除涉嫌违法网络内容。

（二）我国对新媒体的法律监管

1994年，我国获准进入国际互联网，国内互联网开始得到迅速发展，相应地，国内也开始对互联网的监管方式进行探索，加大了针对互联网和新媒体法律法规的制定和出台。

从获准进入互联网的时候，我国就开始设立法律法规对互联网和互联网相关活动进行规范。从1994年至今，随着新媒体技术的发展及其日渐暴露出来的问题，我国几乎每一年都会颁布施行新的法律法规，来促使新媒体，尤其是互联网的健康快速发展，避免发展过程中出现问题带来严重的后果。

1996年，我国颁布了《中华人民共和国计算机信息网络国际联网管理暂行规定》，该《规定》主要确立了中国四大骨干网络，及中国科技网、中国公用计算机互联网、中国教育和科研计算机网以及中国金桥信息网的相关管理部门，并且成立了国务院经济信息化领导小组。1997年，对该规定的内容进行了细化，实现了我国互联网接入问题的统一管理。1996年，颁布了《中国公用计算机互联网国际联网管理办法》，规定了使用公用互联网的相关要求和义务。

2000年，《互联网信息服务管理办法》公布实施，主要是针对互联网上信息活动的经营者而做出的相关要求和规定。另外，《互联网站从事登载新闻业务管理暂行规定》也在这一年发布，主要规定通过互联网发布和转载新闻的相关要求，其中对网站影响比较大的一条规定为：非新闻单位建立的综合性网站，不能刊登自行采写的新闻，即没有网络采访权。

2002 年，国家新闻出版总署和信息产业部联合推出了《互联网出版管理暂行规定》，这是我国第一部关于保护网络著作权的法律。但是该《规定》主要表明未经允许不能从事互联网出版，并制定了相应的处罚规定，但是却未规定对互联网中未得到原作者同意擅自转载、下载所造成的侵权行为该做如何处罚。

2003 年，国家广电总局发布施行《互联网等信息网络传播视听节目管理办法》，该规章首次明确了对视听节目的网络业务施行许可管理，只要获得国家广电总局颁发的《网上传播视听节目许可证》，便可通过信息网络向公众传播视听节目。2004 年，该《办法》做了进一步的修改，明确了国家广电总局负责全国互联网等信息网络传播视听节目的管理工作，县级以上地方广播电视行政部门负责本辖区内互联网等信息网络传播视听节目的管理工作，从事信息网络传播视听节目业务，应取得《信息网络传播视听节目许可证》。

2005 年同时施行了《互联网新闻信息服务管理规定》，主要为了规范互联网新闻信息服务，满足公众对互联网新闻信息的需求，维护国家安全和公共利益。2006 年，《信息网络传播权保护条例》得以通过并实施，该《条例》包括合理使用、法定许可、避风港原则、版权管理技术等一系列内容，更好地区分了著作权人、图书馆、网络服务商、读者各自可以享受的权益，使网络传播和使用都有法可依。同年也施行了《互联网电子邮件服务管理办法》，该《办法》规定了互联网电子邮件服务提供者和用户的权利和义务，其中表明互联网电子邮件服务提供者对用户的个人信息有保密义务，未经互联网电子邮件接收者明确同意，不能向其发送包含商业广告内容的互联网电子邮件，违反规定受到相应惩罚。该《办法》对保护互联网用户的个人隐私有较好的作用。

2009 年，施行了《中华人民共和国电信条例》，主要是规范电信市场秩序，对从事电信活动或者与电信有关活动的电信业务经营者和使用者做出相关规定，保障电信网络和信息的安全，促进电信业的健康发展。

2010 年，《最高人民法院、最高人民检察院关于办理利用互联网、移动通讯终端、声讯台制作、复制、出版、贩卖、传播淫秽电子信息刑事案件具体应用法律若干问题的解释（二）》开始实施，主要对利用互联网、移动通讯终端制作、复制、出版、贩卖、传播淫秽电子信息，通过声讯台传播淫秽语音信息等活动的犯罪情形进行了解释和规定，凡是有解释中的情形，依照刑法第三百六十三条第一款的规定，以制作、复制、出版、贩卖、传播淫秽物品牟利罪定罪处罚。2010 年，发布并实施了《网络游戏管理暂行办法》，该《办法》主要规范了网络游戏经营单位的权利和义务，并规定了违反规定之后的相关惩罚手段。

2011 年，《最高人民法院、最高人民检察院关于办理诈骗刑事案件具体应用法律若干问题的解释》，规定了通过发送短信、拨打电话或者利用互联网、广播电视、报刊等发布虚假信息，对不特定多数人实施诈骗的，并且诈骗财物达到一定数额标准将按照相关规定酌情从严惩处。2013 年，《最高人民法院、最高人民检察院关于办理利用信息网络实施诽谤等刑事案件适用法律若干问题的解释》公布并施行，规定了信息网络中构成诽谤的相关情形，同时还明确了利用信息网络实施诽谤行为的入罪标准，其中最为人所熟知的是"同一诽谤信息实际被点击、浏览次数达到五千次以上，或者被转发次数达到五百次以上的"规定，即诽谤信息，谣言转发超过五百次即构成违法行为。

2006 年国务院发布《信息网络传播权保护条例》，并全面施行。《条例》的出台与实施，意味着我国的网络信息传播开始迈入规范化发展的轨道，是我国网络信息产业发展历史中一个重要的里程碑。2013 年，国务院做出关于修改《信息网络传播权保护条例》的决定。

随着互联网治理难度加大，我国也着力构建完善的互联网规制体系，尤其是 2014 年以来社交媒介的快速成长，一系列法律、行政法规、部门规章、司法解释、规范性文件、政策文件先后出台，如 2016 年通过《中华人民共和国网络安全法》《互联网直播服务管理规定》等 50 余种，《中华人民共和国网络安全法》是为保障网络安全，维护网络空间主权和国家安全、社会公共利益，保护公民、法人和其他组织的合法权益，促进经济社会信息化健康发展而制定的法律。《互联网直播服务管理规定》明确禁止互联网直播服务提供者和使用者利用互联网直播服务从事危害国家安全、破坏社会稳定、扰乱社会秩序、侵犯他人合法权益、传播淫秽色情等活动。

2017 年《互联网新闻信息服务管理规定》和《互联网新闻信息服务许可管理实施细则》先后公布实施，新规加强了新闻信息采编发布流程管理，细化平台管理，落实处罚责任，可以让互联网新闻信息发布更加法制化、规范化。①

"2018 年，新媒体仍表现了强劲的发展势头，其对用户、人才和资本等社会资源，企业与政府等信息传播主体，传统媒体均表现了强大的吸聚力。新媒体内部生态以快速创新与赢者通吃为特征。在技术与资本的双重加持下，新媒体创新不断。新媒体的基本生存逻辑就是吸聚流量和流量变现。新媒体在给人类提供巨大便利、多种丰富体验的同时，亦带来许多社会问题。社会问题的解决既需要引入市场竞争机制，促进新媒体行业自律，也离不开政府监管。"② 规范传播内容的主要政策包括原国家新闻出版广电总局出台的《关于进一步规范网络视听节目传播秩序的通知》（2018年 3 月 22 日发布），《关于做好暑期网络视听节目播出工作的通知》（2018年 7 月 11 日发布），《未成年人节目管理规定（征求意见稿）》（2018 年 8月 24 日发布），《境外视听节目引进、传播管理规定（征求意见稿）》（2018 年 9 月 20 日发布），《国家广播电视总局关于进一步加强广播电视和网络视听文艺节目管理的通知》（2018 年 11 月 9 日发布）；规范新媒体服务平台的主要政策包括国家互联网信息办公室出台的《微博客信息服务管理规定》（2018 年 2 月 2 日出台，2018 年 3 月 20 日施行），《区块链信息服务管理规定》（2018 年 10 月 19 日发布《征求意见稿》，2019 年 1 月 10日正式发布，2019 年 2 月 15 日实施）；全国"扫黄打非"办公室、工业和信息化部、公安部、文化和旅游部、国家广播电视总局和国家互联网信息办公室联合发布的《关于加强网络直播服务管理工作的通知》（2018 年 8

① 罗喆：《"端口至上"：理解社交媒介失范与规制悖论的新思路》，《山西青年职业学院学报》2018 年第 3 期，第 81 页。
② 丁汉青：《2018 年新媒体行业发展态势分析与盘点》，《出版广角》2019 年第 3 期，第14 页。

月 20 日发布）。规范网络运营商的政策主要有工业和信息化部、国资委发布的《关于深入推进网络提速降费加快培育经济发展新动能 2018 专项行动的实施意见》（2018 年 5 月 17 日发布）。规范资本市场的政策主要有中央网络安全和信息化委员会办公室、中国证券监督管理委员会联合发布的《关于推动资本市场服务网络强国建设的指导意见》（2018 年 3 月 30 日发布）。保护个人信息安全的政策主要有公安部网络安全保卫局发布的《互联网个人信息安全保护指引（征求意见稿）》（2018 年 11 月 30 日发布）。政府对新媒体的监管不仅停留在"意见""通知"层面，而且还通过专项治理付诸行动。2018 年 4 月份开始，国家相关管理部门对违规短视频平台进行整治，以约谈、整改、下架和永久关闭问题产品等措施，严肃问责了违规视频网站，带动短视频网站自查自纠，以促进行业规范化发展。2018 年 10 月 20 日起，国家网信办会同有关部门，针对自媒体账号开展集中清理整治专项行动。截止到 2018 年 11 月 12 日，政府已全网处置 9800 多个自媒体账号。同时，国家网信办还依法约谈腾讯微信、新浪微博等媒体平台，对其主体责任缺失，疏于管理，放任野蛮生长造成的种种乱象，提出严重警告。①

从上面的相关法律法规可以看出，我国关于新媒体的法律法规一直都在与时俱进地进行制定和修改，所针对新媒体存在的问题也越来越全面。近年制定的法律法规还包括了在互联网环境中如何保护国家信息安全、社会稳定、商业发展、网络版权、网络诈骗、网络诽谤、网络个人隐私、网络谣言、网络新闻等方面。不过，我国这些年所制定的大多都为办法、条例、规定以及解释，并没有制定出一部专门的、支撑性的新媒体相关法律。

三　在管理领域实施公共治理

公共治理理论是公共管理领域引入治理理论形成的一种新理论，是指在公民社会组织治理的基础上，政府起"核心治理"作用，与公民社会组

---

① 丁汉青：《2018 年新媒体行业发展态势分析与盘点》，《出版广角》2019 年第 3 期，第 18 页。

织形成互动型治理网络，协作谋求公共利益最大化的治理形式。"公共治理理论由治理主体、治理对象、治理的方式和治理的目标四部分组成，并具有以下特点：1. 治理主体的多元化；2. 各主体之间权力的依存和互动；3. 形成自主自治的协作网络；4. 政府重新界定权力和作用范围；5. 主体间界限的模糊"①。

在推出管理互联网的相关法律法规的同时，我国还采取了设立相关监管机构部门，倡导行业和公民自律等措施来加强对新媒体的监管。

（一）建立新媒体监管机构

1997年，经国家主管部门批准，我国互联网管理的核心管理和服务机构——中国互联网络信息中心（China Internet Network Information Center，简称 CNNIC），行使国家互联网络信息中心的职责。中国互联网络信息中心主要负责国家网络基础资源的运行管理和服务，承担国家网络基础资源的技术研发并保障安全，开展互联网发展研究并提供咨询，促进全球互联网开放合作和技术交流。

2007年，中国互联网协会受工业和信息化部委托设立了"12321网络不良与垃圾信息举报受理中心"。该机构主要负责协助工业和信息化部承担关于互联网、移动电话网、固定电话网等各种形式信息通信网络及电信业务中不良与垃圾信息内容（包括电信企业向用户发送的虚假宣传信息）的举报受理、调查分析以及查处工作。

除了专门的监管机构之外，我国还有许多部门参与新媒体监管工作中，比如公安部主要负责对网络安全的管理；中央和地方的新闻宣传办负责对网络媒体内容监管；工业和信息产业化部主要负责管理我国的通信业；工商部负责网站经营许可证的监督和管理。这些监管部门常常联合起来，对互联网进行监管，如2014年的"净网行动"，就是多部门的联合行动。再如2012年国家版权局、公安部、工业和信息化部、国家互联网信息办公室4部门启动的打击网络侵权盗版专项治理"剑网行动"；2014年全国"扫黄打非"工作小组办公室、国家互联网信息办公室、工业和信息化部、公安部依法严厉打击利用互联网制作传播淫秽色情信息行为的"净网

---

①　魏涛：《公共治理理论研究综述》，《资料通讯》2006年第7期，第57页。

行动"就是"净化网络环境专项行动"。

（二）建立新媒体行业自律组织

我国代表性的新媒体行业自律组织为中国互联网协会。该协会成立于2001年，由国内从事互联网行业的网络运营商、服务提供商、设备制造商、系统集成商以及科研、教育机构等70多家互联网从业者共同发起成立，是由中国互联网行业及与互联网相关的企事业单位自愿结成的行业性的、全国性的、非营利性的社会组织，协会的业务主管单位是工业和信息化部，会址设在北京市。

针对网络中的多种问题，中国互联网协会下设多个委员会，如反垃圾邮件工作委员会、网络与信息安全工作委员会、互联网新闻信息服务委员会、网络版权工作委员会等13个委员会，对行业内暴露出来的不同问题进行监管。中国互联网协会的成立对约束网络从业者具有一定的积极作用，但是我们也应看到，该协会的主管部门为工业和信息化部，并非完全纯粹的民间自发组织，来自官方的限制既能推动协会工作的进行，但是对行业自律组织的自由发展也具有一定的约束。

除了建立自律组织之外，我国新媒体行业内还发布了多部自律规范。2004年出台了多部自律规范，如《互联网站禁止传播淫秽、色情等不良信息自律规范》《互联网新闻信息服务自律公约》《中国互联网行业自律公约》。《互联网站禁止传播淫秽、色情等不良信息自律规范》主要目的是为促进互联网信息服务提供商加强自律，遏制淫秽、色情等不良信息通过互联网传播，推动互联网行业的持续健康发展。该自律规范要求互联网站不得登载和传播淫秽、色情等中华人民共和国法律、法规禁止的不良信息内容。《互联网新闻信息服务自律公约》，要求各互联网新闻信息服务单位积极加入公约，以加强行业自律，进一步规范互联网新闻信息服务行为。《中国互联网行业自律公约》主要目的为建立我国互联网行业自律机制，规范行业从业者行为，依法促进和保障互联网行业健康发展。2006年公布了《抵制恶意软件自律公约》，规范要求从业者维护互联网用户的合法权益，抵制恶意软件在网上的滥用和传播。2007年公布了《博客服务自律公约》，以规范互联网博客服务，维护博客用户及公众利益，促进博客服务有序发展为目标。2008年公布了《中国互联网视听节目服务自律公约》，要求缔约单位遵守国家关于互联网文化建设和管理的法律、法规、规章和政策，促进互联网视听节目服务产业的长远发展，营造健康有序的互联网视听节目服务环境，维护国家利益和公共利益。

2014年，全国手机媒体委员会联合人民网、新华网、央视网，以及中国移动、中国联通、中国电信3大运营商发布《中国手机媒体移动互联网信息安全和版权自律行业公约》。公约倡议业内企业在自身平台上传第三方内容时，主动履行版权审核责任。公约明确提出，移动网络应用商店服务平台应积极纳入国家版权行政管理部门版权主动监管范畴，接受主动监管。业内企业在自身平台上传合作第三方信息内容和软件时，应主动履行审核版权和信息安全责任，事先做好审核工作；对存在问题者，列入黑名单且不允许其上线。业内企业配合手机媒体与移动互联网行业组织，通过对应用开发者、应用商店和安全软件建立预先核定公共平台等技术手段，以及第三方监测、客户举报、技术过滤等措施，防范侵权盗版及危害网络安全的行为。对版权信息不清及不能保证网络信息安全的内容和应用，3家基础运营商不予受理接入运营和合作。

"新媒体在崛起，层出不穷的移动客户端占领了用户的屏幕，人们充分利用碎片化时间来消费媒体内容。用户的需求激发了新媒体的迅速发展，但是也出现了许多问题。其中特别突出的包括新媒体的版权问题、有害信息问题、用户信息安全问题等，这些领域迫切需要政府提供规制，这也是我国相关部门和企业所肩负的社会责任。"[1] "随着新媒体技术与信息技术的迅速发展，互联网法律问题层出不穷。目前，我国法律法规体系建设仍没有跟上互联网发展的步伐，无法满足新媒体发展的需求，存在一定的滞后性。因此，我国应不断完善法律法规、建立健全法律制度，加强对新媒体的监管，开发互联网信息安全保护软件，提高互联网用户的安全意识，共同维护互联网信息安全。……随着新媒体技术的快速发展，新媒体监管体系存在的问题日益凸显，完善的监管体系对新媒体的发展至关重要。"[2]

---

[1] 刘锐：《2014年—2015年我国新媒体管理政策评估与评价》，《编辑之友》2016年第1期，第46页。

[2] 张文艳：《论新媒体监管体系的问题及优化策略》，《新闻战线》2016年第7X期，第145页。

参考文献

一　专著

蔡雯：《媒体融合与融合新闻》，人民出版社，2012。

曹进：《网络语言传播导论》，清华大学出版社，2012。

邓向阳：《媒介经济学》，湖南大学出版社，2006。

付晓光：《互联网思维下的媒体融合》，中国传媒大学出版社，2017。

高丽华、赵妍妍、王国胜：《新媒体广告》，清华大学出版社＆北京交通大学出版社，2011。

胡慧林等：《大辞海·文化、新闻出版卷》，上海辞书出版社，2013，第65页。

何威：《网众传播：一种关于数字媒体、网络化用户和中国社会的新范式》，清华大学出版社，2011。

刘冰：《融合新闻》，清华大学出版社，2017。

鲁曙明、洪浚浩：《传播学》，中国人民大学出版社，2007。

钱军浩：《电子出版技术》，化学工业出版社，2004。

童晓渝、蔡佶、张磊：《第五媒体原理》，人民邮电出版社，2006。

熊澄宇：《信息社会4.0：中国社会建构新对策》，湖南人民出版社，2002。

杨公朴、夏大慰、龚仰军：《产业经济学教程》，上海财经大学出版社，2013。

喻国明：《媒介革命：互联网逻辑下传媒业发展的关键与进路》，人民日报出版社，2015。

张书岩：《辞海版：通用规范字典》，上海辞书出版社，2017。

二 析出文献

黄煜：《变？不变？新媒体时代新闻传播教育——香港浸会大学传理学院的变革与创新》，载张昆主编《新闻与信息传播论坛》第 4 卷，华中科技大学出版社，2018。

高钢：《媒体融合趋势下中国新闻教育的改革思考》，载《新闻学论集》编辑部编著《新闻学论集》第 29 辑，经济日报出版社，2013。

三 期刊

毕晓梅：《国外新媒体研究溯源》，《国外社会科学》2011 年第 3 期。

蔡泉水、刘建光：《新媒体对我国主流意识形态传播的挑战与回应》，《南昌大学学报》（人文社会科学版）2015 年第 6 期。

蔡雯：《从超级记者到超级团队：西方媒体的融合新闻》，《中国记者》2007 年第 1 期。

蔡雯：《新闻传播的变化融合了什么——从美国新闻传播的变化谈起》，《中国记者》2005 年第 9 期。

蔡雯：《媒体融合前景下的新闻传播发展——试论"融合新闻"及其挑战》，《国际新闻界》2006 年第 5 期。

蔡雯、郭翠玲：《"公民新闻"的兴起与传统媒体的应对——对西方新闻传播变革的观察与分析》，《新闻战线》2009 年第 9 期。

蔡雯、郭翠玲：《从"公共新闻"到"公民新闻"——试析西方国家新闻传播正在发生的变化》，《新闻记者》2008 年第 8 期。

蔡雯：《试论新闻传播的变化与新闻教育改革》，《文化与传播》2013 年第 2 期。

蔡雯：《新闻教育亟待探索的主要问题》，《国际新闻界》2017 年第 3 期。

蔡雯：《如何加强学界与业界的联系与合作——对美国新闻教育改革的调查及思考》，《中国记者》2005 年第 8 期。

程曼丽：《什么是"新媒体语境"?》，《新闻与写作》2013 年第 8 期。

程忠良：《"全媒体"时代报业经营之立体渠道策略》，《国际新闻界》2010年第6期。

陈美华、陈东有：《全媒体出版产业发展的现状与对策研究》，《南昌大学学报》（人文社会科学版）2016年第2期。

陈少华、朱光喜：《网络出版传播中的协同问题及其研究》，《南京邮电大学学报》2005年第3期。

楚亚杰：《媒介化时代的新闻传播教育：理念、目标及对策》，《新闻记者》2009年第12期。

党东耀、商娜红：《论新媒体生态下传媒集团"优媒体战略"的确立与内涵》，《编辑之友》2014年第5期。

丁汉青：《2018年新媒体行业发展态势分析与盘点》，《出版广角》2019年第3期。

董焱：《深化对信息社会主流文化的研究——信息文化与信息文化学初探》，《中国图书馆学报》2001年第4期。

关萍萍：《媒体融合背景下网络视频产业政策的内容分析》，《电视研究》2011年第8期。

侯巧红：《国外新媒体文化发展的现状及启示》，《中州学刊》2014年第6期。

黄楚新、张露引：《微视频在时政报道中的传播特色》，《新闻与写作》2017年第11期。

黄合水、蓝燕玲：《媒体品牌资产的作用机制》，《厦门大学学报》（哲学社会科学版）2010年第2期。

康瑾：《原生广告的概念、属性与问题》，《现代传播》2015年第3期。

匡文波：《新媒体传播中的"蝴蝶效应"及其对策》，《国际新闻界》2009年第8期。

李舒、孙小咪：《时政微视频：媒体政治传播的新探索》，《电视研究》2017年第10期。

李薇：《基于微信的新媒体品牌传播——以"她生活"为例》，《新闻知识》2014年第6期。

李红祥：《跨媒介经营：媒体融合下的传媒管理创新——以美国媒介

综合集团管理经验为借鉴》，《新闻界》2009 年第 3 期。

李剑平：《大数据新闻与分析支撑全媒体转型——中国青年报全力打造"中青舆情"新媒体平台的实践与思考》，《新闻战线》2015 年第 19 期。

李良荣、周宽玮：《媒体融合：老套路和新探索》，《新闻记者》2014 年第 8 期。

林东：《社会治理视域下网络新媒体的法律规制研究》，《决策探索》2018 年第 24 期。

林峰：《网络青年亚文化的转向、症候及发展》，《新疆社会科学》2019 年第 4 期。

刘国良：《从共享到融合——来自美国论坛公司的案例》，《中国记者》2007 年第 9 期。

刘国基：《新媒体广告产业政策的应对》，《广告大观》2008 年第 6 期。

刘锐：《2014 年—2015 年我国新媒体管理政策评估与评价》，《编辑之友》2016 年第 1 期，

刘兴华、李冰：《国际安全视域下的网络文化与网络空间软实力》，《国际安全研究》2019 年第 6 期。

陆秀红：《新信息文化主体的理性解读》，《学术论坛》2004 年第 5 期。

栾春晖：《媒体电商，是时候爆发了》，《新闻战线》2015 年第 7 期。

栾轶玫、何雅妍：《融合技能智能素养价值坚守——多元时代的中国新闻教育变革》，《新闻与写作》2019 年第 7 期。

罗建华：《报业的两个新增长点：手机报纸和免费报纸》，《中国报业》2006 年第 6 期。

罗昕：《结构性缺失：网络时代把关理论的重新考察》，《新闻与传播研究》2011 年第 3 期。

吕道宁：《解读烟台日报传媒集团全媒体模式》，《今传媒》2010 年第 4 期。

倪宁：《面对媒体融合的新闻教育创新》，《中国记者》2001 年第 3 期。

彭兰：《从"大众门户"到"个人门户"——网络传播模式的关键变革》，《国际新闻界》2012 年第 10 期。

施勇勤：《数字出版文化逻辑与产业规制——以媒体融合为视角》，

《出版科学》2012 年第 2 期。

舒咏平、陶薇：《新媒体广告的"原生之困"与管理创新》，《现代传播》2016 年第 3 期。

韦路：《新媒体时代新闻传播教育的四大转型趋势》，《今传媒》2013 年第 1 期。

魏钢、代金平、陈纯柱：《信息文化涵义探析》，《自然辩证法研究》2007 年第 1 期。

王秀丽、王德胜：《网络出版技术的生产力价值》，《自然辩证法研究》2008 年第 10 期。

吴信训：《世界新闻传播教育百年流变》，《新闻与传播研究》2009 年第 6 期。

许鹏：《新闻传播学教学模式改革范例——以复旦大学新闻学院本科"2+2"培养模式为例》，《新闻与写作》2015 年第 1 期。

许颖：《互动、整合、大融合——媒体融合的三个层次》，《国际新闻界》2006 年第 7 期。

薛世君：《〈河南日报〉评论员：讲好故事，推动评论"文本融合"》，《中国记者》2010 年第 3 期。

姚伟钧、彭桂芳：《构建网络文化安全的理论思考》，《华中师范大学学报》（人文社会科学版）2010 年第 3 期。

杨海军：《媒体融合：缘起于终极目标》，《传媒》2009 年第 4 期。

杨丽莉：《规制新媒体的四个维度》，《今传媒》2014 年第 7 期。

殷俊、代静：《浅论跨媒介经营》，《新闻爱好者》2006 年第 8 期。

殷晓蓉：《富媒体广告：将网络广告的创意推向前进》，《广告大观》（综合版）2006 年第 5 期。

喻国明：《镶嵌、创意、内容：移动互联广告的三个关键词——以原生广告的操作路线为例》，《新闻与写作》2014 年第 3 期。

于德山：《媒体融合背景下美国新闻传播教育面对的挑战与对策》，《现代传播》2011 年第 12 期。

张立：《数字出版的相关概念比较与分析》，《中国出版》2006 年第 12 期。

朱广盛：《地市报"收费墙"之路怎么走?》，《中国记者》2013年第6期。

郑素侠：《媒体融合下美国新闻传播教育变革的经验与启示》，《编辑之友》2012年第9期。

周鸿铎：《发展中国特色网络文化》，《山东社会科学》2009年第1期。

朱松林：《富媒体：网络广告的新选择》，《传媒》2006年第3期。

四　报纸

刘宏：《高校聚焦网络与新媒体专业教育》，《光明日报》2014年12月30日，第13版。

马利、慎海雄、胡占凡、王求：《中国媒体，走在融合路上》，《人民日报》2014年07月18日，第16版。

五　学术论文

姜金宏：《多媒体设计与开发研究》，硕士学位论文，大连工业大学艺术设计学院，2008。

孟琴：《百度信息流广告的优势及投放策略研究》，硕士学位论文，安徽大学新闻传播学院，2018。

李梦思：《原生广告中的权益冲突研究——以微信公众号原生广告为例》，硕士学位论文，华中师范大学新闻传播学院，2018。

漆祥毅：《网络语言：公共话语实践与话语博弈》，硕士学位论文，广西大学新闻与传播学院，2013。

邢仔芹：《媒体融合的现状及对传媒业的影响》，硕士学位论文，山东大学新闻传播学院，2009。

张雨：《基于互联网时代的新媒体营销探究——以"小米手机"为例》，硕士学位论文，南京财经大学新闻学院，2014。

六　电子、网上文献

郭慧：《主流媒体平台融合的发展实践与挑战》，人民网，http：//media. people. com. cn/n1/2019/0117/c424555-30562445. html。

路透新闻研究所：《数字新闻消费新趋势》，人民网，http：//yjy. people. com. cn/n/2015/0917/c245079-27600258. html。

许日华、郭嘉：《密苏里大学新闻学院副院长人民大学谈媒体融合》，人大新闻网，https：//news. ruc. edu. cn/archives/7509。

七 译著

保罗·莱文森：《新新媒介》，何道宽译，复旦大学出版社，2011。

比尔·科瓦齐、汤姆·罗森斯蒂尔：《新闻的十大基本原则：新闻从业者须知和公众的期待》，刘海龙、连晓东译，北京大学出版社，2014。

乔纳森·H. 特纳：《人类情感：社会学的理论》，孙俊才、文军译，东方出版社，2009。

马克·波斯特：《信息方式：后结构主义与社会语境》，范静哗译，商务印书馆，2014。

尼葛洛庞帝：《数字化生存》，胡泳、范海燕译，海南出版社，1997。

珍妮特·科罗茨：《融合新闻学实务》，嵇美云译，清华大学出版社，2018。

安德鲁·查德威克：《互联网政治学：国家、公民与新传播技术》，任孟山译，华夏出版社，2010。

埃米尔·涂尔干：《社会分工论》，渠敬东译，生活·读书·新知三联书店，2007。

马歇尔·麦克卢汉、特伦斯·戈登：《余味无穷的麦克卢汉》，何道宽译，机械工业出版社，2016。

八 外文文献

Andrew Nachison, "Good Business or Good Journalism? Lessons from the Bleeding Edge, A Presentation to the World Editors," Forum, Hong Kong, June 5, 2001.

Anelise Rublescki and Alexandre Rocha Da Silva, "Liquid Journalism：Trends in Amplification of the Field", *Brazilian Journalism Research* Volume 8 (2012)：p. 121.

Bowman, S. and Willis, C. , "We Media: How Audiences are Shaping the Future of News and Information", (*The Media Center at the American Press Institute*, 2003): p. 9.

David Bell, *An Introduction to Cybercultures* (Routledge, 2001), p. 8.

Gunnar Liestol et al. , *Digital Media Revisited: Theoretical and Conceptual Innovations in Digital Domains* (The MIT Press, 2003), p. 303, 297.

Graham Meikle and Sherman Young, *Media Convergence: Networked Digital Media in Everyday Life* (Palgrave Macmillan, 2012), p. 7, 6, 16-17.

Jan. H. Kietzmann and Kristopher Hermkens, "Social Media? Get Serious! Understanding the Functional Building Blocks of Social Media", *Business Horizons* 54 (2011): p. 241.

Jay David Botlerand Richard Grusin, *Remediation: Understanding new media*, (The MIT Press, 2000), p. 273, 45, 56, 273, 15, 47, 5 - 6, 272, 34, 272, 31, 34, 44, 81, 34, 11, 45, 46, 45, 55, 224, 224, 224, 197, 53.

Jay David Bolter and Richard Grusin, "The Double Logic of Remediation", from Pramod K. Nayar, *The New Media and Cybercultures Anthology* (Wiley-Blackwell, 2010), p. 47.

Julia Kristeva, *Le Mot, le Dialogue et le Roman*, (Seuil, 1969), p. 146.

Kaplan Andreas M. and Haenlein Michael, "Users of the World, Unite! The Challenges and Opportunities of Social Media", *Business Horizons* 53 (2010): p. 61.

"*Media Literacy Resource Guide: Intermediate and Senior Divisions by Ministry of Education*", Copyright by Queen's Printer for Ontario (1989).

Nazzareno Ulfo, "The Challenge of Cyberculture", *European Journal of Theology*, Vol. 17, No. 2 (2008): p. 140.

United Nations, Department of Economic and Social Affairs United Nations, Department of Economic and Social Affairs, Popular Participation in Decision Making for Development, New York, 1975.

Rhoderick Nuncio，"Exploring Cybercultures：Critical and Constructivist Studies on the Internet"，*Asia-Pacific Social Science Review*，Vol. 12 （2012）：p. 64.

American River College Catalog 2014−2015，http：//arc. losrios. edu/catalog/Section3. pdf.

Jay Rosen，A Most Useful Definition of Citizen Journalism，http：//archive. pressthink. org/2008/07/14/a_most_useful_d. html.

Media Literacy，A Definition and More，http：//www. medialit. org/media-literacy-definition-and-more.

Nanda Armoogum，Can Citizen Journalists Produce Professional Journalism？ http：//www. cimethics. org/home/newsletter/jun2013/Nanda% 20Armoogum _ EDITED. pdf.

SPJ Code of Ethics，http：//www. spj. org/ethicscode. asp.

Time Warner's Media Lab Knows What You Like to Watch，http：//www. timewarnermedialab. com/2013/02/time-warner-s-media-lab-knows-what-you-like-to-watch.

Terry Flew，Media Convergence，http：//www. britannica. com/EBchecked/topic/1425043/media-convergence.

后　记

作为一名曾经的传媒人，我在 20 世纪 90 年代初期进入广电媒体，在广播电视新闻和节目制作、广告经营以及互联网宣传等业务和管理岗位工作长达十余年，亲身经历了广播电视媒体的快速发展和媒体形态的历次变革整合。在进入高校从事教学和科研工作后，从专业理论层面加深了对传媒变化趋势和规律的认识。无论是作为业者还是学者的角色，都深刻感受到媒体融合的发端和深入对传媒实践和理论的巨大推动，只有清醒地认识和把握媒体融合对于新闻业的重要影响，才能保持新闻传播业的稳定发展，保持新闻传播学充满活力。

在媒体工作期间我紧紧把握媒体融合的趋势，将科研融入媒体融合的进程中。首先利用宽带网络和流媒体技术，实现了电视台节目的网上直播和点播；利用宽带网络远程实施新闻现场直播，开辟了网络传输电视节目的新途径，实现了电视媒体和网络媒体的融合，获得省广播电视科技创新二等奖。在国家广电局、中央电视台的研讨会上做主题发言，相关论文多次被大会论文集收录。在高校工作期间针对新媒体和媒体融合的发展趋势，先后主持了多项关于媒体融合的国家级和省级社科课题。利用到美国做访问学者的机会，体察世界著名的美国媒体公司、电信公司和有线网络公司进行媒体融合的实践，大量阅读学者们关于媒体融合的研究成果，对媒体融合有了更高的眼界和更宽的视野。这部专著正是在这些操作实践和理论研究的基础上写成的，力图在多学科知识的聚合与交融上，对媒体融合的本质、媒体融合新闻学的体系架构进行思考。

由于学术视野和研究能力所限，此书必然会有很大的不足，期待本学科研究者批评指正。本书的不足和谬误均由本人承担。在材料的引用上，如果由于文中的引用有所遗漏，敬请相关作者原谅，并请及时联系作者，我将会以合适的方式进行致歉和弥补。

感谢郑州大学新闻与传播学院对该书的大力支持，感谢张淑华副院长、陈晓伟副院长和邓元兵老师对该书出版的有力帮助。感谢社会科学文献出版社王绯副社长对该书的高度重视。感谢社会科学文献出版社张建中编辑对该书的精心指导。

并向我的研究生梁静艺、唐薇薇、马晓霞、廖慧敏、郑诗逸、杨诗雨、孙珺、张柳、郑田、王香玉、张弨和王子吟等表示感谢，她们积极参加相关材料的收集、整理以及文稿的校对工作。

2021 年 3 月

于郑州

图书在版编目（CIP）数据

媒体融合新闻学 / 党东耀著. -- 北京：社会科学
文献出版社，2022.2
（新媒体公共传播）
ISBN 978-7-5201-9723-6

Ⅰ.①媒…　Ⅱ.①党…　Ⅲ.①传播媒介-新闻学-研
究　Ⅳ.①G206.2

中国版本图书馆 CIP 数据核字（2022）第 024483 号

新媒体公共传播
媒体融合新闻学

著　　者 / 党东耀

出 版 人 / 王利民
责任编辑 / 张建中
责任印制 / 王京美

出　　版 / 社会科学文献出版社·政法传媒分社（010）59367156
地址：北京市北三环中路甲 29 号院华龙大厦　邮编：100029
网址：www.ssap.com.cn
发　　行 / 社会科学文献出版社（010）59367028
印　　装 / 三河市尚艺印装有限公司

规　　格 / 开 本：787mm×1092mm　1/16
印 张：17　字 数：268 千字
版　　次 / 2022 年 2 月第 1 版　2022 年 2 月第 1 次印刷
书　　号 / ISBN 978-7-5201-9723-6
定　　价 / 98.00 元

读者服务电话：4008918866